Ancrées dans le Nouvel-Ontario, les Éditions Prise de parole appuient les auteurs et les créateurs d'expression et de culture françaises au Canada, en privilégiant des œuvres de facture contemporaine.
La collection «Agora» publie des études en sciences humaines sur la francophonie, en privilégiant une perspective canadienne.

Éditions Prise de parole
C.P. 550, Sudbury (Ontario)
Canada P3E 4R2
www.prisedeparole.ca

Nous reconnaissons l'aide financière du gouvernement du Canada par l'entremise du Fonds du livre du Canada (FLC) et du programme Développement des communautés de langue officielle de Patrimoine canadien, ainsi que du Conseil des Arts du Canada, pour nos activités d'édition. La maison d'édition remercie le Conseil des Arts de l'Ontario et la Ville du Grand Sudbury de leur appui financier.

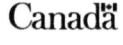

La littérature franco-ontarienne depuis 1996

Nouveaux enjeux esthétiques

Des mêmes auteurs

La littérature franco-ontarienne : enjeux esthétiques, Lucie Hotte et François Ouellet (dir.), Ottawa, Le Nordir, 1996.

Lucie Hotte

(Dir.), *René Dionne et Gabrielle Poulin : œuvres et vies croisées*, Ottawa, David, 2014.
Doric Germain, Ottawa, David, 2012.
(Dir.), *(Se) Raconter des histoires : Histoire et histoires dans les littératures francophones du Canada*, Sudbury, Prise de parole, 2010.
et Johanne Melançon (dir.), *Introduction à la littérature franco-ontarienne*, Sudbury, Prise de parole, 2010.
et Guy Poirier (dir.), *Habiter la distance. Études en marge de* La distance habitée, Sudbury, Prise de parole, 2009.
et Johanne Melançon (dir.), *Thèmes et variations : regards sur la littérature franco-ontarienne*, Sudbury, Prise de parole, 2005.
(Dir.), *La littérature franco-ontarienne : voies nouvelles, nouvelles voix*, Ottawa, Le Nordir, 2002.
et Linda Cardinal (dir.), *La parole mémorielle des femmes*, Montréal, Éditions du remue-ménage, 2002.
L'inscription de la lecture. Lecture du roman, romans de la lecture, Québec, Nota Bene, 2001.
(Dir.), *La problématique de l'identité dans la littérature francophone du Canada et d'ailleurs*, Hearst, Le Nordir, 1994.

François Ouellet

La littérature précaire. De Pierre Bost à Pierre Herbart, Dijon, Éditions Universitaires de Dijon, 2016.
et Emmanuel Bluteau (dir.), *Jean Prévost le multiple*, Rennes, Presses Universitaires de Rennes, 2015.
(Dir.), *Contre l'oubli. Vingt écrivains français du XXe siècle à redécouvrir*, Montréal, Nota bene, 2015.
et Anne Mathieu (dir.), *Journalisme et littérature dans la gauche des années 1930*, Rennes, Presses Universitaires de Rennes, 2014.
et Bruno Curatolo, Paul Renard (dir.), *Romans exhumés (1910-1960). Contribution à l'histoire littéraire du vingtième siècle*, Dijon, Éditions Universitaires de Dijon, 2014.
Grandeurs et misères de l'écrivain national. Victor-Lévy Beaulieu et Jacques Ferron, Montréal, Nota bene, 2014.
La fiction du héros. L'œuvre de Daniel Poliquin, Québec, Nota bene, 2011.
(Dir.), *Décliner l'intériorité. Le roman psychologique des années 1940-1950 au Québec*, Québec, Nota bene, 2011.
(Dir.), *En marge. Relire vingt-cinq romanciers méconnus du XXe siècle*, Québec, Nota bene, 2010.
(Dir.), *Lire Poliquin*, Sudbury, Prise de parole, 2009.
et François Paré (coll.), *Louis Hamelin et ses doubles*, Québec, Nota bene, 2008.
Emmanuel Bove. Contexte, références et écriture, Québec, Nota bene, 2005.
et Hans-Jürgen Greif (coll.), *La littérature québécoise 1960-2000*, Québec, L'instant même, 2004.
Passer au rang de Père. Identité sociohistorique et littéraire au Québec, Québec, Nota bene, 2002. Réédition Nota bene, 2014.
et Hélène Gaudreau (coll.), *100 romans français qu'il faut lire*, Québec, Nota bene, 2002.
et François Paré (coll.), *Traversées*, Ottawa, Le Nordir, 2000 ; réédition Nota bene, 2014.
et Hans-Jürgen Greif (coll.), *Literatur in Quebec. Eine Anthologie / Littérature québécoise. Une anthologie. 1960-2000*, Heidelberg, Synchron, 2000.
D'un dieu l'autre. L'altérité subjective d'Emmanuel Bove, Québec, Nota bene, 1998.

La littérature franco-ontarienne depuis 1996

Nouveaux enjeux esthétiques

Sous la direction
de Lucie Hotte
et François Ouellet

Collection Agora
Éditions Prise de parole
Sudbury 2016

Conception de la première de couverture : Olivier Lasser

Tous droits de traduction, de reproduction
et d'adaptation réservés pour tous pays.
Imprimé au Canada.
Copyright © Ottawa, 2016

Diffusion au Canada : Dimedia

Catalogage avant publication de Bibliothèque et Archives Canada
La littérature franco-ontarienne depuis 1996 : nouveaux enjeux esthétiques / sous la direction de Lucie Hotte et François Ouellet.
(Agora) Comprend des références bibliographiques.
Publié en formats imprimé (s) et électronique (s).
 ISBN 978-2-89423-953-7. – ISBN 978-2-89423-792-2 (pdf). –
 ISBN 978-2-89744-051-0 (epub)
1. Littérature canadienne-française – Ontario – Histoire et critique. 2. Littérature canadienne-française – 20e siècle – Histoire et critique. 3. Littérature canadienne-française – 21e siècle – Histoire et critique. I. Ouellet, François, 1964- éditeur intellectuel II. Hotte, Lucie éditeur intellectuel III. Collection : Collection Agora (Sudbury, Ont.)
 PS8131.O6N68 2016   C840.9'9713   C2016-900612-3
                                          C2016-900613-1

ISBN 978-2-89423-953-7 (Papier)
ISBN 978-2-89423-792-2 (PDF)
ISBN 978-2-89744-051-0 (ePub)

INTRODUCTION

Lucie Hotte et François Ouellet

En 1996, nous avons organisé un petit colloque autour des « enjeux esthétiques » de la littérature franco-ontarienne, qui avait réuni une poignée de chercheurs autour des œuvres de Patrice Desbiens, Daniel Poliquin, Marguerite Andersen, Gérard Bessette, Raymond Quatorze, Michel Ouellette, Pierre Rodier et Marie-Thé Morin[1]. Nous souhaitions décloisonner le corpus littéraire de son discours identitaire et dégager des caractéristiques et enjeux d'écriture propres aux œuvres[2]. Assez rapidement ensuite, cette littérature est entrée dans le champ de la recherche dite savante, comme l'ont bien montré de nombreux colloques à Ottawa[3], Hearst[4], Guelph[5] et Montréal[6], et les nombreuses séances et communications dans des congrès comme ceux de l'Association

---

[1] « La littérature franco-ontarienne : enjeux esthétiques », co-organisé par Lucie Hotte et François Ouellet à l'Université McGill le 17 mai 1996.

[2] Cet objectif a été poursuivi l'année suivante dans un dossier de la revue *Tangence* : « Postures scripturaires dans la littérature franco-ontarienne », Lucie Hotte et François Ouellet (dir.), n° 56, décembre 1997.

[3] « La littérature franco-ontarienne : voies nouvelles, nouvelles voix », co-organisé par Louis Bélanger, Lucie Hotte et Stefan Psenak à l'Université d'Ottawa du 3 au 5 mai 2001.

[4] « Thèmes et variations : regards sur la littérature franco-ontarienne », co-organisé par Lucie Hotte et Johanne Melançon à l'Université de Hearst du 29 avril au 2 mai 2004.

[5] « Jean Marc Dalpé : ouvrier d'un dire », co-organisé par Stéphanie Nutting et François Paré à l'Université de Guelph du 16 au 18 septembre 2004.

[6] « L'univers narratif de Daniel Poliquin », organisé par François Ouellet à l'Université McGill les 16 et 17 mai 2006.

des professeurs des littératures acadienne et québécoise de l'Atlantique (APLAQA), de l'Association des professeur(e)s de français des universités et collèges canadiens (APFUCC), de l'Association des littératures canadiennes et québécoise (ALCQ) ou encore du Conseil international d'études francophones (CIEF). Cette littérature, enseignée depuis dans un nombre grandissant d'universités ontariennes et québécoises, développée dans les programmes de chaires de recherche et faisant l'objet de nombreuses thèses, a donc fait des pas de géant en quelques lustres.

Évolution de la littérature franco-ontarienne récente

Parler de littérature franco-ontarienne en 2016 ne signifie plus tout à fait la même chose qu'il y a vingt ans. En 1996, le corpus était peu lu. Quelques années plus tôt, François Paré avait attiré l'attention sur cette littérature par la publication des *Littératures de l'exiguïté* (1992) et des *Théories de la fragilité* (1994). Elle était fragile, mais géographiquement enclose. L'identité, la langue et le territoire apparaissaient comme les éléments déterminants de ce qui la constituait. Cependant, c'était déjà l'époque où Patrice Desbiens quittait Sudbury pour s'installer durablement à Montréal et se définir dorénavant comme un poète «sans pays[7]», citoyen du monde, et où, après avoir écrit trois premiers ouvrages directement concernés par l'émancipation de la communauté franco-ontarienne, Daniel Poliquin délaissait ce qu'il appelle la «pulsion idéologique» de l'écrivain au profit de la «pulsion esthétique[8]». Sans doute ce contexte préparait-il le terrain pour les préoccupations qui étaient les nôtres en 1996.

Aujourd'hui, dans une certaine mesure, nous pourrions dire le contraire, les perspectives s'étant peut-être inversées : la littérature franco-ontarienne est largement étudiée et pleinement reconnue, mais ses frontières sont moins fermes. En effet, dans les années 2000, le corpus franco-ontarien s'est redéfini par rapport aux autres littératures de la francophonie canadienne, permettant la

---

[7] Normand Baillargeon, «La tendresse comme seule adresse», *Le Devoir*, 11 mai 1998, p. B1.

[8] François Ouellet, «Daniel Poliquin. L'invention de soi», *Nuit blanche*, n° 62, hiver 1996, p. 55-56.

mise en place d'un espace de cohabitation institutionnelle avec celles-ci. À titre d'exemple, les éditions Prise de parole, si étroitement liées au combat identitaire franco-ontarien dans les années 1970, ont commencé à publier des auteurs acadiens et ont introduit, au sein de leur comité éditorial, des acteurs du milieu du livre issus de l'Acadie, après la fermeture des Éditions d'Acadie en 1999. De la même façon, *Liaison*, revue fondée à Ottawa en 1978 et dévouée au développement du théâtre d'abord, puis de la littérature et de la culture franco-ontariennes, a modifié son mandat éditorial, en octobre 2005, s'affichant désormais comme revue «pancanadienne»; depuis, elle couvre, en principe à part égale, les productions de l'Acadie, de l'Ontario et de l'Ouest. Les choses vues sous cet angle, on sent bien que la «littérature franco-ontarienne» n'est plus tout à fait la même, que, dédouanée de la problématique identitaire, elle cherche à être appréhendée dans un espace francophone qui excède les limites qui ont été les siennes à l'époque de la Coopérative des artistes du Nouvel-Ontario (CANO), dans les années 1970-1980.

Ce contexte s'accompagne du constat suivant: il n'y a guère, actuellement, de relève littéraire en Ontario français. Au tournant des années 2000, quelques noms se démarquaient nettement, ceux qui avaient *fait* la littérature franco-ontarienne au fil des décennies: André Paiement, Patrice Desbiens, Robert Dickson, Gabrielle Poulin, Jean Marc Dalpé, Daniel Poliquin, Marguerite Andersen. À cet égard, rien n'a vraiment changé depuis; à peu de choses près, ce sont encore les grands noms d'aujourd'hui, ceux que nous lisons le plus volontiers, ceux qui sont privilégiés par la critique savante. Et pourquoi pas? Seulement, on serait en peine de nommer l'émergence d'un écrivain majeur depuis 1996. Certains ont pris du galon, si l'on peut dire, comme Andrée Christensen, qui jouit d'une reconnaissance institutionnelle qu'elle n'avait pas à l'époque. Mais dans la génération qui commence à publier dans les années 2000, les plumes de qualité qui creusent un nouveau sillon sont rares.

Témoin cette anecdote. En juin 2013, nous avons organisé l'atelier «La littérature franco-ontarienne: nouveaux enjeux esthétiques» dans le cadre du Congrès des sciences sociales et humaines à l'Université de Victoria. Or, les sujets des communications présentées traduisaient on ne peut mieux la difficulté de cerner de nouveaux enjeux dans la littérature actuelle, les participants se rabattant sur des écrivains consacrés, à l'exception de Louis Bélanger, dont la communication sur la jeune poésie fut à l'origine de la contribution au présent ouvrage. Les autres écrivains alors abordés : Poliquin (2 fois), Christensen (2 fois), Dalpé, Poulin, Michel Dallaire[9]. Sans doute, afin de se rallier au thème de l'atelier, y parlait-on d'œuvres récentes de ces auteurs, ce qui facilitait des perspectives d'analyse inédites, ou introduisait-on de nouvelles voies de compréhension d'œuvres déjà anciennes ; mais cela en disait long sur l'absence d'écrivains nouveaux.

Avec *La littérature franco-ontarienne depuis 1996. Nouveaux enjeux esthétiques*, nous voulons accorder toute notre attention à des œuvres récentes ou à des œuvres « fortes » qui nous semblent avoir été trop souvent négligées par la critique. Tel est en effet le critère discriminatoire de notre entreprise. Les œuvres de Daniel Poliquin, Gabrielle Poulin et Marguerite Andersen en ce qui concerne le roman, celle de Patrice Desbiens en poésie, celles de Jean Marc Dalpé et Michel Ouellette en ce qui a trait au théâtre, ont été largement sollicitées ces vingt dernières années, au point parfois de masquer d'autres œuvres importantes. Aussi notre ouvrage traite-t-il d'écrivains moins commentés et qui, pour la plupart, ont commencé à écrire à partir du milieu des années 1990 ou plus récemment. C'est le cas du romancier Daniel Castillo Durante[10] et de la romancière Martine Delvaux[11] ; des poètes Margaret Michèle Cook[12], Gilles Lacombe[13], Sylvie Maria Filion[14], Marc Lemyre[15] et Tina Charlebois[16] ; des dramaturges Patrick

---

[9] Poliquin (Lucie Hotte ; Ariane Brun del Re), Christensen (François Ouellet ; Julia Hains et Mélissa Simard), Dalpé (Isabelle Dakin), Poulin (Kathleen Kellett), Dallaire (Johanne Melançon).

[10] Un premier roman en 1998, *Les foires du Pacifique*, aux Éditions Vents d'ouest.

[11] Un premier ouvrage solo en 2007, *Échographies*, aux Éditions Vents d'ouest, après un récit co-écrit avec Catherine Mavrikakis, *Ventriloques*, paru chez Léméac en 2003.

[12] Un premier recueil en 1994, *Envers le jour*, aux Éditions Le Nordir.

[13] Un premier recueil en 1998, *Les petites heures qui s'avancent en riant*, aux Éditions David.

[14] Un premier recueil en 1998, *Métapholies*, aux Éditions Prise de parole.

[15] Un premier recueil en 2001, *Zones de dos de baleines*, aux Éditions Prise de parole.

[16] Un premier recueil en 2002, *Tatouages et testaments*, aux Éditions Le Nordir.

Leroux[17] et Claude Guilmain[18]. Si Brigitte Haentjens est bien connue pour son engagement théâtral, elle est depuis très récemment l'auteure de récits poétiques[19]. Quant à Andrée Christensen, elle a commencé à publier de la poésie en 1990, mais elle est étudiée essentiellement depuis qu'elle est venue au roman, en 2007[20]. Enfin, nous avons retenu trois autres auteurs qui, bien qu'ils aient une œuvre abondante qui remonte avant 1996, ont peu reçu l'attention de la critique. Il s'agit de la poète Andrée Lacelle[21], d'Évelyne Voldeng[22] et de Michel Dallaire[23] (sans doute plus commenté que les deux précédentes), dont les premiers recueils et romans paraissent dans la première moitié des années 1980. Toutefois, les œuvres qui sont ici commentées ont toutes été produites après 1996. Quelques autres auteurs, comme Paul Savoie et Robert Marinier, trop peu étudiés, ou Maurice Henrie (relativement étudié), dont les premiers textes de fiction datent du début des années 1990, auraient certainement mérité de figurer dans notre ouvrage. Espérons que leur seront consacrées des études approfondies dans les années à venir.

Survol de la littérature franco-ontarienne récente

Nous aimerions d'abord rappeler que la création littéraire proprement franco-ontarienne a pris forme au début des années 1970, lorsqu'André Paiement et ses amis de la troupe universitaire de l'Université Laurentienne ont fondé le Théâtre du Nouvel-Ontario. Leur première pièce en création collective, *Moé j'viens du Nord, 'stie*, donnait le ton à cette prise de parole identitaire par la littérature. Puis, quelques comédiens d'Ottawa, qui avaient été invités à faire partie de la distribution de l'adaptation du *Malade imaginaire* de Paiement, fondent le Théâtre de la Corvée à Vanier. Peu

---

[17] Une première pièce en 1994, *Le beau prince d'Orange*, aux Éditions Le Nordir.
[18] Une première pièce en 1999, *L'égoïste*, aux Éditions Prise de parole.
[19] *Blanchie* (2008) et *Une femme comblée* (2012) aux Éditions Prise de parole. Elle avait publié un recueil de poésie en 1991, *D'éclats de peines*, chez le même éditeur.
[20] *Depuis toujours, j'entendais la mer* (2007), aux Éditions David.
[21] Un premier recueil en 1979, *Au soleil du souffle*, aux Éditions Prise de parole.
[22] Un premier recueil en 1980, *Les plaquebières*, aux Éditions Rougerie, et un premier roman en 1985, *Keranna*, aux Éditions Louis Riel.
[23] Un premier recueil en 1981, *Regards dans l'eau*, et un premier roman, *L'œil interrompu*, en 1985, tous deux aux Éditions Prise de parole.

après, le Théâtre de la Vieille 17 voit le jour à Rockland. Le milieu théâtral, appuyé par Théâtre Action, est alors en pleine effervescence et un théâtre de création supplante le théâtre de répertoire qui avait jusque-là dominé le monde théâtral en Ontario français. Plusieurs dramaturges ont profité de cet engouement pour produire des œuvres aujourd'hui incontournables. C'est le cas, outre Paiement, de Jean Marc Dalpé, de Michel Ouellette et de Robert Marinier, dont le théâtre psychologique, bien différent de celui de ses trois collègues[24], annonce celui de Patrick Leroux.

Depuis 1996, le théâtre occupe certes toujours une place importante sur la scène culturelle franco-ontarienne. Cependant, les compagnies créent de moins en moins de pièces franco-ontariennes. Même un dramaturge de renom comme Michel Ouellette déplore parfois la difficulté de voir ses pièces mises en scène. Plusieurs éléments expliquent la piètre présence de pièces franco-ontariennes dans les saisons théâtrales : le coût de production élevé de nouvelles pièces, les difficultés à obtenir des subventions, la volonté de partir en tournée au Québec, ailleurs au Canada et à l'étranger, puisque ces tournées nécessitent que l'on accueille aussi les pièces d'ailleurs. Sans doute l'absence de véritable relève joue-t-elle aussi un rôle déterminant dans cet état de fait. En effet, les jeunes dramaturges sont peu nombreux depuis 1996. En outre, plusieurs de leurs pièces, souvent montées par des troupes ou compagnies créées spécifiquement dans ce but, ne sont pas publiées. Elles disparaissent donc dès la dernière représentation.

Si Patrick Leroux a pu produire une œuvre considérable depuis la fondation du Théâtre Lobe Scène (aujourd'hui La Catapulte, à Ottawa) pour monter ses pièces, il s'agit de l'exception qui confirme la règle. En 1992, au moment où il fonde son théâtre, Leroux pense que le milieu théâtral franco-ontarien n'est pas prêt à mettre en scène des pièces qui s'écartent de ce qu'il considère être la constante en littérature franco-ontarienne, soit la thématique de

---

[24] Au sujet du théâtre de Robert Marinier, voir dans Lucie Hotte (dir.), *La littérature franco-ontarienne : voies nouvelles, nouvelles voix* (Ottawa, Le Nordir, 2002), les études de Joël Beddows, « Mutualisme esthétique et institutionnel : la dramaturgie franco-ontarienne après 1990 », p. 51-73, et de Jane Moss, « L'urbanité et l'urbanisation du théâtre franco-ontarien », p. 75-90.

l'identité collective. Il souhaite produire un théâtre qui témoigne de l'expérience des jeunes Franco-Ontariens qu'il fréquente à Ottawa, «de ces jeunes qui se sentaient désœuvrés et qui s'identifiaient d'abord à une génération plutôt qu'à une communauté culturelle[25]». Il présente donc, en 1992, une parodie du célèbre poème de Dalpé, «Les murs de nos villages», qu'il intitule «Les murs de nos w.c.», dans laquelle «[l]es murs n'étaient plus villageois mais urbains et ils ne réconfortaient ni ne retenaient; ils devenaient la matrice sur laquelle jetait son dévolu une génération de gens trop éduqués détenant des emplois minables, une génération terriblement réaliste, pessimiste, nihiliste malgré elle[26].» Le théâtre de Leroux s'écrit donc contre l'Ontario français, ou plutôt contre le théâtre franco-ontarien des années 1970 et 1980. Il s'agit effectivement, comme le signale Nicole Nolette dans son article publié dans cet ouvrage, d'un théâtre qui revendique sa place «à coups d'interpellations, d'invectives, de ruptures et de grands pieds de nez». Leroux quitte la Catalpulte et l'Ontario en 1998 après avoir transformé radicalement le milieu théâtral. Après des études à Montréal et à Paris, il s'installe définitivement dans la métropole québécoise. Or, ce déplacement géographique le confronte à un public différent et fonde ce qu'il appelle une «crise de l'adresse». Nolette étudie cette posture du dramaturge en exil qui explique, selon elle, tant les pratiques d'écriture protéiformes de Leroux depuis 1998 que la structure formelle elliptique et les thématiques de ses œuvres récentes. Les relations avec la communauté et le théâtre franco-ontariens, d'abord conflictuelles, mais plus collégiales depuis quelques années, ont déterminé, dans une large mesure, l'esthétique privilégiée par Leroux, de même que son intérêt pour un théâtre qui explore la psyché humaine.

Bien que l'œuvre de Leroux soit la plus importante dans la production dramaturgique des jeunes créateurs franco-ontariens au cours des vingt dernières années, tant pour la transformation

---

[25] Louis Patrick Leroux, «L'influence de Dalpé (ou comment la lecture fautive de l'œuvre de Dalpé a motivé un jeune auteur chiant à écrire contre lui)», dans Stéphanie Nutting et François Paré, *Jean Marc Dalpé: ouvrier d'un dire*, Sudbury, Institut franco-ontarien et Éditions Prise de parole, coll. «Agora», 2007, p. 296.

[26] *Ibid.*, p. 298.

qu'elle engendre dans le théâtre que par le nombre de pièces publiées, deux autres noms méritent d'être mentionnés. Celui d'abord du dramaturge torontois Claude Guilmain, qui a publié quatre pièces à ce jour : *L'égoïste* (1999), *La passagère* (2002), *Requiem pour un trompettiste* (2005) et *Comment on dit ça, « t'es mort », en anglais ?* (2012). Guilmain est cofondateur à Toronto, avec sa conjointe Louise Naubert, d'une compagnie de théâtre, La Tangente, qui se spécialise dans un théâtre qui mise sur l'intermédialité en faisant appel à la musique, la danse et la vidéo. Leurs productions s'éloignent du théâtre identitaire des années 1970 pour privilégier des pièces qui « [jettent] un regard sur notre condition humaine qui nous pousse à toujours chercher un sens à ce qui nous arrive : hasard, probabilité, destinée, [...] [et] qui proposent une vision du monde singulière et unique. Des productions qui portent à réflexion[27] ». Auteur, concepteur, scénographe et metteur en scène, Guilmain est un homme de théâtre accompli. Son théâtre, par sa préoccupation pour la figure du père et sa prédilection pour les drames familiaux, s'inscrit dans les voies ouvertes par Dalpé et Ouellette, mais sans être passé par la période identitaire de ces dramaturges au début de leur carrière. En ce sens, l'œuvre de Guilmain rappelle aussi celle de Marinier. Isabelle Dakin étudie justement ici la question du père dans l'œuvre de Guilmain, dont elle montre la déficience dans *L'égoïste* et *Comment on dit ça, « t'es mort », en anglais ?* Les deux autres pièces de Guilmain mettent aussi en scène des personnages en situation d'autorité : un richissime architecte naval dans *La passagère* et un maire et son adjoint dans *Requiem pour un trompettiste*, qui abusent de leur pouvoir et exploitent leurs femmes, leurs fils et leurs électeurs. Aussi, bien que le théâtre de Guilmain adopte des formes très variées et explore des thématiques fort différentes, il y a néanmoins une constante, celle de ce rapport problématique aux figures de pouvoir. C'est cette constante qui l'inscrit dans la filiation du théâtre de Paiement, Dalpé et Ouellette, mais aussi de Leroux.

---

[27] « La compagnie », site Internet de La Tangente, http://www.theatrelatangente.ca/fr/theatre_la_tangente.html, consulté le 13 mai 2015.

Enfin, l'originalité du théâtre naissant d'Anne-Marie White[28], comme celui de Patrick Leroux avec qui elle a collaboré en début de carrière, doit être mentionnée. Anne-Marie White est titulaire d'un baccalauréat en théâtre de l'Université d'Ottawa et diplômée de l'École nationale de théâtre en 2003. Elle a fait ses premières armes avec Leroux à titre de directrice artistique adjointe et artiste en résidence du Théâtre La Catapulte dans les années 1990. Elle fonde, en 2004, le Théâtre de la Cabane bleue (à North Lancaster, dans l'est ontarien), qui présente sa première pièce, *Écume*, laquelle connaît une deuxième vie lorsque White la remonte en 2010 au Théâtre du Trillium, dont elle avait été nommée directrice deux ans plus tôt[29]. Cette production, encensée par la critique, a remporté la première place au palmarès *Voir Ottawa/Gatineau* en 2010 et a reçu six nominations aux Prix Rideau 2010. Les deux pièces de White publiées à ce jour innovent par leur forme éclatée, déréalisée, qui touche au féerique, par la personnification de diverses facettes de l'imaginaire du personnage principal et par l'exploration de l'intériorité. Rare femme dramaturge en Ontario français, elle aborde des thématiques qui se distinguent parfois de celles de ses collègues masculins, comme la maternité, mais qui s'en rapprochent à d'autres moments, notamment par sa réflexion sur la mortalité.

La production poétique des vingt dernières années n'a pas l'éclat de celle des débuts, bien que ce soit dans ce registre littéraire que la relève soit la plus manifeste. Les poètes qui sont arrivés sur la scène littéraire depuis 1996 restent néanmoins en grande partie méconnus. L'œuvre d'Éric Charlebois (neuf recueils publiés) a connu un certain succès critique, mais celles de Gilles Lacombe (quatorze recueils et trois beaux livres), Michel A. Thérien (neuf recueils), Margaret Michèle Cook (sept recueils), Sylvie Maria Filion (six recueils et un récit poétique) ou encore Tina Charlebois (trois recueils) ont été peu lues.

L'aventure de la poésie identitaire des années 1970-1980, qui est au fondement, avec le théâtre, de la littérature franco-ontarienne, se

---

[28] Anne-Marie White a signé deux pièces publiées chez Prise de parole, *Écume* (2012) et *Déluge* (2013).
[29] Elle reçoit, la même année, en 2008, le Prix d'excellence artistique de Théâtre Action.

termine avec la publication du *Dernier des Franco-Ontariens* de Pierre Albert en 1992 et d'*Un pépin de pomme sur un poêle à bois*, précédé de *Grosse guitare rouge*, précédé de *Le pays de personne* de Patrice Desbiens en 1995[30]. Dans son article sur l'évolution de la poésie franco-ontarienne, Louis Bélanger soutient que la diversification des lieux de publications durant les années 1980, avec la fondation des maisons d'édition L'Interligne (1981), Le Vermillon (1982), le GREF (1984), Le Nordir (1988) et finalement David (1993), n'est pas étrangère à la diversification des poétiques durant les années 1990. Selon lui, à cette époque,

> [c]'est sur fond d'atomisation généralisée de la parole que la poésie franco-ontarienne, fouettée par un encadrement culturel d'appui, matérialisera le métissage de son imaginaire dans des œuvres moins référentielles eu égard au courant de la conscience collective, de plus en plus représentatives des transformations sociales qui balayaient l'Ontario à la même époque[31].

Parmi les «percées esthétiques» notées par Bélanger, l'arrivée des voix féminines est celle qui contribue sans aucun doute le plus à l'essor de l'autre mode d'expression privilégié des poètes franco-ontariens, la poésie intimiste, registre dans lequel l'œuvre de Paul Savoie a été dominante entre 1974 et 1995 (période où il publie l'essentiel de son œuvre), sans oublier les recueils de Gaston Tremblay dans les années 1970, ceux de Jacques Poirier et de Gabrielle Poulin au tournant des années 1990. La poésie d'Andrée Lacelle, «une des plus riches de la littérature franco-ontarienne contemporaine[32]» selon François Paré, et celle de Michel Dallaire, écrivain du récit de voyage et du dépaysement[33], comptent sans conteste parmi celles qui ont le plus contribué à l'essor de ce

---

[30] Ces trois recueils ont été écrits entre 1988 et 1994.

[31] Louis Bélanger, «Une symphonie concertante: la jeune poésie franco-ontarienne (1970-2000), dans Jacques Paquin (dir.), *Nouveaux territoires de la poésie francophone au Canada 1970-2000*, Ottawa, Presses de l'Université d'Ottawa, coll. «Archives des lettres canadiennes», tome XV, 2012, p. 216.

[32] François Paré, «La poésie franco-ontarienne», dans Lucie Hotte et Johanne Melançon (dir.), *Introduction à la littérature franco-ontarienne*, Sudbury, Prise de parole, coll. «Agora», 2010, p. 133. Lacelle a publié huit recueils entre 1979 et 2012.

[33] Dallaire est l'auteur de onze recueils entre 1981 et 2013.

courant poétique. Bien qu'entamées entre 1980 et 1990, elles restent peu étudiées. Nous avons donc choisi d'inclure dans notre ouvrage des articles sur ces œuvres importantes, mais méconnues. Celui d'Élise Lepage éclaire l'œuvre de Lacelle en montrant que les dimensions intimiste et universelle de sa poésie représentent des moments différents de l'interprétation. La posture intimiste n'est qu'une première étape dans la poétique de Lacelle, avant que la poète se tourne vers l'autre, bien souvent l'être aimé. Lepage propose de voir dans cette œuvre, et particulièrement dans *La vie rouge*, *La lumière et l'heure* et *Demain l'enfance*, une « poéthique », soit une recherche d'équilibre entre la volonté d'exprimer une individualité et celle de laisser une place à l'autre, dont le lecteur.

Johanne Melançon s'intéresse aussi à l'ouverture à l'autre et à l'intime, mais dans l'œuvre poétique de Michel Dallaire, qui est également romancier et nouvelliste. L'œuvre intimiste de Dallaire – tant poétique que romanesque – est d'une grande cohérence thématique. Dès la parution de son premier recueil, en 1979, le poète met en scène un ailleurs, souvent géographique, qui favorise la rencontre avec l'Autre. Mais le thème de l'altérité adopte des formes variées afin d'en explorer toutes les facettes, que ce soit l'Autre en soi (par le dédoublement), la rencontre amoureuse ou l'amitié. Il en résulte, comme chez Lacelle, une écriture profondément éthique.

Un autre article porte sur une figure bien connue en littérature franco-ontarienne : Brigitte Haentjens. Auteure attentive à l'identité féminine, thème récurrent chez les poètes de l'intime, Haentjens a été une figure majeure de la scène théâtrale franco-ontarienne dans les années 1980 ; elle est actuellement directrice du Théâtre français du Centre national des arts. L'originalité et la qualité de son œuvre poétique méritent qu'on s'y attarde. Après un recueil de poésie en 1991, *D'éclats de peines*, elle a récemment publié deux récits poétiques, *Blanchie* (2008) et *Une femme comblée* (2012). *Blanchie* relate la dérive personnelle et sentimentale d'une photographe à la suite de la mort de son jeune frère. De nombreuses photographies illustrent d'ailleurs ce « récit troué », que Mathieu Simard perçoit comme « effet autobiographique ». *Blanchie* présenterait le cas d'une nouvelle esthétique marquée par la «transgénéricité», où la dimension autobiographique n'est plus perçue comme un genre, mais comme un effet de lecture engendré par la manière dont la poésie, le récit et la photographie font interagir le réel et la fiction.

Le courant intimiste trouve une relève inspirée dans l'œuvre de Margaret Michèle Cook, une des plus importantes des vingt dernières années. Dans sa contribution, Jacques Paquin note que l'exploration de l'intime adopte, chez Cook, la forme de l'autoreprésentation. Il divise l'œuvre de Cook en deux périodes: la première regroupe les trois premiers recueils, qui proposent une exploration du soi par l'autoportrait, alors que la seconde s'en distingue par l'attention que la poète porte à la structure des recueils, qui adoptent, bien souvent, une forme contrapuntique, et exploitent les ressources de l'intertextualité.

De même, l'œuvre de Gilles Lacombe exploite la veine intimiste. François Paré en souligne les rythmes singuliers découlant de la contemplation par une étude du «mysticisme du paysage». En effet, l'espace naturel, le voyage – souvent initiatique – et la rencontre sont au cœur de l'œuvre de Lacombe, comme celles de Dallaire et de Cook. Selon Paré, la poésie de Lacombe est inspirée de la poésie lyrique chrétienne française et québécoise, dont elle retient «le rejet viscéral de la société capitaliste, la solitude exacerbée de l'écriture, l'éloge inconditionnel de la contemplation mystique, la mise en place de la figure sacrificielle du poète, la valorisation du voyage et du déracinement et le paradoxe de l'absence et de la présence». Par son regard extérieur jeté sur le monde, le poète, chez Lacombe, nous dit Paré, est «un agent de transformation» et le poème, «le lieu d'un renouvellement dialectique du sens, entendu non plus seulement comme la lutte violente et circulaire des signes, mais aussi comme l'expression contemplative et fusionnelle du sens».

Plusieurs autres auteurs signent un premier recueil de poèmes après 1996. Bien qu'il soit encore tôt pour savoir quelles œuvres seront déterminantes dans l'histoire de la poésie franco-ontarienne, on peut d'ores et déjà identifier quelques auteurs importants tant par l'engagement continu dans l'écriture que par la qualité des ouvrages publiés jusqu'à présent. Dans son article, Louis Bélanger analyse l'esthétique du décalage dans l'œuvre de trois poètes de cette nouvelle génération: Marc Lemyre, Sylvie Maria Filion et Tina Charlebois. À partir des notions de culture sérieuse, culture populaire, culture de masse et de culture *trash*, Bélanger explore la manière dont ces poètes mettent «en œuvre une dynamique esthétique érigée autour du détournement des prétentions de sens, de la décontextualisation radicale du familier et de fusions improbables d'éléments contradictoires». Ce faisant, ces jeunes poètes font éclater la frontière entre grande et petite culture et participent à une esthétisation du quotidien et une poétisation de l'ordinaire.

Du côté du roman, deux noms surtout dominent le genre depuis les années 1990: Daniel Poliquin, qui avec *L'homme de paille* (Boréal, 1998), inaugure une nouvelle veine romanesque qu'on pourrait qualifier de «picaresque», et Marguerite Andersen, dont l'œuvre oscille entre le récit autobiographique et la fiction narrative. Certes, il y a eu d'autres faits notables, comme les premiers romans des dramaturges Jean Marc Dalpé (*Un vent se lève qui éparpille*, Prise de parole, 1999) et de Michel Ouellette (*Tombeaux*, L'interligne, 1999 et *Fractures du dimanche*, Prise de parole, 2010), les romans fantaisistes de Michèle Vinet ou les romans de l'exil de Melchior Mbonimpa et de Didier Leclair. Malgré cela, il n'y a actuellement aucune véritable relève de jeunes auteurs. Dans le présent ouvrage, nous avons réuni des études sur l'œuvre confirmée de Daniel Castillo Durante et sur celles, prometteuses, d'Andrée Christensen et de Martine Delvaux. Nous avons aussi souhaité rappeler le roman trop oublié d'Évelyne Voldeng, *Moi Ève Sophie Marie*.

Ce dernier titre, publié au Nordir en 1999, est à peu près passé inaperçu au moment de sa publication, et le temps n'a pas arrangé les choses, surtout que l'œuvre s'est brutalement interrompue avec la mort prématurée de l'auteure en 2002. Il est vrai aussi que Voldeng est d'abord une poète, par ailleurs très peu commentée, sans doute parce que sa production occupe une place à part dans le champ poétique de l'Ontario français et que plusieurs recueils ont été publiés chez un petit éditeur de poésie en France. Dans *Moi Ève Sophie Marie*, roman d'inspiration autobiographique où nous retrouvons ce mélange de sensualité et d'abstraction propre à la poésie de l'auteure, Voldeng raconte son parcours de vie depuis son départ de sa Bretagne natale jusqu'à son enracinement en Ontario. Mais le réel est complètement transformé par les métaphores lyriques et embelli par toute une mythologie symbolique. À ce regard qui dessaisit le monde correspond l'évolution de la narratrice vers un Nouveau Monde, lieu métaphorique d'un épanouissement identitaire et féminin, mais qui s'incarne à la fin dans la ville de San Francisco. L'écriture de ce roman rappelle à la fois la prose poétique du beau récit d'Agnès Whitfield, *Où dansent les nénuphars* (1995), et la perspective féministe des récits de Marguerite Andersen.

Poète majeur, Andrée Christensen est venue au roman en 2007 par la publication de *Depuis toujours, j'entendais la mer*, lauréat de nombreux prix et l'objet déjà de plusieurs articles savants. En 2010, elle fait paraître un deuxième roman, *La mémoire de l'aile*, qui introduit le personnage dans cette dimension mythologique et métaphysique si caractéristique de la manière de l'écrivaine. C'est principalement à ce roman, mais aussi au recueil *Racines de neige* (2013), que s'intéresse Joëlle Papillon. Elle dégage la dimension écopoétique de l'écriture de Christensen, où le sujet développe une relation charnelle et spirituelle avec la nature, sans que jamais celle-ci soit exploitée. Ici, l'être humain ne domine pas la nature, mais cultive un espace d'interdépendance et de connivence.

Martine Delvaux, connue pour ses essais en études féministes, l'est beaucoup moins à titre de romancière. Ses quatre romans publiés chez Héliotrope n'ont pas beaucoup reçu l'attention de la critique. Puisque Delvaux a quitté l'Ontario au début des années 1990 afin d'aller poursuivre ses études doctorales au Michigan, elle semble être passée sous le radar de la critique franco-ontarienne. Pourtant, son roman *Rose amer* se déroule entièrement en Ontario français, là où l'écrivaine a grandi. Il présente une image de l'espace natal qui se démarque de celui que l'on trouve habituellement dans la littérature franco-ontarienne par ses caractéristiques particulières, dont le caractère dystopique du village, la solitude chronique qui afflige la narratrice durant son enfance et les sentiments ambigus qu'elle entretient, adulte, face à son milieu d'origine. Le désir d'appartenance, jamais assouvi, conduit à un rejet de l'Ontario français.

Il n'y a pas si longtemps, un tel roman aurait été frappé d'anathème dans le milieu littéraire franco-ontarien : honni soit qui parle en mal de notre chez soi. Il est toutefois possible de concevoir ce roman comme la mise au rencart de l'image idéalisée, trop souvent mièvre, de l'Ontario français mise en scène par plusieurs écrivains.

Chercheur et essayiste d'origine argentine, professeur à l'Université d'Ottawa, Daniel Castillo Durante est aussi l'auteur de cinq romans depuis 1998. Julie Delorme s'intéresse aux quatre derniers en proposant une lecture orientée par la thématique du feu. Ce qui brûle, ce sont surtout les feux de l'amour, car le feu allume tous les désirs et souvent à travers une relation triangulaire père-fils-femme. Autre représentation symbolique : les personnages chutent, physiquement et métaphoriquement, comme si les feux de l'enfer pavaient le chemin de leur exil.

Quel avenir ?

Le constat auquel nous en venons au terme de ce parcours de la littérature franco-ontarienne récente n'est guère réjouissant. Certes, il existe des œuvres fortes en Ontario français, nous les connaissons. Il y a aussi des œuvres importantes qui ont peu retenu l'intérêt de la critique, comme celles de Lacelle, Dallaire et Christensen, auxquelles des articles sont consacrés dans ce volume. Mais s'il y a une relève modeste (en nombre d'écrivains) en poésie, la situation est préoccupante en ce qui concerne le théâtre et surtout le roman. Par ailleurs, le nombre relativement faible de jeunes écrivains contraste avec celui toujours grandissant de critiques qui s'intéressent à la littérature franco-ontarienne. Notre ouvrage témoigne d'ailleurs de l'importante relève du côté de la lecture, sans compter plusieurs critiques qui ne figurent pas au sommaire. Certainement, la critique émergente compte actuellement autant de chercheurs que la critique établie, si ce n'est davantage. C'est là le paradoxe que cet ouvrage met en lumière : la littérature franco-ontarienne est passée d'une très grande effervescence créatrice, où les écrivains en puissance étaient nombreux mais la lecture savante quasi inexistante, à une littérature fortement institutionnalisée et dont les auteurs phares sont commentés et étudiés, cependant que les nouvelles plumes sont peu nombreuses. Fallait-il énoncer ce renversement pour susciter de nouveaux projets d'écriture ? Espérons que certains répondront à l'appel des muses et que, dans vingt ans, la littérature franco-ontarienne aura retrouvé la fertilité qui la caractérisait il y a encore une quinzaine d'années.

POÉTIQUES

ÉVELYNE VOLDENG
OU LES MÉTAPHORES D'UN NOUVEAU
DISCOURS IDENTITAIRE

François Ouellet
Université du Québec à Chicoutimi

> *Miracle toujours renouvelé de l'écriture,*
> *où inlassables les vagues se chevauchent*
> *à l'assaut des marges.*
> Évelyne Voldeng[1]

Romancière et poète d'origine bretonne, Évelyne Voldeng émigre au Canada à la fin des années 1960. Elle s'installe à Ottawa, où elle enseigne au collège Saint-Patrick, avant d'obtenir un poste de professeur au Département d'études françaises de l'Université Carleton en 1978, deux ans après avoir soutenu une thèse de 3e cycle sur l'œuvre du poète Tristan Corbière. Elle est décédée accidentellement à l'âge de 59 ans, en juillet 2002, quelques mois après avoir fait paraître deux très beaux recueils de poésie de même inspiration, *Brocéliande à cœur de neige* suivi de *Mon herbier sauvage*[2]

---

[1] Évelyne Voldeng, *Moi Ève Sophie Marie*, Ottawa, Le Nordir, 1999, p. 164. Désormais *M*, suivi du folio.
[2] Éd. David, Ottawa, 2002.

et *Le cri végétal*[3]. Il s'agit d'une poésie à la fois dense et aérienne, qui vibre à travers les choses vivantes et est à l'écoute des rumeurs végétales. Trois ans plus tôt, en 1999, elle a fait paraître un « récit » dont le style est celui de sa poésie, mais qui occupe néanmoins une place à part dans son œuvre. *Moi Ève Sophie Marie* est un récit poétique qu'on peut qualifier de féministe, mais où l'écriture, qui a le premier rôle, s'impose magnifiquement avec ses métaphores sensuelles, ses dérives imaginaires et ses rêveries lyriques habitées de mots rares et de figures issues de la mythologie et de la tradition littéraire.

Ce récit n'est pas d'un accès facile. Par exemple, Yvon Paré, dans le compte rendu qu'il publie dans *Lettres québécoises*, déplore que la multiplication des mots, des phrases et des images nuisent à la lisibilité du récit et à sa compréhension. Il conclut :

> La lecture devient une véritable épreuve et ce n'est que par entêtement que le lecteur réussit à se frayer un chemin. À la toute fin, à la dernière phrase, nous avons l'impression de vivre une libération. C'est peut-être ce que voulait Évelyne Voldeng, mais quelle épreuve ! Dommage...[4]

Pour ma part, je ne partage pas cet avis. J'avais d'ailleurs souligné la beauté de ce texte lors de sa parution[5] ; et Claude Rochon, dans un hommage à l'auteure, insistera sur l'importance de *Moi Ève Sophie Marie*, qui est

> une tentative d'écriture au féminin et bien plus que cela. Mais comment rendre justice en quelques lignes à un livre aussi époustouflant et à une prose aussi poétique, comment faire écho à un tel cri primal et à un tel réquisitoire féministe ? Car j'ai beau avoir l'enthousiasme fréquent, je ne me souviens pas d'avoir été marqué à ce point par une lecture du genre depuis celle du *Livre brisé*, la célèbre autofiction de Serge Doubrovsky[6].

---

[3] Éd. Rougerie, Mortemart, 2002. Curieusement, certains poèmes de ce recueil figurent aussi dans le recueil précédent.

[4] Yvon Paré, « Qui réussira à saisir le monde et à l'exprimer ? », *Lettres québécoises*, n° 99, 2000, p. 32.

[5] François Ouellet, « Évelyne Voldeng, *Moi Ève Sophie Marie* », *Nuit blanche*, n° 77, hiver 2000, p. 10.

[6] Claude Rochon, « À la mémoire d'Évelyne Voldeng, la rêveuse éveillée », *Liaison*, n° 116, 2002, p. 14.

Quant à son éditeur, Robert Yergeau, il rappellera son émotion et son éblouissement à la lecture du manuscrit[7]. Le récit de Voldeng est toutefois très peu connu, et sa réception avait d'ailleurs été très discrète. Il n'est par ailleurs pas mentionné dans la toute récente *Introduction à la littérature franco-ontarienne*, cependant que Voldeng a droit à quelques lignes comme auteure de polars[8]. Il est vrai qu'elle occupe une place marginale dans le champ littéraire franco-ontarien. Sa situation fait penser à celle d'Agnès Whitfield, qui n'est pas plus lue et étudiée. Outre que ce sont deux auteures universitaires et davantage poètes que romancières, Whitfield a elle aussi publié un magnifique récit poétique, *Où dansent les nénuphars* (Le Nordir, 1995)[9], dont l'ambiance est tout à fait comparable à celui de Voldeng. Les mêmes réseaux d'images circulent d'un récit à l'autre.

Moi Ève Sophie Marie est un récit extrêmement organisé, en dépit de son apparence parfois hasardeuse. Et c'est par cette structure que le sujet lui-même se construit. En tant que chercheuse universitaire, Voldeng a beaucoup publié sur la poésie des femmes. Sa thèse d'état, soutenue en 1988 et publiée deux ans plus tard, proposait une « grille de lecture de l'imaginaire[10] » adaptée à la poésie des femmes contemporaines. Or, son approche de l'imaginaire, inspirée par les travaux de Gilbert Durand et qui repose sur l'organisation consciente et inconsciente des images poétiques, sur leur fonctionnement et leur signification, sur la capacité de révélation des symboles, métaphores et archétypes, rend compte très bien de la nature de son propre travail de création, aussi bien dans ses recueils de poésie que dans *Moi Ève Sophie Marie*.

Dans cette optique, c'est par le nom qu'il faut entrer dans

---

[7] Robert Yergeau, « La famille littéraire d'Évelyne Voldeng », dans Françoise Chicoine (dir.), *Évelyne Voldeng, sourcière de mots*, Ottawa, Éd. David/L'Interligne/Le Nordir, 2004, p. 77-80.

[8] Lucie Hotte, « Le roman franco-ontarien », dans Lucie Hotte et Johanne Melançon (dir.), *Introduction à la littérature franco-ontarienne*, Sudbury, Éd. Prise de parole, 2010, p. 229.

[9] Sur ce récit, voir mon article « Agnès Whitfield et les métaphores de l'écriture », dans Lucie Hotte (dir.), *La littérature franco-ontarienne : voies nouvelles, nouvelles voix*, Ottawa, Le Nordir, 2002, p. 173-185.

[10] Évelyne Voldeng, *Lectures de l'imaginaire. Huit femmes poètes des deux cultures canadiennes (1940-1980)*, en coll. avec Georges Riser, Orléans, Presses universitaires de Valenciennes/Éd. David, 2000, p. 10.

l'univers du récit de Voldeng. Claude Rochon parlait d'autofiction pour qualifier ce «roman» à saveur autobiographique[11]. Le mot ne s'applique pas ici, même si la trame de la vie de l'auteure a guidé l'écriture. La narratrice de ce récit[12] à la première personne n'a significativement pas de nom. En revanche, elle se projette dans trois identités à la fois distinctes et homogènes, aspects de sa personnalité représentés par les prénoms Ève, Sophie et Marie. Cette structure ternaire a peut-être été inspirée à Voldeng par *Les fées ont soif* de Denise Boucher, ou plus simplement par la Sainte Trinité. Car dans le titre du récit de Voldeng, les prénoms sont précédés du pronom personnel «moi». *Moi Ève Sophie Marie*, sans virgule, signifie que le moi dont il est ici question est constitué de ces trois aspects que sont Ève, Sophie et Marie; mais ce moi, en tant que pronom – par rapport aux prénoms, marqueurs d'identité –, appartient au registre de l'écriture: il institue l'écriture comme valeur première, dont se réclame l'identité de l'auteure, laquelle identité se répercute à travers les figures littéraires de Ève, Sophie et Marie. Souverain, parce qu'il englobe ces aspects, le pronom «moi» devient ainsi une forme littéraire privilégiée par l'auteure non pas pour *se dire*, mais pour dire la littérature; pour se dire comme forme littéraire ou comme identité construite par la littérature.

Un Nouveau Monde féministe

Ce moi littéraire et libérateur vient ainsi se substituer au patronyme singulièrement inexistant de la narratrice, absence sans doute générée par la tradition patriarcale: «son matronyme dort dans une nécropole d'espoirs morts-nés» (*M*, 9). *Moi Ève Sophie Marie* doit donc être lu comme un récit féministe, encore qu'il s'agisse d'un féminisme mesuré et lyrique qui trouve sa propre originalité en regard de l'esthétique de la différence sexuelle qui caractérise souvent cette pratique littéraire. Comme l'héroïne des romans

---

[11] Françoise Chicoine écrit: «Elle [Voldeng] m'avait suggéré de commencer à lire son œuvre par *Moi Ève Sophie Marie* à cause du caractère autobiographique de ce roman» («Évelyne Voldeng ou la chronique du rendez-vous ultime», dans Françoise Chicoine (dir.), *Évelyne Voldeng, sourcière de mots*, *op. cit.*, p. 162).

[12] Cette désignation générique est la plus appropriée, même si le mot «roman» est inscrit sur la page couverture du livre.

policiers de Voldeng, la narratrice est « féministe à sa façon[13] ». La fin du récit célèbre le corps féminin d'une manière qui rappelle les œuvres de Nicole Brossard et de Louky Bersianik, mais où la présence de l'homme donne tout son sens à l'idée de la différence par et dans l'égalité[14] :

> Je porte votre insigne, rouge mes sœurs féministes, et j'attends la civilisation baroque de votre nouvel humanisme. Ma plaie rougie tressaille à vos célébrations lesbiennes mais je ne peux me passer de ma côte surnuméraire [...]. Mes sœurs théologiennes veulent élaguer et décoloniser la théologie aquinienne. Quant à moi, allant me promener du côté du Zohar, je me contenterai de passer au crible féminin le petit scénario de la futaie d'Éden et d'investir les données numérales. (*M*, 161)

Cet extrait essentiel livre tardivement tout le programme de *Moi Ève Sophie Marie*. La posture de la narratrice vise à réécrire le mythe du Paradis perdu et les données numérales : non plus la femme tirée de l'homme, mais l'homme et la femme l'un à côté de l'autre.

Dans cette perspective, il faudrait citer aussi les dernières lignes d'un article intitulé « La femme et la création poétique », écrit une dizaine d'années avant la publication de *Moi Ève Sophie Marie*. La possibilité de la création poétique au féminin, écrit Voldeng, est « encore lointaine, car elle nécessiterait la refonte totale des mythes sur le genre créés par la société, mythes qui s'inscrivent dans notre structure psychique dès notre plus jeune âge[15] ». On pourrait trouver, dans ces lignes, l'inspiration qui a orienté l'écriture de *Moi Ève Sophie Marie*. Car Voldeng, dans ce récit, a cherché à dénombrer certains de ces mythes (au sens propre comme au sens métaphorique), et ce, à travers une forme littéraire qui offre un exemple d'écriture au féminin.

L'écriture baroque de Voldeng fonctionne volontiers ici par association d'idées et loge dans un « univers mouvant de spirales et

---

[13] Évelyne Voldeng, *Les crocodiles dans les champs de soya*, Vanier, Ottawa, L'Interligne, 2000, p. 31.
[14] « Seule voie possible alors : La différence, l'homme et la femme dans une belle complémentarité de quatre-vingt-dix degrés. » (*M*, 83)
[15] Évelyne Voldeng, « La femme et la création poétique », *Liaison*, n° 56, mars 1990, p. 42.

de cycles » (*M*, 57) qui tord « le cou à la logique et à la ligne droite » (*M*, 100). Ce style poétique trouve son équivalent sur le plan du contenu : il s'agit pour la narratrice de se situer au sein du système « géométrique » prétendument patriarcal afin de pouvoir réapprivoiser sa propre identité au moyen d'une série de déplacements personnels. Engagée dans une « quête primordiale qui [l]'a conduite dans les couches archéologiques de l'écriture » (*M*, 157), elle entend passer de la géométrie de l'Ancien Monde[16] à « la géographie du Nouveau Monde » (*M*, 148).

Le déplacement est d'abord physique et chronologique, comme l'indiquent les titres banalement prosaïques des chapitres, offrant un contraste saisissant avec la richesse de l'écriture, véritable fête des mots : « Le mariage », « Le voyage de noces », « L'angoisse », « L'arrivée », « L'hôtel », « La prise de contact », etc., autant d'étapes dans la vie de la narratrice. Toutefois, les premières lignes du récit évoquent l'arrivée de la narratrice au Canada, alors qu'elle survole le Saint-Laurent, prête à se laisser couler « dans l'immensité bleu-vert d'un grand rêve » (*M*, 7). Mais tout le reste de ce chapitre inaugural nous ramène en arrière, à l'époque du mariage de la narratrice dans le sud de la France. Le mariage est donc le point de départ événementiel de la désillusion qui va conduire la narratrice à choisir d'émigrer au Canada pour y refaire sa vie. Mais le point de départ *narratif*, c'est cette arrivée au Canada : c'est depuis un autre lieu, l'Amérique, donc depuis une certaine distance non seulement spatiale, mais aussi temporelle, qu'elle peut commencer son réquisitoire féministe. Il lui faut d'abord dire le déplacement continental pour pouvoir ensuite raconter le passé douloureux. Après plusieurs années, et donc dans les derniers chapitres du livre, elle quittera néanmoins Ottawa pour l'Acadie, puis la Louisiane, terres de réjouissance et de reconnaissance identitaires à travers les souvenirs de sa Bretagne natale qu'évoque pour elle la culture acadienne ; enfin elle aboutira à San Francisco, signe par excellence du Nouveau Monde. D'abord « automate apatride », elle trouvera sa nouvelle identité dans un San Francisco « pluriel », où cohabitent

---

[16] « Seules, les petites vieilles, échappées de la minuscule église byzantine, ont baigné dans l'encens de leur lieu géométrique » (*M*, 17), écrit la narratrice au sujet de son voyage de noces au Proche-Orient.

en harmonie toutes les formes identitaires[17] – recoupant au passage l'expérience que tente la métisse Pitsémine dans *Volkswagen blues* de Jacques Poulin[18].

Mais le déplacement dans l'espace ne peut se réaliser que parce qu'une réussite pareille a été accomplie métaphoriquement : quitter l'Ancien Monde pour le Nouveau Monde, c'est chercher à se défaire de la condition humiliante du phallocentrisme pour accoucher d'une identité libérée. « On m'a volé mon enfance à moi, pourquoi ne pourrais-je pas prendre des miettes d'enfance de par le vaste monde ? » (*M*, 31) Le projet identitaire s'invente bel et bien dans l'espace à la fois extérieur et intérieur. C'est, de fait, par miettes que la narratrice parviendra à « se reconquérir », à rapiécer son identité, à habiter pleinement le monde, car « [l]es vérités d'un continent s'apprennent laborieusement » (*M*, 88). Aussi le Nouveau Monde vient-il s'opposer au « continent noir d'un monde parallèle » (*M*, 11), nommé aussi « le continent noir de Freud et de sa cohorte d'apôtres » (*M*, 83). À cet égard, on y opposera encore cette thématique du sang noir féminin qu'il faut lire dans la métaphore qui ouvre le récit[19].

Métaphores identitaires

J'ai dit que la porte d'entrée du récit était le nom. Plus précisément, les différentes facettes de l'identité de la narratrice sont des métaphores. Lieu d'opérations de transformations du monde culturel et mythologique du patriarcat, ces métaphores identitaires fonctionnent à la manière de figures de style, brouillant la limpidité narrative des événements au profit de la réorganisation

---

[17] « Amour pluriel qui joue son va-tout à travers les strates géologiques de l'écriture » (*M*, 163). Il faut entendre « amour » dans un sens large : aimer sans discrimination ni racisme. C'est cette possibilité que lui offre San Francisco. C'est le sens que reçoit cette belle formule itérative : « Tu as tout vu à San Francisco. » (*M*, 164 et 165)

[18] « [E]lle pensait que cette ville, où les races semblaient vivre en harmonie, était un bon endroit pour essayer de faire l'unité et de se réconcilier avec elle-même » (Jacques Poulin, *Volkswagen blues*, Montréal, Québec/Amérique, 1984, p. 288).

[19] « La rumeur de mon fleuve noir bruit et mon regard se noie dans le Saint-Laurent. » (*M*, 7) Cette première phrase pourrait par ailleurs être lue comme une allusion à l'incipit de *Prochain épisode* d'Hubert Aquin. Ailleurs elle écrira encore : « Ton sang noir, tu l'as perdu avec beaucoup de honte car personne ne t'avait prévenue de la descente du flot ouranien » (*M*, 10) ; « Notre sang noir appelle ces symboles du renouveau » (*M*, 20) ; etc.

de l'univers symbolique. À Ève, Sophie et Marie sont assignées, avant même que ne commencent l'écriture et la lecture du texte, les valeurs traditionnellement véhiculées par l'Histoire. «À Marie, une prière muette. À Sophie, des raisonnements spécieux. À Ève, des efflorescences érotiques au suc vénéneux des contes de fées psychanalysées» (*M*, 78), écrit la narratrice au milieu de son récit. Elles sont donc des figures de vierge et de la maternité (Marie), de la sagesse (Sophie) et de l'érotisme (Ève). Mais à chacune la narratrice adjoint un élément qui la caractérise: la prière est silencieuse, la raison induit en erreur et l'érotisme est péché. Ces précisions servent à connoter négativement la figure de la femme que forment finalement ces trois facettes: la femme, dans le contexte d'une histoire qui s'est constituée à partir du point de vue des hommes, donc dans une perspective phallocratique, est quelqu'un qui se tait (prie), qui raisonne mal ou vise à tromper par le raisonnement, qui porte en elle le mal. Le récit de Voldeng cherchera donc à ruiner cette perception à travers la libération de la narratrice, car il y a entre la narratrice et ces métaphores féminines une distance qui fait écho à celle entre l'Ancien et le Nouveau Monde. En cours de récit, dans ce passage de l'Ancien vers le Nouveau, ces identités acquerront des valeurs inédites. Aussi la narratrice pourra-t-elle écrire à la fin: «Moi, Ève, Sophie, Marie, aux innombrables mues nominales, j'ai exorcisé toutes mes métaphores gratuites. (*M*, 160)

Il y aurait beaucoup à dire sur la manière dont se déploient les réseaux d'images dans *Moi Ève Sophie Marie*, notamment par l'entremise de nombreux intertextes (*Hamlet*, par exemple) et figures d'identité (Lorelei, par exemple). Je me contenterai de faire voir quelques motifs clés.

Si Sophie et Marie sont nommées dès la première page du récit, il faut attendre la quatrième page pour qu'Ève soit évoquée. Or, elle est à mon avis la plus importante de la triade identitaire du récit, car elle est une figure de transformation. C'est l'Ève biblique qui a introduit la première faille dans l'univers du Père, et à cette Ève renvoie inévitablement celle du récit, bien qu'elle apparaisse d'abord plus sage. «Ève commence à s'interroger: Ta grand-mère en son Éden de fleurs nues en savait bien plus long.» (*M*, 10) Sans surprise, Ève est saisie par rapport au mythe du Paradis perdu et dans toute son innocence, car «[t]es éducateurs t'ont fait le coup de la caverne» (*M*, 10), écrit la narratrice en songeant à l'allégorie platonicienne, avant de préciser en parlant pour elle-même: «J'ai appris mon rôle dans des albums pour petites filles» (*M*, 11). Toutefois, Ève est opposée à la figure chaste et pieuse de Marie: alors que celle-ci «pleure le jour simple du Paradis perdu» (*M*, 17), Ève brûle de désir et fait l'expérience du «jardin inversé» (*M*, 12), lieu de chair et de plaisir.

Cette aventure est narrée sur un plan métaphorique qui évoque une autre figure importante du récit, sainte Anne. Voici un extrait de l'aventure d'Ève:

> Quand j'étendais le linge, sainte Anne m'appelait à l'orée du bois de pins. Bien dirigée, la myopie est un trésor. Déesse, elle recrée le monde. Et j'y plongeais souvent dans ce jardin inversé où l'arbre tordu de vieillesse devient une sainte en robe brune. (*M*, 12)

La myopie relaie ici l'allégorie de la caverne en brouillant les données morales: la myopie, c'est l'innocence, elle fait prendre le mal pour le bien. Or, celle qui orchestre cette illusion, c'est la figure de sainte Anne. On sait que, dans l'Histoire sainte, celle-ci est la mère de Marie, dont elle aurait accouché tardivement, après une vingtaine d'années de mariage, selon la légende. Figure quasi stérile ou inopinément féconde, c'est selon, on ne s'étonne pas que sa vierge de fille ait accouché du Christ sans avoir succombé à la pomme croquée par Ève.

On peut suivre, dans le récit, toute une métaphore filée autour du nom de la mère de Marie. On apprend que «la bonne sainte Anne» que prie Marie est un «avatar de la Déesse-Mère, de la bonne déesse Ana» (*M*, 106). La Déesse-Mère, objet de culte lié à la fertilité et à la fécondité, renvoie à la mère universelle, tandis qu'Ana est une déesse celte dont le culte se confond avec celui de sainte Anne. «Mais que l'on gratte ton vernis catholique, Anne de la Palud[20], alors apparaît la Grande Déesse Ana, sœur du rire et de la fertilité.» (*M*, 148-149) Le culte de la Grande Déesse-Mère

---

[20] Donc sainte Anne. Sainte-Anne-la-Palud est une chapelle bretonne où est vénérée la mère de la vierge Marie.

remonte au paléolithique et au néolithique. Cette dernière période est considérée «comme un âge d'or peuplé de gynécocraties basées sur le culte d'une Déesse universelle, qui dura plusieurs millénaires avant de céder progressivement sous les coups des Indo-Européens[21] ». Or, chacune des identités qui composent la triade identitaire du récit de Voldeng est concernée par le mythe de la Déesse-Mère, dont on trouve la trace dans l'exégèse biblique et judaïque. Outre que la «sagesse» (Sophia) la caractérise, elle se révèle sous les traits de Marie, la vierge mère, mais aussi sous les traits d'Ève, dont le nom, dans la Genèse, signifie «mère de tous les vivants», comme le rappelle Shahkrukh Husain[22].

Toutefois, par rapport à ce que représente la Déesse-Mère et la figure de sainte Anne, c'est-à-dire la Maternité, Ève, Sophie et Marie apparaissent comme des figures de résistance. Alors que «l'Immaculée Conception place Marie au-dessus de la descendance pécheresse d'Adam et Ève[23] », Ève, que sa myopie a conduite vers la connaissance de la chair, ne saurait tirer les conséquences maternelles de ce qu'elle ignore, de ce qu'elle fait aveuglément. Un passage du récit est explicite à ce propos :

> Sur des ailes de demoiselles, on entre au cœur des forêts mythiques où, dans un doux mysticisme, on chante les litanies de la Déesse-Mère. Ève, enclouée au carrefour des impasses, frissonne devant le spectre du fonctionnalisme, chassée tour à tour par un suave androgyne ou par une frigide amazone réchauffée par le soleil de Lesbos. (*M*, 83)

Par «fonctionnalisme», auquel se rattachent les litanies de la Déesse-Mère, il faut entendre ici la reproduction de l'espèce, ce dont cependant Ève se méfie, comme elle ne saurait trouver son compte du côté des amours irrégulières ou lesbiennes. Mais le mot «fonctionnalisme» renvoie aussi au mot «fonctionnaire», qui figure à la page précédente, et qui est rattaché au travail professionnel dans lequel la narratrice s'est perdue : « Préparée de toute éternité à être le petit fonctionnaire moutonnier, je vais mon cou pelé

---

[21] Shahkrukh Husain, *La Grande Déesse-Mère*, Paris, Albin Michel, 1998, p. 17.
[22] *Ibid.*, p. 91.
[23] *Ibid.*, p. 125.

par le collier. » (*M*, 82) De fait, la narratrice amalgame volontairement ce que représente le travail du fonctionnaire et la fonction reproductive de la femme[24] : pour elle, c'est la même aliénation. C'est ce qui explique que, dans ces pages, elle passe sans transition de l'une à l'autre de ces représentations qui mettent face à face « les futurs mâles agressifs et actifs de la déliquescente société capitaliste et les passives femelles, futures mères au ventre glorifié par les prophètes des plus étranges religions » (*M*, 82).

Anne Mélisande est une autre figure générée par le signifiant « Anne ». On sait que ce personnage de Maeterlinck est une jeune amoureuse empêchée par les convenances sociales. Son unique étreinte avec Pelléas coûte la mort à celui-ci ; après avoir accouché d'une fille, Mélisande se suicide. Le personnage ne survit donc pas à la maternité, qui se révèle à elle dans un contexte mortifère. Cette histoire recouvre peut-être celle de Tristan et Iseult, avec laquelle le souvenir du poète breton Tristan Corbière fait le lien. En effet, vers la fin du récit, la narratrice entend son « rire jaune émailler ma chansonnette » : « Ah tes soirs de ribote à Paris quand, étouffant de nostalgique catholicisme breton, sous un lustre épanoui de fleurs de pommes de terre, tu chantais les cantiques de sainte Anne en tendant la sébile ! » (*M*, 148) Le rire jaune du poète renvoie au titre de son unique recueil de poésie, *Les amours jaunes*, évoqué ailleurs par la narratrice[25], Corbière s'inspirant ici de légendes bretonnes et se moquant de ce que représente sainte Anne. Je cite quelques vers du poème « La rapsode foraine et le pardon de sainte Anne » :

> Bénite est l'infertile plage
> Où, comme la mer, tout est nud.
> Sainte est la chapelle sauvage
> De Sainte-Anne-de-la-Palud…
> […]
> Toi dont la mamelle tarie
> S'est refait, pour avoir porté

---

[24] Ce qu'incarne une collègue enseignante, Madame MacLeish, qui vient d'accoucher. La narratrice commente avec sarcasme : « De toute façon, pourquoi féliciter quelqu'un d'avoir fait un enfant quand neuf fois sur dix on espérait le résultat contraire ? Personne ne va féliciter la pauvre chatte qui met bas, à quatre ou cinq chatons par portée, deux fois l'an. » (*M*, 54)

[25] « Tristan, toi l'homme des *Amours jaunes* qui riais parce que cela te faisait mal » (*M*, 68).

> La Virginité de Marie,
> Une mâle virginité !
> [...]
> – Aux perdus dont la vie est grise,
> – Sauf respect – perdus de boisson
> Montre le clocher de l'église
> Et le chemin de la maison.
>
> Prête ta douce et chaste flamme
> Aux chrétiens qui sont ici...
> Ton remède de bonne femme
> Pour les bêtes-à-cornes aussi ![26]

On voit, par l'évocation de ce poème irrévérencieux, par quel détour on revient à la mère de Marie ; d'autant mieux qu'en rappelant que Corbière portait aussi le prénom de Joachim[27], la narratrice rattache du coup le poète au père de Marie, Joachim, grand-père de Jésus : l'impertinent poème dont il est l'auteur est donc à l'image de la paternité de Joachim, célèbre mais déplacé. En creux, on y lit aussi la figure d'Ève, dont les amours pécheresses font obstacle au « remède de bonne femme » de sainte Anne.

Pour revenir à la figure d'Anne Mélisande, la narratrice affirme l'avoir vue, « un matin de neige bleutée, lire un passage de *Retable la rêverie*. Lecture sensuelle, voluptueuse où, dans un friselis de marguerites froissées et de vols de papillons, les sensations s'amplifiaient en un crescendo érotique » (*M*, 94). Ce que lit Mélisande est le premier livre de Chantal Chawaf, publié en 1974 aux éditions des Femmes. Dans *Retable*, le premier des deux textes qui composent l'ouvrage, une femme ayant appris qu'elle était une enfant adoptée enquête sur l'identité de sa mère anonyme, cherchant désespérément à la rejoindre par sa propre maternité. *Rêverie* est en revanche une sorte d'hymne au désir et à la jouissance sexuelle, comme si ce texte opérait une libération du corps que définissait la quête de maternité du premier texte. *Retable la rêverie*

---

[26] Tristan Corbière, *Les amours jaunes*, dans Arthur Rimbaud, Charles Cros, Tristan Corbière et Lautréamont, *Œuvres poétiques complètes*, Paris, Laffont, coll. « Bouquins », 1980, p. 479-483.

[27] « Joachim Tristan Corbière, mon rude poète breton [...] » (*M*, 148).

se trouve donc à «mett[re] en lumière ce qu'il en est d'une autre différence : la naissance d'un corps de femme et non plus la reproduction du corps maternel[28]».

Lectrice de Chawaf, Anne Mélisande entrevoit dès lors l'envers libérateur de son destin ; c'est pourquoi elle est décrite par la narratrice comme une «extraordinaire créature débordante de vie» (*M*, 94). Par l'entremise de cette épiphanie, le texte glisse insensiblement vers la figure de Jeanne d'Arc, nouvelle figure appelée par le signifiant «Anne». Le lien se fait par la voix d'Anne lisant le livre, une «voix vivante et chaude, admirable spéculum où se réfracte l'écriture des femmes» (*M*, 94), et il prend la forme d'un appel : «Anne, aide cette voix de pucelle hystérique à se modérer» (*M*, 94). En effet, Jeanne, limitée par la voix divine qu'elle entend, ne saurait lire Chawaf. Jeanne est une figure sacrifiée : «Jeanne me sourit, au pied d'un grand crucifix d'ébène. Pauvre Jeanne, maigre produit d'une éducation catholique mal comprise» (*M*, 95). En somme victime de sainte Anne, Jeanne est une «vierge frigide», mais aussi une «chatte en chaleur», car ses «paroles sans ombre violent [s]on interlocuteur» (*M*, 96). Aussi la narratrice imagine-t-elle la pucelle vivre au siècle du romantisme, alors que le souffle poétique traduisait le génie de celui qui s'exprimait :

> Que n'as-tu vécu au XIXe siècle, au temps où il faisait si beau au jardin des illuminés. Tu aurais vaticiné avec Hugo à l'entrée de la Bouche d'Ombre. Éliphas Lévi et bien d'autres amants des arcanes t'auraient acceptée comme médium inspiré et cette chère Flora Tristan aurait fait de toi la prosélyte passionnée de la religion de la Femme. (*M*, 96)

Le nom de Flora Tristan (triste Anne ?) fait évidemment écho au poète du «Pardon de sainte Anne», mais son prénom illumine toute la prose métaphorique de la narratrice, qui emprunte constamment son registre à la flore. «[A]h ! cette obsédante métaphore florale» (*M*, 161), s'émerveille la narratrice. Du reste, l'auteure de *L'émancipation de la femme ou Le testament de la paria*[29]

---

[28] Selon la présentation de l'ouvrage sur le propre site de l'auteure ; [en ligne] http://www.chantal-chawaf.com/extraits/retable.htm, consulté le 26 mars 2015.
[29] Publication posthume de Flora Tristan grâce aux soins d'Eliphas Lévi.

n'échappe pas à la métaphore, car « la protection du paria, de l'ouvrier, du travailleur est dans le socialisme utopique, une fleur si généreusement romantique ! » (*M*, 142)

L'Ève future

J'ai indiqué d'emblée quelle préférence le récit semblait accorder à la figure d'Ève, figure originelle de la mutation et de l'émancipation. Or, tout l'avant-dernier chapitre du récit, alors que la narratrice se trouve maintenant en Acadie et que ce lieu est pour elle une révélation qui la ramène à sa propre terre d'origine[30], culmine vers la représentation d'une « Ève future », allusion détournée au roman misogyne de Villiers de l'Isle-Adam, dans lequel un ingénieur fabrique une Ève androïde. Le signifiant « Anne » conduit au passage vers cette Ève future à travers les figures littéraires d'Évangéline et de la Sagouine.

Alors que « sainte Évangéline des Douleurs » est une « pure vierge née d'une larme longfellowienne » (*M*, 150), la Sagouine « est tannée de se faire plaindre par procuration sous l'image distordue de l'humble mère de famille nombreuse, courageuse, désintéressée et fidèle, abîmée en Dieu et en son devoir » (*M*, 151) ; la narratrice réactive, à travers cette ultime référence, le propos qui dicte au texte son rythme et sa thématique :

> Et toi, Ève, Sophie, Marie, surgeon fou de la lande d'Armor, créature qui pleure de tendresse devant la bouette des pêcheurs de morue, en quoi ta problématique rejoint-elle celle de la Sagouine ? Nous sommes femmes aliénées de nos territoires féminins. (*M*, 151)

Il ne faut pas s'étonner que la narratrice s'identifie à ces figures du passé. Le propos du récit n'est pas de faire comme si le monde n'avait pas changé depuis la Déportation et les récits populaires de la Sagouine (ce serait la perspective d'un récit réaliste). Il s'agit pour Voldeng de ranimer l'histoire culturelle et symbolique du monde, du monde du patriarcat (récit poétique) ; c'est la même logique qui la fait remonter à Ève, et qui trouve son mouvement

---

[30] « Fest-noz d'Acadie, ancienne veillée porteuse de renaissance, point de rencontre de l'héritage breton et de la géographie du Nouveau Monde. » (*M*, 148)

en opposition avec une tradition patriarcale qui pétrifie le rôle de la femme[31].

Mieux encore, il faut à chaque femme revenir au point de départ de sa propre vie pour en décider et en maîtriser le sens. On se souvient que, au début du récit, Ève avait appris son «rôle» dans des albums pour petites filles. Aussi la question revient-elle par la bande à la fin: «Sagouine, ma commère, il nous faut retourner au banc de la petite école pour apprendre à lire dans l'abécédaire nouvelle méthode globale et épeler l'évangile de la femme Avenir.» (*M*, 152) On comprend que cet évangile n'est plus celui qui a produit les figures d'Ève et de Marie; il est plutôt formé du souvenir textuel d'Évangéline (et sans doute du signifiant «Anne» qu'on lit aisément dans Évangéline), nouvelle figure élue du devenir femme. Évangéline n'est pas une représentation figée; sorte de métaphore filée, à l'égal du «poème toujours recommencé» (*M*, 27), elle est une figure de déplacement digne d'être référencée, car la Déportation a inauguré un mouvement dans l'espace auquel se superpose le mouvement migratoire de la narratrice, avant l'ultime mouvement qui va conduire celle-ci à San Francisco. De la Déportation à San Francisco se met en place un nouveau destin de femme.

C'est ce qu'on pourrait appeler la conjugaison du mythe d'Évangéline au futur: «Jeanne-Baptiste du ruisseau de l'Île, nous prêchons l'avènement d'Anne Évangéline III, Ève future, compagnonne de l'Euguélionne» (*M*, 152). On voit ici comment la narratrice, réécrivant l'Évangile, retrouve le signifiant qui, tout au long de *Moi Ève Sophie Marie*, trace le récit de son émancipation. Il surgit d'abord dans la figure annonciatrice de Jeanne-Baptiste, laquelle rachète au passage la figure crucifiée de Jeanne d'Arc; ensuite dans la création de cette Ève future qu'est Anne Évangéline III, figure réconciliée de la triade identitaire.

Aussi le dernier chapitre du récit ne mentionnera-t-il jamais Ève, Sophie et Marie séparément. C'est le seul de tout le récit qui

---

[31] Ce que donne bien à comprendre le voyage de noces de la narratrice. Son déplacement dans les pays arabes évoque un «passé momifié» (*M*, 23). Ici, au milieu des «pierres phalliques» (*M*, 21), le temps ne passe pas, et Marie, tombée «dans le piège du mariage romantique» (*M*, 33), est «enfoncée dans sa sous-culture féminine» (*M*, 22).

ne fractionne pas l'identité de la narratrice, signe d'une identité réconciliée avec elle-même dans le monde ; seul ici s'écrit Moi Ève Sophie Marie. C'est pourquoi ce chapitre porte bien son titre : « Vers une identité ». Lieu d'un ultime déplacement, San Francisco devient le signe du retour à l'origine de cette « néo-Canadienne aux mille visages » (*M*, 165).

L'ACCUEIL, LA CONFIANCE DANS L'ŒUVRE D'ANDRÉE LACELLE

ÉLISE LEPAGE
UNIVERSITÉ DE WATERLOO

« L'œuvre poétique d'Andrée Lacelle s'impose comme l'une des plus riches de la littérature franco-ontarienne contemporaine », écrit François Paré dans le chapitre qu'il consacre à la poésie dans l'*Introduction à la littérature franco-ontarienne*[1]. Originaire de Hawkesbury dans l'Est ontarien, Andrée Lacelle a publié huit recueils de poèmes depuis 1979 et est largement reconnue et appréciée dans le milieu littéraire franco-ontarien. Si plusieurs partagent l'avis de François Paré, il faut signaler que, hormis quelques comptes rendus ponctuels dans des revues culturelles ou littéraires, rares sont les articles qui démontrent cette richesse de l'œuvre. Dans le meilleur des cas, une seule de ses œuvres est analysée dans une perspective comparatiste avec d'autres auteurs[2]. On trouve certes quelques comptes rendus assez détaillés dans la revue *Francophonies d'Amérique*, mais Jules Tessier a beau jeu de faire remarquer qu'« en l'absence de la donne régionaliste [...] et

---

[1] François Paré, « La poésie franco-ontarienne », dans Lucie Hotte et Johanne Melançon (dir.), *Introduction à la littérature franco-ontarienne*, Sudbury, Éd. Prise de parole, coll. « Agora », 2010, p. 133.

[2] François Paré, « Identités symbiotiques et dialogisme chez Herménégilde Chiasson et Andrée Lacelle », *@nalyses*, vol. 6, n° 1, hiver 2011 ; [en ligne] https://uottawa.scholarsportal.info/ojs/index.php/revue-analyses/article/view/759, consulté le 17 mars 2015.

compte tenu du caractère quelque peu hermétique de cette poésie dépourvue de linéarité narrative, on sent chez ces derniers [les critiques] une empathie admirative parfois difficile à traduire en évaluation structurée[3] ». La longévité ainsi que la grande qualité de l'œuvre dans son ensemble appellent une analyse plus précise qui rende justice à ce qui se présente moins comme une continuité de recueil en recueil que comme l'approfondissement croissant d'une démarche absolument singulière.

Afin de cerner au mieux quels sont les nouveaux enjeux esthétiques soulevés par cette œuvre, je me concentrerai sur les recueils les plus récents, parus après le colloque « La littérature franco-ontarienne: enjeux esthétiques[4] » en 1996, soit *La vie rouge*[5], *La lumière et l'heure*[6] et *Demain l'enfance*[7]. Je ne retiens pas *Survenance*, dialogue radiophonique relevant d'un autre genre littéraire et dont François Paré a proposé une analyse comparée[8]. Jusqu'au milieu des années 1990 à tout le moins, la critique s'est efforcée de forger une grille de lecture propre aux littératures minoritaires. On peut sommairement la résumer en rappelant qu'elle s'articule en fonction de trois données presque immuables, quoique présentes dans des proportions variables selon les œuvres: le questionnement identitaire, l'appartenance communautaire et géographique, ainsi que l'hyperconscience linguistique. Ces axes de lecture ont produit des interprétations fascinantes d'œuvres de la première heure. Il faut reconnaître que depuis, ceux-ci ont eu tendance à se figer en poncifs dont l'intrication régulière concourt à fixer une sorte de passe-partout herméneutique, capable d'enfoncer les portes de toute œuvre de la francophonie canadienne. Sauf que ne posséder

---

[3] Jules Tessier, « Andrée Lacelle et la critique », *Francophonies d'Amérique*, n° 11, 2001, p. 92.

[4] Voir l'ouvrage collectif issu de ce colloque: Lucie Hotte et François Ouellet (dir.), *La littérature franco-ontarienne: enjeux esthétiques*, Ottawa, Le Nordir, 1996.

[5] Andrée Lacelle, *La vie rouge*, Ottawa, Éd. du Vermillon, 1998. Désormais *VR*, suivi du folio.

[6] Andrée Lacelle, *La lumière et l'heure*, Ottawa, Éd. du Vermillon, 2004. Désormais *LH*, suivi du folio.

[7] Andrée Lacelle, *Demain l'enfance*, Ottawa, Éd. du Vermillon, coll. « Parole vivante », 2011. Désormais *DE*, suivi du folio.

[8] Voir François Paré, *op. cit.*, p. 93-112.

qu'une clef à son trousseau n'est signe ni d'une grande richesse, ni d'une réelle ouverture…

En cela, s'attacher à faire émerger de « nouveaux enjeux esthétiques » de la littérature franco-ontarienne semble une démarche salutaire qui, en plaçant le renouvellement et l'esthétique au premier plan, incite à l'exploration de nouvelles voies herméneutiques. Une étude des œuvres de Lacelle a toute sa place au sein d'un tel projet dans la mesure où celles-ci sont connues, mais trop peu analysées et interprétées – du moins de façon trop parcellaire. Ainsi que le résume Jules Tessier,

> les critiques n'auront d'autre choix que de mettre au rancart la grille d'analyse réservée aux textes engagés ou à la fonction identitaire obvie, fréquemment associés aux « petites littératures », et d'évaluer la poésie d'Andrée Lacelle pour ses qualités esthétiques, sous l'angle formel[9].

La poétique de Lacelle ne correspondant pas à ce paradigme herméneutique que la critique s'employait à faire émerger, elle fut saluée à chaque publication en termes élogieux, mais laissée de côté après quelques belles phrases qui soulignaient avec justesse qu'il s'agissait d'une poésie à la fois intime et universelle. Je m'attacherai à montrer que si la poésie de Lacelle peut être décrite comme intimiste *et* universelle, c'est parce que ces qualificatifs désignent chacun deux moments différents de l'interprétation. L'intimité n'est souvent qu'un premier mouvement herméneutique, car à bien y regarder, le sujet semble plonger en lui-même pour mieux ensuite se tourner et s'ouvrir vers les autres et vers l'avenir. Dans un dernier temps de la réflexion, j'interrogerai les promesses de la parole poétique : celle-ci est-elle porteuse d'une confiance absolue ou plutôt d'une espérance ? *In fine*, il s'agit de montrer que, par-delà le relatif hermétisme que semblent ériger les poèmes au premier abord, la poétique de Lacelle est d'abord et avant tout un accueil et une ouverture vers « tant de chemins à vivre » (*VR*, 59).

---

[9] Jules Tessier, *op. cit.*, p. 92.

L'intimité, premier seuil herméneutique

À la lecture des plus récents recueils d'Andrée Lacelle, on est d'abord frappé par une voix, aux intonations et aux rythmes changeants, mais qui paraît toujours proche et lente, propice à la révélation en pointillé de quelque secret. Feutrée et confidentielle, cette atmosphère qui est réitérée d'un recueil à l'autre tient d'abord au blanc, souvent immense, qui entoure le poème et qui, tout à la fois, l'isole et le protège. « Le silence est prégnant, comme l'est la marge », remarque Eileen Lohka[10] au sujet de *La lumière et l'heure*. Ces conditions permettent au sujet de se dire. Celui-ci se présente d'abord dans sa dimension physique très concrète. Le corps est puissamment ressenti comme « [i]mmorcelable » (*LH*, 35), la chair assurant l'unité physique du sujet : « mon corps quand il est tout un » (*LH*, 35). Cette unicité du corps donne lieu à son ecééité : le corps est donné, dit tel qu'il est (« je ne me détourne pas de mon corps » [*LH*, 35]). « Je dépens [*sic*] de mon corps, mon corps dépend de moi. Indéfectible intimité. » (*LH*, 40) Cette prison de chair porte en elle la marque paradoxale du temps, entre oubli du passé et surdétermination du futur : « J'ai un corps parce que je vais mourir. [...] Ma vie se haillonne d'oubli, elle avance dans le temps qu'elle suscite. L'heure de ma mort est-elle gravée dans mon corps ? » (*LH*, 42) Et le corps doit se faire accepter également, malgré l'œuvre du temps : « Aux plus beaux jours, à mon cou, un collier d'heures et de jours, serti de la densité d'une gemme. En pleine jouvence, le temps de l'insouciance, le temps de la taille de guêpe. Aujourd'hui, mes lèvres où le temps a bougé... » (*LH*, 37) On n'est encore qu'à la surface de l'être, mais déjà celle-ci se crevasse ou au contraire résiste, oppose toute son opacité : « Même grand ouvert, / elle n'entre pas dans son visage. » (*DE*, 55) La représentation du corps oscille entre deux pôles chez Lacelle : le corps offre tantôt une apparence monolithique, il est tout un, entier, uni, infrangible, et tantôt ce bloc révèle ses nombreuses aspérités, ses replis creusés par l'empreinte du temps. Le poème est alors exploration de ces détresses enfouies. « Le corps est un poème

---

[10] Eileen Lohka, « *La lumière et l'heure* : poèmes et carnets d'Andrée Lacelle », *Francophonies d'Amérique*, n° 19, 2005, p. 223.

viscéral » (*LH*, 37), en cela que le corps se donne à lire et à déchiffrer comme le poème. Mais c'est un poème des viscères, de ce qu'il y a de plus profond et de plus noué. Écrire le poème consiste alors à « [m]utiler le corps des mots dans le noyau même » (*LH*, 37) afin de faire émerger ces tensions. « Sur l'envers du visage / Sur la peau du cœur » (*DE*, 14) : le visage et la peau sont des interfaces entre monde intérieur et extérieur. Or, il faut constater que cette superficialité est vite dépassée et laisse place à ce qui relève moins du registre charnel que de l'intime, ainsi que l'indiquent déjà les associations : la peau n'est pas celle du corps, mais celle du cœur, plus à l'intérieur. Et la poète ne s'intéresse pas à la surface du visage, mais à son envers.

La section « Quand à l'infini, clignote l'infini » de *La lumière et l'heure* s'attache pleinement à l'évocation du monde intérieur. Cette suite de poèmes prend la forme d'une lettre adressée au fils. Peu importe ici la vraisemblance de cette lettre ; ce qui compte est le caractère personnel, privé de ce genre de correspondance qui fait pénétrer dans l'intimité du sujet. L'étymon du mot *intime* indique sa valeur superlative de *interior*. L'intime est ce qui est le plus intérieur, le plus au fond, le plus caché, et se situe à l'intersection entre le physique et le psychique. Il est à l'image du cœur, figure importante chez Lacelle qui permet d'aller au-delà du dualisme chrétien de la chair et de l'esprit :

> Cœur de chair, cœur de pierre. J'ai lu quelque part que le cœur est ce point d'intersection de l'esprit dans la matière. Le cœur serait l'âme charnelle. Tu sais qu'en langue celtique, les mots *centre* et *cœur* sont interchangeables : kreiz (breton), craidd (gallois) et cridhe (irlandais). Cri. Au centre du corps, le cœur crie. (*LH*, 73)

Le cri part du cœur, centre du corps, mais il a partie liée également avec le poème, même si l'indécidable persiste : le cri se situe-t-il à la source du poème, ou bien est-il plutôt son aboutissement ? À moins que le poème ne soit la transfiguration du cri, bruit informe et inintelligible, en une forme-sens qui appelle l'interprétation. Remarquant « la reprise des mots clés âme, parole, corps, comme le refrain d'une rengaine », Eileen Lohka l'analyse comme une « insist[anc]e sur le désir de lier entre elles ces parties intrinsèques du Soi[11]». Pour faire en sorte que «nos cœurs [soient] / Ces pays habitables» (*DE*, 33), encore faut-il réconcilier ces différentes instances. Le sujet chez Lacelle ne se complaît pas dans l'éclatement ; lézardé, il semble en quête d'une harmonie, d'un mieux-être qui prendrait sa source en son sein pour rayonner alentour.

Cette source à laquelle puise le sujet est facilement repérable dans un certain nombre de poèmes. L'enfance, présente même dans le titre du dernier recueil, est un motif de prédilection d'Andrée Lacelle. « [L]'arbre de mon enfance / plus haut que les autres » (*VR*, 14) se détache très nettement sur un fond indistinct qui confond « la fin du jour / ou / la fin d'un monde » (*VR*, 14). L'enfance est un absolu – qu'il soit haut perché à la cime de l'arbre ou enfoui dans les tréfonds de l'âme. L'enfance évoquée n'est presque jamais celle du sujet ; ainsi renvoie-t-elle non pas à un passé, à un âge d'or qu'il faudrait raviver constamment par le travail mémoriel, mais plutôt à un état à préserver. Il faut citer ce poème de *La lumière et l'heure* qui traite du rapport au temps et à l'espace afin de bien comprendre le traitement réservé à l'enfance :

> Si le temps me pénètre, pourtant, il me reste étranger. Je marche à côté du temps. Et si j'en parle sans cesse, c'est qu'il m'échappe, alors que l'espace, partout en moi, se dit de lui-même. Mes mots l'habitent. Il me caresse. Et moi de même. Je ne lui échappe pas. J'aime l'espace. (*LH*, 15)

Le sujet ne s'essaie pas à retenir le temps, le sachant fuyant comme une poignée de sable. Le temps est ce qui se soustrait à toute emprise, alors même que j'ai montré à quel point son emprise est palpable sur le corps. Au contraire, l'espace se donne dans une sorte de douce évidence habitable par le langage ; il offre de surcroît une réciprocité bienveillante au sujet : « [L'espace] me caresse. Et moi de même. » (*LH*, 15) C'est exactement cet échange, cette symbiose décrite dans un poème subséquent entre un enfant et l'espace qui l'entoure :

---

[11] *Ibid.*, p. 225.

> Comme une embellie
> L'enfant reçoit l'air
> Infusé d'énergie solaire
> L'air fait des vagues
> Et longtemps, l'enfant se baigne
> Dans le poème de l'air
>
> Il pense :
> L'air me berce et je berce l'air (*LH,* 17)

On ne peut donc s'étonner que l'enfance soit souvent évoquée à travers des métaphores à valeur spatialisante : « Demain est une porte / Au fond de l'enfance » (*DE,* 73).

> Si sa vérité n'est pas dans ce livre
> Où est-elle
>
> Car tout se trouve
> Dans une chambre d'enfance
> L'âme en loques
> Et sur le lit
> Un amas de songes (*DE,* 17)

Cette image de la chambre et du lit aux rêves désordonnés est reprise presque textuellement quelques pages plus loin dans un poème intitulé « D'où le poème ? » : « Tout se trouve dans une chambre, / et sur le lit, un amas de songes. » (*DE,* 39) Ce poème ouvre la section « Le livre ouvert » dont les poèmes offrent cette particularité de tous porter un titre sous forme de question, à l'exception du dernier, intitulé « Le fermoir perdu », qui se termine de la façon suivante : « J'ai dix ans. / Dans mes mains, un livre ouvert me donne naissance. » (*DE,* 60) Par la dédicace du recueil, on sait qu'il s'agit d'un biographème, puisque Andrée Lacelle écrit que son frère lui offrit *Le Petit Chose* d'Alphonse Daudet pour ses dix ans. Naissance à soi, à la littérature, au langage, « le livre ouvert » signifie donc un premier pas hors de l'enfance, temps préverbal. Au sujet de *La vie rouge,* Anna Gural-Migdal note que la poétique de Lacelle « consiste à construire par-delà le pays, un lieu intérieur, temple ou sanctuaire[12] ». On est tout près de penser que ce lieu intérieur prend parfois la forme de l'enfance, d'autant que celle-ci est présentée non comme une période mémorable, mais comme un état à sauvegarder, dans les deux sens concurrents de ce mot : celui de conserver, maintenir dans le temps et celui de protéger, défendre, assurer l'intégrité de cet état :

> Dans le pire du monde
> Le partage du regard sur la peine
> La chaleur des yeux d'enfants
> [...]
> Elle pense
> *Surtout ne trahis pas l'enfance* (*DE*, 24)

Impalpable, précieuse, l'enfance appartient avec l'âme, le cœur, la parole, au petit nombre de ces « choses invisibles » que la poétique de Lacelle garde toujours à l'horizon.

« De toujours et de partout, je veux être de plain-pied avec les choses invisibles » (*LH*, 23), écrit-elle dans *La lumière et l'heure*. Ce recueil problématise de façon exemplaire le regard, dernière dimension importante propre au sujet qu'il faut souligner. Regard, parole et toucher sont constamment associés selon des constellations à géométrie variable :

> Elle ne sait se nommer elle-même
> Et s'entête à dire les êtres et les choses
>
> Trop de lumière à cette heure.
> Être aveugle pour toucher les mots. (*DE*, 54)

Le sujet ne peut se dire lui-même, tant la médiation d'une autre subjectivité ou le détour par le monde environnant est nécessaire. Mais tout ramener au regard ne fonctionne pas non plus, selon les circonstances de « la lumière et l'heure » ; mieux vaut parfois renoncer au regard pour véritablement « toucher les mots », c'est-à-dire les placer dans des configurations qui les fassent résonner : « Elle

---

[12] Anna Gural-Migdal, « *La vie rouge* : poésie d'Andrée Lacelle », *Francophonies d'Amérique*, n° 9, 1999, p. 217.

touche/Elle est touchée/Malgré tant de cécité.» (*DE*, 43) Que ce soit par cécité ou au contraire par un regard clairvoyant, le sujet *touche*, appréhende de façon intransitive, absolue, en même temps qu'il accepte d'être lui aussi touché, sans qu'il n'y ait besoin de préciser ce qui le touche. L'émotion provoquée, la saisie visuelle ou tactile importe davantage que la cible ou son émetteur. Plusieurs occurrences de ce motif sont présentes dans *Demain l'enfance*:

> Elle consent à se défaire
> Par le regard
> Elle touche
> Est touchée (*DE*, 45)

Ces vers du dernier recueil sont une reprise de ceux cités plus tôt, les uns valorisant la cécité, les autres le regard; mais on trouvait déjà ce motif dans *La lumière et l'heure*, exprimé cette fois à la première personne et en prose: «Par le regard, je touche, je suis touchée.» (*LH*, 53) Dans un poème où Lacelle s'interroge sur «[q]ue dire de cet écart entre la plénitude et le détail» (*LH*, 52), elle écrit:

> Pour moi, considérer un paysage dans son infini, est une abstraction: il n'y a pas de cadre. Mais si par mon regard – *ce contact réel* –, je donne un cadre à un fragment, je pose mon objectif sur un détail. Ce détail, peut-être à la fois le plus précis, le moins prévisible, fera que d'un paysage contemplé, un seul élément (mouvement, hauteur, profondeur, couleur) s'offrira d'une seule venue. Et ce détail m'habitera parfois comme un frisson, le temps qu'il faut pour agir entre cœur et esprit jusqu'au bout de mes doigts.
>
> À l'œuvre: mes cinq sens, ma lumière, ma ferveur. Alors je peux dire que ce que j'ai vu, je l'ai reçu. (*LH*, 52; je souligne.)

Le regard, «contact réel» qui rejoint le toucher des citations précédentes, doit s'accrocher à un détail pour que le paysage dans son ensemble vienne, d'un même élan, au sujet. Je reviendrai sur ce que Lacelle désigne comme une «venue». Pour l'instant, je me bornerai à souligner cette importance du regard, et plus généralement des sens qui, en touchant le sujet «cœur et esprit», permettent l'avènement de cette riche vie intérieure propice à l'écriture. Le sujet, totalement ouvert et présent à ses sensations, est dans un état de réceptivité maximale. Cette posture de plénitude ne va cependant pas de soi et le sujet se met au défi de penser à ce qu'il ne voit pas ou refuse de voir :

> Comment regarder ce qui m'échappe ? Comment le dire ? Dans le visible, l'invisible, dans le palpable, l'impalpable. Dans un paysage. Dans un visage.
>
> Ce qui amoureusement m'obsède, c'est ce qui, au bout de tout, échappe à toute forme d'explication. Je ne pense pas pour autant cultiver le mystère pour le mystère. Simplement, l'élucidation est, pour moi, une joie, et *que la lumière soit*, une sorte de prière.
>
> [...] Mais qu'en est-il de ce que je décide de ne pas regarder, de ce qui, à mon insu, se soustrait à mon regard ? (*LH*, 51)

Dans cette tension à penser ce qui lui échappe, le sujet confesse ce goût pour ce qui se soustrait à la chaîne des causalités. Éclairer, mettre en lumière – bien plus que rétablir d'improbables liens logiques –, telle est la tâche qu'il s'assigne. Ce penchant pour la lumière, et plus encore pour l'arrivée de la lumière (« élucidation », « *que la lumière soit* »), transparaît de nouveau quelques pages plus loin lorsque le poème révèle à quel point le sujet et le monde sont liés par le regard : « Nous habitons ce que nous regardons et ce que nous regardons nous habite, en attente de la clarté du regard, de la clarté des mots. » (*LH*, 57)

Centrée sur le sujet et sa vie intérieure, la poésie d'Andrée Lacelle ne verse jamais dans l'égocentrisme. Comme ces dernières citations l'indiquent, le monde, fruit de convoitise visuelle, n'est jamais bien loin.

Le mouvement vers

Si l'introspection est la visée de certains poèmes, cette exploration, cette interrogation de soi, n'est bien souvent qu'un premier mouvement de repli, qu'un recentrement sur soi qui permet ensuite une expansion, une prise en compte plus large du monde, une ouverture à l'Autre. Il faut alors se demander quel est ce monde, qui est cet Autre toujours à l'horizon de l'écriture. Dans ces trois recueils, pas plus que dans les précédents, Lacelle n'évoque le lieu réel où s'ancre sa parole, ni même la condition minoritaire. Les quelques rares mentions du pays demeurent allusives et se fondent dans le texte sans provoquer de rupture profonde. Seul *La vie rouge* autorise d'ailleurs qu'on aborde cette question que sinon rien n'appellerait. Au début du recueil, la suite « Le poème de la rivière » présente « un pays / en arrivage // présage de l'origine » (*VR*, 15). Le premier vers, « La rivière affouille son lit » (*VR*, 15), pourrait laisser à penser qu'on assiste à l'éclosion d'un lieu de naissance, d'ancrage, mais les deux derniers vers semblent au contraire indiquer un règne de l'errance : « un temple accoste ma porte / un temple voyage ». Plus loin, le sujet annonce « je peins l'air d'un pays » (*VR*, 47), mais il s'agit d'« un pays en suspens » (*VR*, 57), précise-t-il ensuite. Il dénonce comment « Au royaume de l'être en danger / la langue du désert s'impose » (*VR*, 48), tandis que « le nœud des mots / tangue l'astre intime » (*VR*, 58) bouleverse le sujet au plus profond de lui, au point qu'il ne restitue que maladroitement une vie qui semble lui échapper : « je bégaie des fragments d'inexistence » (*VR*, 65). La langue trébuche, se fige, mais un espoir semble subsister : « s'empierrent mots murailles / qu'au passage demain délivre » (*VR*, 59).

Deux constats s'imposent à la suite de cette compilation de citations. D'abord, il s'avère que le pays et la collectivité ne font pas l'objet d'une section précise dans le recueil qui rassemblerait les poèmes dédiés au motif de la condition minoritaire. Ces allusions sont disséminées tout au long du recueil ; elles n'en forment pas pour autant une toile de fond tant celle-ci serait vaporeuse, effilochée. Je propose de les considérer plutôt comme des résurgences plus ou moins inopinées de ce motif qui, chez Lacelle, peine à en être un. Le second constat, plus décisif selon moi, souligne à quel point cette question génère des néologismes remarquables. J'ai cité la rivière qui « affouille son lit » (*VR*, 15), mais il y a aussi cette « étreinte des gris [qui] empayse nos âmes » (*VR*, 75). La créativité verbale est stimulée autour de cette question du pays et du *Nous*. Celle-ci se dédouble d'ailleurs : qui est ce Nous ? Entre le pays et *Nous*, lequel a préséance ? Le « pays » reste un mot vague chez Lacelle, tout comme l'identité du *Nous* semble indécidable : s'agit-il d'un groupe précis, mais qui n'est jamais nommé? S'agit-il du couple, le sujet et l'être aimé? Ou faut-il encore lire ce *Nous* comme un *On* impersonnel, qui désigne tout un chacun? En face de cette incertitude, une chose est sûre: le *Nous* sujet prévaut sur le pays – que celui-ci soit pensé comme simple étendue sensible, milieu de vie ou entité qui serait fondée sur un faisceau de critères plus précis. *La vie rouge* le répète à plusieurs reprises: «avant le pays il y a nous» (*VR*, 80), «avant le pays/nos âmes» (*VR*, 26), et engendre un autre néologisme: «nous/pays et payses/il y a nous» (*VR*, 26). Il faut peser avec soin l'expression de Jules Tessier lorsqu'il parle de «la stérilité de la matrice identitaire[13]» chez Lacelle. Certes, l'identité collective n'est pas une fabrique poétique comme elle l'est chez d'autres poètes franco-ontariens. En revanche, elle permet une créativité langagière tout à fait remarquable. Il reste que les deux autres recueils ne font nullement allusion à l'identité franco-ontarienne ou à la collectivité. Féminin sans être féministe, le lyrisme de Lacelle prend sa source dans une sensibilité exacerbée. Mais la féminité et la sensibilité ne sont jamais rattachées à une condition particulière – fût-elle identitaire, géographique, sexuelle, littéraire, culturelle – et c'est en cela que l'irréductible singularité de sa voix touche à l'universel.

Ce n'est donc pas vers la collectivité que le sujet se tourne, mais plutôt vers la version minimale du *Nous*, c'est-à-dire l'Autre, souvent l'être aimé, tel que l'atteste ces reprises avec variation de citations précédentes: «avant ton corps/il y a toi» (*VR*, 51) et «Sans route sans rencontre/d'insolites caresses repaysent nos chairs» (*VR*, 51). Avec raison, Anna Gural-Migdal souligne l'effet de rayonnement que procure la relation amoureuse: «L'érotisme dégage une telle charge d'énergie qu'il décloisonne les régions de l'être et amplifie la respiration[14].» En témoignent de façon lumineuse des vers tels que «tu m'ensoleilles» (*VR*, 75) ou

> Toi
> qui me déracines
> espère-moi
> ici (*VR*, 40)

---

[13] Jules Tessier, *op. cit.*, p. 93.
[14] Anna Gural-Migdal, *op. cit.*, p. 219.

Le couple comme union de deux subjectivités distinctes est parfois très clair comme en ces trois vers : « *tu* hantes d'anciennes empreintes / *je* foule le sable d'un jardin / *nous* parcourons ces distances qui nous abîment » (*VR*, 34 ; je souligne) ou encore « entre nous fuse l'inouï / *nada* en ces lieux de vie » (*VR*, 36). Mais le jeu des pronoms personnels vient parfois brouiller l'attribution des identités :

> En rien le temps n'atténue son mal. Néanmoins toujours elle garde l'espoir de comprendre. Elle dit : Mon délire te détourne de moi. Et lui souvent répète : Pourquoi tout ce bruit ? […]
>
> Elle sait aussi que la passion ne se reconquiert pas. Il y avait, dans notre histoire, une part sublime, cette part fictive de l'amour. (*LH*, 61)

Dans cet extrait, le *elle* et le *lui* se conjuguaient, au passé, dans « *notre* histoire » (je souligne). Le *elle* fait donc bien référence au sujet ; il est une variation du *Je* précédemment cité. Mais la même équation est-elle possible dans le poème suivant ?

> Vagabonde
> Sa demeure est la porte de l'extrême
>
> Soudain elle se condense
> Amoureuse touche la pluie
> Sans hiatus en elle
> L'eau touche le puits (*DE*, 35)

Bien souvent, le sujet semble parler de lui-même à la troisième personne, premier mouvement de distanciation de soi, de sortie hors de soi :

> Entre elle et le monde
> Entre elle et l'autre
> Entre elle et elle-même
> Elle recule d'un pas car tout cela est étrange (*DE*, 46)

Ce procédé se voit renforcé à plusieurs reprises par des représentations du sujet sous forme de différents personnages qui tous se rassemblent sous le signe du déplacement.

Cela est évident lorsqu'il s'agit de figures du passage, très présentes au début de *La vie rouge*. « La passagère » est la plus importante d'entre elles : « La passagère nourrit des sarcelles / pour celle qui marche » (*VR*, 19) ; « La passagère saille des sables / ses pas clairs paysent son regard » (*VR*, 28) ; « une passagère déplace le monde » (*VR*, 17). On remarque néanmoins des mentions approchantes : « Nos corps en voyage » (*VR*, 27), « un batelier sonde l'onde » (*VR*, 17), « le passeur métisse la mémoire » (*VR*, 35), alors que le recueil s'ouvre « Sous l'emprise nomade du cœur » (*VR*, 13). Certains éléments évoquant le passage participent également à l'élaboration de cet univers de mouvement : « franchis toutes portes » (*VR*, 31), « une porte / tu l'as franchie » (*VR*, 55), « dans le lointain / un pont » (*VR*, 56). La rivière est « chemin d'eau » (*VR*, 17), « Voie baladeuse » et « caravane indigène de nos âmes à venir » (*VR*, 18). Les figures mêmes qui ordinairement indiqueraient la stabilité ou l'ancrage penchent plutôt du côté du déplacement : « un temple accoste ma porte / un temps voyage » (*VR*, 15), « nos maisons chancellent » (*VR*, 17) ou ne se présentent que sous la forme d'« un gîte » provisoire (*VR*, 32). Un poème adressé à la rivière exprime cette mouvance généralisée où aucune stabilité n'est assurée :

> Comme dans un bateau
> tu es sans chemin
> ton flot porte la passagère
> tes bras ceignent ses poursuites
>
> au bout du quai
> vogue le visage du passeur
> sans pont sans passerelle
> une migrante enjambe l'Heure (*VR*, 16)

Mais cette mouvance, ces passages ne sont jamais envisagés comme des tragédies ; ils sont au contraire perçus comme des élans, une force qui, à plusieurs reprises, substitue à la passagère une autre figure, celle de la guerrière dans *La lumière et l'heure*. Explicitement nommée, la guerrière incarne une énergie, une attention («une guerrière/ sur le qui-vive» [*VR*, 33]) et une bravoure qui permet d'affronter, plus que l'étranger, l'étranger en soi:

> Je suis une guerrière
> Une guerrière sans cotte de mailles
> Ma sauvagerie me protège de mes violences
> Cavalière sans masque sans pitié
> Je suis une guerrière
> Et l'ennemi, c'est moi (*LH*, 29)

Le mot est parfois tu, mais la posture et la volonté reprennent très clairement ce motif:

> Je ne valse pas dans le vide
> Je brave l'angoisse
> J'écoute ce qui tangue en moi
> Jamais je n'abdique
> Même si parfois en plein midi
> Je suspens [*sic*] mes tentatives de vivre (*LH*, 25)

Plus que toute autre figure, la guerrière concentre une énergie pour mieux la projeter. Et cette énergie, très présente chez Lacelle, est à la fois pulsion de vie et excès. Cette énergie provient de ce qu'il y a de plus loin et de plus profond:

> Nos corps d'origine sidérale: une procession de matière et de mémoire. Temps archaïques, temps fœtal. Énergia. Depuis des centaines de millions d'années, et combien en faudra-t-il encore, pour que le corps se nourrisse enfin à la patience de l'amour? (*LH*, 44)

«Acte de force, acte de courage. Poussée adrénergique» (*LH*, 75), reprend-elle plus loin. Autrement dit, l'énergie part toujours du sujet pour se diriger vers le monde, vers l'extérieur, vers les autres. Cette pulsion de vie qui est désir n'est cependant pas pure dépense tournée vers l'extériorité que dénonce le poème:

> Pourquoi toujours, en chacun de nous, cette propension à se déborder? De toutes les manières, sans repos, s'intoxiquer. Médusés à

> perpétuité, bêtes noires encagées, nous idolâtrons l'aveuglement. Se défoncer ou sublimer nos appétences? Excès, ascèse. (*LH,* 74)

La vie n'est pas simple agitation et l'activité poétique, repliement sur une intériorité qui permettrait de rêver à des figures de passeur. La poésie s'inscrit dans la vie et, si elle permet de ne pas se perdre dans le tourbillon de tous les jours, elle incite à sortir de soi pour rejoindre le monde et les autres :

> Comment faire pour que l'amour en moi soit assez fort pour me mettre en délire? Je pense à cette nuit qui n'est pas le contraire du jour […]. Dès lors, j'ai su qu'il ne me restait qu'à tomber. Quand un fruit est mûr, il tombe. (*LH,* 13)

La chute, loin d'être perçue comme une défaite, est le signe d'une maturité conquise où le sujet peut alors s'abandonner en toute confiance. Le poème est cette forme capable de contenir cet excès d'énergie qu'il faut risquer une fois cette maturité accomplie, ou lorsque le débordement menace : « Quand je sors en moi, que cela déborde de toute part, qu'un malaise terrasse mes élans, une sorte de fureur me commande de risquer le poème. » (*LH,* 20)

Cette ouverture, cet élan vers l'écriture, le monde, les autres font de la poésie de Lacelle une poésie qui s'écrit au présent, tout en étant résolument tournée vers l'avenir. Telle est du moins la forme ou la reformulation que semble prendre l'énergie dans *Demain l'enfance*. L'enfance, âge des promesses que le temps réalisera peut-être, prend pleine part à cette conception du temps : « Les enfants des enfants des enfants / Venance du présent. » (*DE,* 32) Il n'y a pas vraiment de durée au sens bergsonien du terme chez Lacelle, mais plutôt un présent, bref et précieux comme l'instant, et qui perpétuellement s'actualise. Un poème commence ainsi : « Demain / Souffle voyance sur le vif » (*DE,* 70) et se clôt en affirmant que « Demain étale le germe / L'amour à demeure. » (*DE,* 70) Le temps chez Lacelle s'ancre dans une préhistoire, un archaïsme, mais est centré sur un présent qui appelle sans cesse l'avenir : « Ce souffle venu de l'immémorial engrange le Passé, mais c'est devant, c'est au loin qu'est la force de l'appel », écrit Anne

Gural-Migdal[15]. Lors de remarques clôturant un colloque, Lacelle avait exprimé avec justesse comment, sans nier le passé, il faut apprendre à l'accepter et à le considérer pour ce qu'il est – chose du passé – pour pouvoir se tourner vers l'autre :

> Pour que le champ clos d'une subjectivité débouche sur l'autre, il faut savoir quitter l'emploi de l'imparfait au mode absolu, apprendre à conjuguer le verte [*sic*] « être » au futur antérieur, puis savoir, le temps venu, en décalage peut-être, mais sans différé, passer au futur simple, et cela, que nous soyons d'ici ou d'ailleurs. Sans rien nier, dénier ou renier de ce que nous sommes, pouvoir s'entendre dire : j'aurai été, nous aurons été, je serai, nous serons... et savoir entendre l'autre nous dire : tu auras été, tu seras, nous serons[16].

Le soi se construit à travers le feuilleté d'une multitude d'expériences dans le temps qui font de chacun un être absolument singulier. Reconnaître pleinement cette singularité est une étape indispensable afin de pouvoir accueillir l'autre. Ainsi que l'écrit François Paré, « [ê]tre dans la singularité de sa différence propre, l'affirmer enfin au terme d'une longue marche, c'est déjà être à la frontière de l'autre[17]. » L'insertion d'œuvres picturales dans chacun des trois recueils indique bien que Lacelle adopte cette posture « à la frontière de l'autre » ; la frontière étant cette ligne imaginaire – et pourtant tellement sensible – qui permet la mise en présence, la contiguïté de deux singularités. La présence de ces œuvres picturales constitue en soi une ouverture et un accueil de l'altérité : accueil et dialogue avec un langage esthétique autre, une subjectivité différente (et renouvelée pour chaque livre), mais altérité au sens où ces œuvres picturales ne proviennent pas de la même aire géographique et culturelle que Lacelle, les trois étant d'origine française. La déterritorialisation de l'œuvre poétique de Lacelle et son ouverture à l'universalité commencent là : dans la promiscuité que le livre de poèmes crée avec des œuvres lointaines, étrangères. Il va alors de soi que la question de la vie en minorité n'est pas

---

[15] *Ibid.*, p. 217.
[16] Andrée Lacelle, « Bilan du colloque », *Francophonies d'Amérique*, n° 10, 2000, p. 176.
[17] François Paré, « Paraboles de la communauté », *Francophonies d'Amérique*, n° 10, 2000, p. 50.

vraiment posée, mais que lui sont substituées une pensée plus large et une ouverture sur l'autre, le déplacement, un présent tourné vers l'avenir. Au vu de ce constat, il serait réducteur de prétendre s'intéresser à la seule « poétique » de l'œuvre lacellienne, autrement dit de ne prendre en compte que des enjeux formels et de dégager les effets esthétiques et les significations vers lesquelles ils pointent. Ainsi que le détaille Jean-Claude Pinson,

> [l]orsqu'on parle de la « poétique » d'un auteur, par là on n'entend pas seulement la conception explicite qu'il se fait de la poésie, mais plus largement la démarche ou l'allure de son écriture propre. Étudier une poétique, ce n'est donc pas uniquement se pencher sur les seuls textes où transparaît une réflexion poétologique. C'est tenter de la dégager à même la lettre et la structure de l'œuvre entière d'un poète. Car la poétique d'un auteur excède de loin son autoréflexion[18].

Le poète et critique distingue deux tendances majeures dans la poésie de la seconde moitié du XXe siècle, tendances qui, bien qu'estompées, sont toujours perceptibles dans la production contemporaine. Il s'agit de la poésie du «*poète-philosophe* (pour qui la question essentielle est la question "poétique" de l'"habiter") [19] » et de celle du «*poète-philologue* (soucieux d'abord du langage en tant que matériau constructif et ludique) [20] ». Andrée Lacelle ne tombe pas dans la catégorie du *poète-philologue*; mais elle ne correspond pas non plus à l'image d'Épinal de la *poète-philosophe* perdue dans les « mirages de la pensée prétendant puiser à la source de l'Être comme des illusions du chant enclos dans le château trop beau des mots[21] ». Cependant, elle entre en résonance avec le néologisme de « poéthique ». L'éthique que l'on dégage de ses recueils

---

[18] Jean-Claude Pinson, *Habiter en poète. Essai sur la poésie contemporaine*, Seyssel (France), Éd. Champ Vallon, coll. « Recueil », 1995, p. 135.

[19] *Ibid.*, p. 55.

[20] *Ibid.*, p. 56. La réflexion de Jean-Claude Pinson vise à ménager une place à celui qu'il nomme le « poète-aède », et donc à revaloriser un certain lyrisme. Il précise d'ailleurs que « [c]es trois figures, bien sûr, ne définissent que des "types idéaux", en réalité perméables les uns aux autres. » (*Ibid.*)

[21] *Ibid.*, p. 16-17.

repose sur un mélange de mouvement et d'ouverture[22], ainsi que je l'ai montré, soit une sorte de projection-expansion – mais sur un mode ralenti qui laisse aux significations le temps de se décanter, au silence et aux rythmes du texte de se déployer ou de se résorber. Il s'agit à présent de préciser cette posture poéthique.

Les poèmes de Lacelle réussissent le tour d'adresse qui consiste à manifester une présence, à construire une subjectivité – pour que le poème ne soit pas pure machine verbale – tout en ménageant une place à l'autre, notamment le lecteur. En ce sens, ce sont des poèmes de l'accueil, de l'hospitalité, comme en témoignent plusieurs extraits de *La lumière et l'heure*: « Quand j'aime, quand je m'offre, je suis une maison / La parole est ma maison / Le chant de mon âme est une maison ouverte » (*LH*, 19); « Dans ce qu'elles ont de pur, d'implacable, j'ouvre les mains comme dans mon plus grand paysage. / [...] Que je consente à moi-même » (*LH*, 30); « Des pieds à la tête, le cœur sur la main. Je marche. Je pense. J'aime. J'écris » (*LH*, 40); « S'offrir. "Ce qui n'est pas donné est perdu", chante Richard Desjardins. » (*LH*, 76) L'écriture poét(h)ique est ainsi conçue comme offrande, don ou encore accueil dans la maison de la parole:

> Avant la malfaisance du monde
> Nos âmes
> Dans la fraîcheur du monde
> Nos âmes
>
> La parole est ma maison
> Et le chant de mon âme
> Une maison ouverte
>
> [...]
> Sans parole la vie est violence. (*LH*, 81)

Si ce poème suscite quelques réminiscences heideggeriennes, on ne peut lui reprocher un excès d'essentialisme. Lacelle manie les

---

[22] Les comptes rendus critiques soulignent que chaque recueil se termine sur une ouverture. Voir le début du texte d'Anna Gural-Midgal sur *La vie rouge* et la fin de celui d'Eileen Lohka sur *La lumière et l'heure*.

abstractions certes, mais il faut comprendre l'essentialisme moins dans son sens idéel que dans le sens plus concret de « s'en tenir à l'essentiel », soit quelques concepts fondamentaux tels que l'accueil, la présence, le partage, autour desquels les humains s'accordent et se rejoignent. Le poème *Demain l'enfance* qui glose sur la dédicace au frère fait état de dysphories avant de montrer que le langage et la littérature ouvrent et font naître au monde, et ce, tout au long de l'existence, ainsi que l'indique le pluriel du mot « naissances ».

> Si le mot enferme
> Le temps piétine
> Ne s'écrit pas
> Si le mot ouvre
> Le livre se donne
>
> Un poème m'abrite
> Un livre se déborde
> Tout est à chercher
>
> J'ai dix ans.
> Dans mes mains, un livre ouvert me donne naissances. (*DE*, 60)

Plusieurs études ont montré la prégnance de la mort ou de la naissance manquée, presque avortée dans la poésie d'expression française au Canada[23]. Dans les derniers recueils de Lacelle, la dynamique inverse opère : il s'agit de naître au monde et, selon son expression maintes fois reprise, « venir au monde » : « Au vif du monde / Je viens » (*LH*, 84) ; « Le monde m'est offert / Et j'y viens » (*LH*, 85) ; « Et si je ne me contentais pas d'être dans le monde… / Si je venais, venais au monde. » (*LH*, 47) Cette venue est l'objet d'un désir intense projeté sur le monde, l'autre, le langage. Elle est la forme de cette dilatation de l'être qu'on évoquait : « La joie est un

---

[23] Sur la poésie acadienne, voir Raoul Boudreau, « Paratopie et scène d'énonciation dans la littérature acadienne contemporaine », dans Lucie Hotte (dir.), *(Se) Raconter des histoires. Histoire et histoires dans les littératures francophones du Canada*, Sudbury, Éd. Prise de parole, coll. « Agora », 2010, p. 233-248. Sur la poésie québécoise, voir l'ouvrage de Pierre Chatillon, *Le mal-né. Seize études sur la poésie québécoise*, Sainte-Foy (Québec), Presses de l'Université du Québec, 2004.

delta» (*LH*, 43), mais aussi la force qui donne forme et sens au monde face à ses dangers :

> Au péril du fond des choses
> À l'amorce d'une morsure
> Les mots chutent s'aimantent
>
> Sur la pointe des pieds
> Des paysages noyés quittent la Terre
> [...]
>
> L'amour nous tire vivants (*DE*, 69)

Cette venue au monde perpétuellement renouvelée, ce consentement, cette confiance en les mots, en l'ouverture, en soi et l'autre sont les formes paradoxales qu'emprunte la résilience lacellienne. Son œuvre illustre et appuie la proposition de Raoul Boudreau pour désigner les littératures issues de minorités linguistiques et culturelles :

> Si ces littératures se caractérisent par la transformation des négativités en positivités, de la faiblesse en force, si elles puisent dans la souffrance et le sentiment de leur propre fragilité une tension et une émotion qui en font la richesse, ne faudrait-il pas les appeler les « littératures de la résilience », désignation qui a au moins l'avantage de ne pas être négative parce qu'elle souligne au contraire le dépassement d'une situation négative en son inverse positif. L'être résilient est un survivant dont la conscience aiguë de sa propre fragilité le pousse à la création permanente de soi[24].

La poésie d'Andrée Lacelle pousse ce paradoxe encore plus loin : c'est lorsque la parole s'emballe, déborde, que le poème risque de verser dans l'inconséquence, que la poète semble trouver sa voix, son rythme : « je m'égare / entière à ma voix » (*VR*, 39) ; « L'ellipse chemine dans le vide / et la parole est ellipse // désancrée   elle s'excède » (*VR*, 25). Autrement dit, c'est tantôt au bord de l'abîme du lyrisme « patheux » ou absurde, tantôt au bord du silence que

---
[24] Raoul Boudreau, *op. cit.*, p. 246.

le poème revêt sa force, ou pour paraphraser l'auteure, tombe à point tel un fruit mûr: « j'exagère allègrement et cela me donne des ailes. Pour mieux tomber » (*LH*, 22); « Je suis une parleuse et je déparle. / Simplement, je rythme ma chute » (*LH*, 23); « Il semble bien qu'il faille apprendre à danser le vide, consentir à la chute » (*LH*, 76). Comme l'écrit François Paré, « [m]ieux que toute autre forme d'expression littéraire, la poésie a pu puiser à l'inconscient de la minorisation et a affirmé, en dépit de tout, la suprématie de la parole sur le silence[25]. » Lorsque le sujet confesse « je suis à bout de dire », qu'il semble complètement acculé, se manifeste alors cette énergie de la résilience:

> Je ne peux plus perdre la face. Comme un sablier qu'on ne retourne plus, je suis à bout de dire. Et je tombe vers ce lieu d'en bas où mon visage devient improbable. Je décape jusqu'au décor absolu de mes limites, mon regard dévore jusqu'au moindre mirage. Je pénètre ma consistance impalpable. Enfin, je touche à ma vraie nature. (*LH*, 24)

La vie rouge, *La lumière et l'heure* et *Demain l'enfance* puisent tous trois aux expériences vécues et filtrées par une subjectivité singulière. Cette impression d'intimité est renforcée par une ronde de termes qui reviennent et deviennent familiers pour le lecteur. Pourtant,

> [p]ar son affirmation de la différence, par sa découverte des formes archaïques permettant un rapport au monde dans la diversité et la multiplicité des naissances, l'écriture d'Andrée Lacelle nous conduit à déplacer légèrement le règne de l'individuel dans un monde que « la discordance désenchaîne »[26].

Lacelle n'insiste pas sur cette discordance, tout comme elle indique que l'individualité n'est assurément pas son horizon. La singularité individuelle lui est un point de départ pour faire mouvement vers les autres, le monde, les mots. Si elle ne se fait pas d'illusion sur les embûches qui mènent à ces objets d'ouverture et de désir (le malentendu, la non-coïncidence, la distance, le silence), elle les présente comme des horizons vers lesquels tendre et qui suscitent la parole,

---

[25] François Paré, « La poésie franco-ontarienne », *op. cit.*, p. 118.
[26] François Paré, « Paraboles de la communauté », *op. cit.*, p. 50.

la pensée, la marche en leur direction. Il en résulte une « poéthique » ouverte, toujours soucieuse de s'orienter vers l'universalité, et pour laquelle l'accueil, une qualité de présence et de regard, ainsi que la chute à point nommée fonctionnent comme des vertus cardinales. Je m'interrogeais au début de cette étude sur les promesses de la parole poétique, à savoir si celle-ci était porteuse de confiance ou de vague espérance. Au terme de ce parcours dans les œuvres les plus récentes de Lacelle, il me semble que la réponse s'impose avec évidence. Alors que bien des poètes de sa génération ont longtemps fait œuvre à partir de la mort, du silence et de la disruption, ses récents recueils font plus que placer un espoir dans la parole poétique. La « poéthique » d'Andrée Lacelle, animée d'énergie dilatatoire, de confiance et de lucidité qui ne cède à aucun excès d'optimisme, invite à penser la création poétique franco-ontarienne sous des signes autres que la dysphorie, l'exiguïté et l'aliénation.

FEMMES SAUVAGES : LA VISION ÉCOPOÉTIQUE D'ANDRÉE CHRISTENSEN

Joëlle Papillon
Université McMaster

L'œuvre d'Andrée Christensen est depuis ses débuts marquée par un intérêt soutenu pour les espaces et les personnages « sauvages ». Cette dimension est mise en relief dans ses textes les plus récents, dont le roman *La mémoire de l'aile*[1] paru en 2010 et le recueil de poésie *Racines de neige*[2], en 2013. L'auteure elle-même remarque que ses derniers poèmes opèrent un déplacement de la marge vers le centre : « accueilli en pleine page / le chiendent rebelle / qui poussait dans les marges » (*RN*, 117). Les espaces naturels – notamment la forêt et le jardin – y sont souvent présentés comme les compagnons des personnages féminins et locutrices, voire comme une extension de ceux-ci. S'il est devenu un truisme de dire que la littérature canadienne accorde une grande place à la nature, il semble que Christensen adopte une approche assez particulière de cet espace et des relations que les humains entretiennent avec lui, insistant sur l'aspect charnel et spirituel de ce rapport. Je propose ainsi de capter la dimension « sauvage » de l'existence mise

---

[1] Andrée Christensen, *La mémoire de l'aile*, Ottawa, Éd. David, coll. « Voix narratives », 2010, 371 p. Désormais *MA*, suivi du folio.
[2] Andrée Christensen, *Racines de neige*, Ottawa, Éd. David, 2013, 135 p. Désormais *RN*, suivi du folio.

en scène dans *La mémoire de l'aile* et dans *Racines de neige* afin de dégager la vision écopoétique d'Andrée Christensen.

Ella Soper et Nicholas Bradley font remonter les débuts de l'écocritique canadienne aux études thématiques des années 1960, où des critiques tels que Northrop Frye avançaient que la littérature canadienne se démarquait par sa mise en scène d'espaces sauvages contre lesquels il fallait se battre[3] : « *the hostile Canadian wilderness was so uninhabitable [...] that settlement and ultimately nationhood occurred only despite it*[4] ». Chez Christensen, l'espace sauvage fascine en sa qualité de refuge par rapport à l'espace agressant des villes, mais aussi parce qu'il est porteur d'un savoir particulier. Dans un article sur la représentation de la nature chez quelques auteures canadiennes, Sherrill E. Grace[5] illustre de manière convaincante la façon dont les espaces ruraux et urbains sont contrastés : tandis que les premiers sont associés à la quiétude et à l'imagination, les seconds sont implicitement condamnés pour leur agitation et leur reproduction d'un modèle conformiste et patriarcal. Grace observe, à la suite de Frye, que les écrivaines ont tendance à percevoir la nature comme une victime de l'agression humaine et à voir la ville comme un endroit déshumanisé par rapport à la nature, qui serait un endroit « plus humain » – c'est-à-dire où il fait bon vivre[6]. Ce genre de constat s'applique tout à fait à l'œuvre d'Andrée Christensen, où le monde naturel (oiseaux, animaux, arbres, pierres) est placé à l'avant-plan et où les contacts entre la femme et la nature sont présentés comme féconds et

---

[3] Beatriz Mangada le montre d'ailleurs très bien dans son étude portant sur *Les chroniques du Nouvel-Ontario* d'Hélène Brodeur : avant d'arriver au « nous les gens du Nord » du troisième volet, il faut passer par des désignations qui soulignent l'extériorité et l'étrangeté du territoire nordique – « cette immensité », « ce paysage inhumain et apparemment sans limite » (« Hélène Brodeur : Étude du temps et de l'espace dans *Les chroniques du Nouvel-Ontario* », dans Johanne Melançon (dir.), *Écrire au féminin au Canada français*, Sudbury, Éd. Prise de parole, coll. « Agora », 2013, p. 91).

[4] Ella Soper et Nicholas Bradley, « Introduction : Ecocriticism North of the Forty-ninth Parallel », dans Ella Soper et Nicholas Bradley (dir.), *Greening the Maple: Canadian Ecocriticism in Context*, Calgary, Calgary University Press, coll. « Energy, Ecology, and the Environment Series », 2013, p. xxvii.

[5] Sherrill E. Grace, « Quest for the Peaceable Kingdom : Urban/Rural Codes in Roy, Laurence, and Atwood » [1984], dans Ella Soper et Nicholas Bradley (dir.), *op. cit.*, p. 44-45.

[6] Grace affirme que, chez Margaret Laurence par exemple, la vie rurale est montrée comme meilleure que la vie urbaine « *because natural and therefore more human* » (*ibid.*, p. 51).

transformateurs. La possibilité de communier avec la nature n'est toutefois pas offerte à tous : il faut savoir s'ouvrir et écouter. Une figure de « passeuse », d'intermédiaire entre les humains et la forêt, ressort des œuvres de Christensen : celle de la femme sauvage, un peu sorcière.

La femme de la forêt : érotisme, « sorcellerie » et communion avec la nature

Dans les années 1970, la figure de la sorcière est revisitée et récupérée par plusieurs féministes qui voient en elle l'expression d'une dissidence radicale avec la société dominante, « un symbole puissant de révolte des femmes[7] ». Dans ses entretiens avec Xavière Gauthier immortalisés dans *Les parleuses* (1974), Marguerite Duras évoque la sorcière de Michelet[8], reconnaissant en elle une parenté avec ses propres personnages féminins qui échappent au discours masculin cherchant à les définir. Deux ans plus tard, Gauthier fonde la revue féministe *Sorcières*, à laquelle collaboreront les grandes auteures de l'époque. Au cours de la même période, le Québec voit l'inauguration des éditions de la Pleine lune – d'abord réservées à la publication d'œuvres de femmes –, puis est secoué par deux pièces de théâtre féministes qui convoquent des figures surnaturelles pour exprimer la révolte des femmes, *La nef des sorcières*[9] et *Les fées ont soif*[10]. La sorcière et ses figures associées sont ainsi bien visibles dans les œuvres et les réflexions féministes de cette époque : l'on

---

[7] Lynda Burgoyne, « D'une sorcière à l'autre », *Jeu : revue de théâtre*, n° 66, 1993, p. 30.

[8] Discutant avec Gauthier du sort fait à la parole des femmes (elles n'osent pas parler, se taisent, et lorsqu'elles parlent enfin, on ne les écoute pas), Duras rappelle comment Michelet, historien du XIXe siècle, se représentait la « naissance » des sorcières : « il disait que dans le haut Moyen Âge les femmes étaient seules dans leurs fermes, dans la forêt, pendant que le seigneur était à la guerre [...] et qu'elles s'ennuyaient profondément, dans leurs fermes, seules, et qu'elles avaient faim, lui était aux croisades ou à la guerre du Seigneur, et que c'est comme ça qu'elles ont commencé à parler, seules, aux renards et aux écureuils, aux oiseaux, aux arbres, et que, quand le mari revenait, elles continuaient, ça je l'ajoute, sans ça on se serait aperçu de rien, mais c'est les hommes qui les ont trouvées parlant seules dans la forêt » (Marguerite Duras à Xavière Gauthier, *Les parleuses*, Paris, Minuit, 1974, p. 163-164). Dans cette perspective, la sorcière est celle qui établit un lien avec l'animal et l'espace sauvage, celle qui apprend à communiquer avec son environnement – ce pourquoi elle sera éventuellement punie. Définie de la sorte, l'on pourrait considérer la sorcière comme une proto-écoféministe.

[9] Marthe Blackburn, *et al.*, *La nef des sorcières*, Montréal, Typo, coll. « Théâtre », 1992 [1976], 139 p.

[10] Denise Boucher, *Les fées ont soif*, Montréal, Typo, coll. « Théâtre », 1989 [1978], 118 p.

cherche à réhabiliter ces femmes diabolisées en les posant tour à tour comme modèles de sagesse et de liberté. L'on pose que ce qui inquiétait tant chez les sorcières présumées était à la fois leur savoir (notamment médical) et leur différence (entre autres le célibat), perçus comme « une menace pour les structures sociales qui n'admettaient guère de conduites hétérodoxes[11] ». Lorsqu'elles refont surface dans les années 1970, les sorcières sont associées « aux mouvements pacifiste et écologiste, au recours aux médecines douces[12] », bref elles représentent une solution de rechange séduisante au modèle de société dominant, hétérosexiste et capitaliste. Lori Saint-Martin a d'ailleurs montré comment, « [d]ans les écrits des Québécoises, la sorcière est tout sauf diabolique: elle appartient à la santé, à la vie[13] ».

À cette présence accrue dans la littérature des femmes correspond un mouvement spirituel désigné par le terme de « sorcellerie néopaïenne[14] », ou Wicca, présent majoritairement aux États-Unis depuis les années 1970, mais ayant également une certaine influence au Canada et au Québec. Dans son étude sur les pratiques de ces sorcières contemporaines, Ève Gaboury indique qu'elles sont centrées sur « les représentations féminines du sacré (par exemple les anciens symboles de l'époque matriarcale, les images de déesses, les mythes réinterprétés à partir du point de vue des femmes[15]) » et qu'elles cherchent à réinstaurer une harmonie entre le soi et le cosmos, puisque les pratiquantes de cette forme de spiritualité considèrent les mondes intérieur et extérieur comme intimement liés. Gaboury confronte l'approche des sorcières – mettant l'accent sur les rapports d'interdépendance entre le monde naturel et les humains – à la « logique patriarcale [...] axée avant tout sur la séparation et la fragmentation[16] », où l'humain est séparé de la nature qu'il exploite. La sorcellerie néopaïenne rejette

---

[11] Lynda Burgoyne, *op. cit.*, p. 29.
[12] Lori Saint-Martin, « Écriture et combat féministe : figures de la sorcière dans l'écriture des femmes au Québec », *Québec Studies*, n° 12, 1991, p. 75.
[13] *Ibid.*
[14] Ève Gaboury, « Enquête sur le monde des sorcières. De nouveaux voisinages pour l'imaginaire féminin », *Recherches féministes*, vol. 3, n° 2, 1990, p. 133.
[15] *Ibid.*, p. 134.
[16] *Ibid.*, p. 136.

en outre l'idée convenue d'une opposition entre la vie et la mort, celles-ci lui apparaissant plutôt mêlées de façon inextricable[17]. Comme nous aurons l'occasion de le constater, chacune de ces notions est omniprésente dans l'œuvre poétique et romanesque d'Andrée Christensen. Dans ses textes, les « sorcières[18] » incarnent avant tout une conscience écologique : elles sont celles qui savent écouter et communiquer avec les animaux, les plantes et les éléments, celles qui prennent le parti de la nature contre la violence de l'envahissement urbain.

Comme le note d'emblée François Paré dans son étude des premiers textes poétiques d'Andrée Christensen[19], l'œuvre de celle-ci se démarque : nulle trace ici de l'espace ontarien ni de l'aliénation identitaire ou linguistique mise en scène dans une grande partie du corpus franco-ontarien. Christensen entre plutôt en dialogue avec des mythes empruntés à diverses cultures et met en scène une spiritualité fondée sur le rapport intime avec le monde naturel. L'intégration des mythes et du mysticisme et l'absence de référentialité spatiale et temporelle ont pour conséquence d'établir un continuum entre le « réel » et le « mythique ». *La mémoire de l'aile* est, par exemple, peuplée de nombreux personnages féminins ambigus, notamment Sylvana – « la nymphe des bois » (*MA*, 141), la « prêtresse de la nature » (*MA*, 330) – et sa mère – « une géante cannibale » (*MA*, 139). Puisque Christensen octroie une place au magique dans son univers, le statut de tels personnages demeure flou : la mère de Sylvana est-elle vraiment une ogresse ou s'agit-il simplement d'une métaphore soulignant le danger auquel s'exposent ceux qui viendraient déranger la recluse ? Quand Sylvana apparaît à son futur époux Hrafn, une source d'eau jaillit de l'endroit même où elle se tenait debout à cet instant (*MA*, 137), laissant croire qu'elle est une créature magique bien qu'Hrafn tente de rationaliser sa vision. De même, leur fille Mélusine semble, à sa mort, s'être transformée en « source riante » (*MA*, 366), à l'image

---

[17] *Ibid.*, p. 137.
[18] Notons que le triptyque poétique *Miroir de la sorcière* d'Andrée Christensen (3 vol., Ottawa, Le Nordir, 1996-1998) met déjà en scène cette figure de « femme sauvage », proche de la corneille et de la louve, dont la magie cherche à réconcilier les contraires.
[19] François Paré, *Théories de la fragilité*, Ottawa, Le Nordir, coll. « Essai », 1994, p. 83-85.

de sa mère Sylvana. Mélusine est décrite tour à tour comme une déesse, une « femme double », une magicienne, une sorcière[20], un ange et une *banshee* (*MA*, 287-288) – l'accumulation même de ces références montrant à quel point elle est difficile à cerner pour les gens qui l'entourent. Au sein du roman, le statut de ces personnages demeure indécidable, d'autant plus que plusieurs sont dotés de noms renvoyant à la mythologie (Lilith, Mélusine), au sacré (Angéline[21]) ou à la nature (Sylvana, Albarosa).

Chez Christensen, la forêt est un espace imprégné de mystère, de magie et de sensualité, un lieu avec lequel les femmes développent un rapport à la fois filial et sexuel – une relation troublante aux yeux de leurs compagnons masculins qui, eux, demeurent étrangers et maladroits au sein de l'espace naturel. Dans un article sur la construction fantasmatique de la forêt, Rosemary Sullivan s'interroge sur notre fascination persistante pour ce lieu :

> La forêt – *the wilderness* – is an idea we now search for nostalgically; it is something that existed in the past and, like intellectual tourists, we are still trying to recover the impact of that original encounter. Why? Because the forest is a symbol in our minds. It represents the border between nature [...] and culture. The Western imagination has made its commitment to culture, to civilizing nature, turning it into raw material for technological exploitation, and yet we suspect we may have made a terrible mistake. By putting nature and culture in opposition, we begin to recognize that we may have brought ourselves to a terrible cul-de-sac[22].

---

[20] Dans un moment de colère, son amant Beltran la renvoie d'ailleurs à ce statut : « Habiter, comme une sorcière, comme la démone, Lilith, des temps anciens, isolée sur un terrain de pierres et d'orties, hurler avec les loups, croasser avec corneilles et corbeaux, ne vous donne pas le droit de me juger ! » (*MA*, 100)

[21] Notons qu'Angéline, Lilith et Mélusine constituent un seul personnage aux trois âges de sa vie : l'enfant, l'adolescente et la femme. Mélusine explique que le nom doit être en harmonie avec l'identité de celle qui le porte et qu'il faut par conséquent « apprendre l'art de la mue » (*MA*, 340) et s'adapter. Pour plus de clarté, je désignerai ici la protagoniste du seul nom de Mélusine.

[22] Rosemary Sullivan, « *La forêt* or the Wilderness as Myth » [1987], dans Ella Soper et Nicholas Bradley (dir.), *op. cit.*, p. 31-32.

Accepter cette valorisation de la culture au détriment de la nature place l'humain dans une position d'extériorité par rapport à un espace comme celui de la forêt, sur lequel nous projetons notre désir et notre peur d'un « retour » à la vie sauvage. Selon Sullivan, la perception traditionnelle de la nature veut qu'il s'agisse d'un territoire étranger et menaçant qui doit être dominé : « *Until it is civilized, the wilderness is the enemy. Why? Because the virgin wilderness seems to negate man's perception of his own value*[23] ». C'est précisément contre cette logique que s'inscrit la perspective écoféministe, de laquelle peuvent être rapprochées la pensée et les pratiques de la sorcellerie néopaïenne en général, de même que l'œuvre d'Andrée Christensen en particulier.

La femme-corneille

L'écriture de *La mémoire de l'aile* a été inspirée par la photographie *Woman Once a Bird* de Joel-Peter Witkin (1990) et par un poème d'Olive Senior que Christensen reproduit en ouverture au roman[24]. Ces deux œuvres ont pour thème la figure hybride d'une femme-oiseau et, dans les deux cas, la souffrance est liée au devenir autre. Toutefois, ce devenir est inverse : tandis que *Woman Once a Bird* montre une femme avec des cicatrices d'ailes coupées et quelques plumes éparses, le poème « Bird-Man / Bird-Woman » relate le parcours initiatique douloureux du chaman qui se fait oiseau afin de pouvoir guérir les âmes perdues (*MA*, 8). La trajectoire de Mélusine, le personnage principal de *La mémoire de l'aile*, participera de ces deux mouvements : d'abord le devenir-oiseau de la jeune fille au contact de Bridget (une peintre de la nature considérée comme une chamane) et d'Icare (la corneille avec laquelle l'enfant se lie d'amitié) ; ensuite l'amputation douloureuse que subit Mélusine lorsqu'elle quitte le monde des oiseaux pour intégrer la vie urbaine de son compagnon Beltran – souffrance représentée à plusieurs reprises par la métaphore des ailes coupées. Encore enfant, Mélusine est initiée aux « secrets du vol »

---

[23] *Ibid.*, p. 35.
[24] L'auteure l'annonce dans les remerciements (*MA*, 371) et l'éditeur l'indique sur la page consacrée au roman (Éd. David [2014], Andrée Christensen, *La mémoire de l'aile*; [en ligne] http://www.memoiredelaile.ca/, consulté le 14 avril 2015).

par Bridget, qui lui remet un manteau de plumes noires; l'épisode à teneur mystique se termine sur le constat que la corneille est dès lors « devenue part d'elle-même » et Bridget lui offre le nom de « femme-corneille » (*MA*, 231, 227). Tout au long du roman, les corneilles la reconnaissent comme « une des leurs » (*MA*, 368), et Mélusine déclare de façon combative qu'elle est « une corneille dans un corps de femme » (*MA*, 272). Ayant associé le vol à la faculté de rêver et à la vision, ses ailes invisibles lui permettant de créer des œuvres picturales, Mélusine se retrouve coupée de tout ce qui est important pour elle lorsque son traitement à l'hôpital fait disparaître les ailes et qu'il ne lui reste que « la mémoire du vol » (*MA*, 259).

Cette association entre Mélusine et les corneilles est la première chose que remarque Beltran lors de leur rencontre, un aspect qui le terrifie et le fascine. Alors qu'il promène son chien comme tous les matins, une force mystérieuse le pousse à bifurquer. S'il tourne toujours à droite à un carrefour dans les bois, ce jour-là il emprunte à gauche un sentier que les gens évitent habituellement, non seulement parce qu'il longe le cimetière et l'hôpital psychiatrique, mais également parce qu'il a été adopté par des centaines de corneilles dont les citadins se méfient. Christensen reprend les associations traditionnelles liant le côté gauche à la mort et à la folie, mais aussi à la spontanéité et à la passion, puisque c'est ce manquement inopiné aux habitudes qui permet à Beltran de rencontrer la femme de sa vie. Mélusine lui apparaît comme une sorcière, tout de noir vêtue au milieu de centaines de corneilles; après avoir croisé son regard, elle se volatilise, ce que Christensen inscrit avec une série d'images renvoyant aux oiseaux: elle aurait des « pieds ailés », elle se serait « envolée », aurait-elle des « ailes » (*MA*, 36-37)? Sous le choc d'une rencontre qui lui paraît surnaturelle, Beltran doit traquer « cette femme sauvage » (*MA*, 37) qui lui fait vivre des émotions dont il se croyait à l'abri[25].

Même s'il retrouve sa trace en ville, où elle se rend pour

---

[25] La vie de Beltran avant sa rencontre avec Mélusine est présentée comme froide et aseptisée, à l'image de sa maison luxueuse où tout est blanc, propre et bien rangé; il n'est pas indifférent que Beltran rencontre Mélusine durant une tempête de neige, insistant davantage sur le désert affectif qui caractérise son existence avant l'arrivée de la « femme sauvage ».

recueillir les oiseaux morts ou blessés par la violence de la vie urbaine, Beltran n'arrive pas à suivre Mélusine chez elle. Tandis que celle-ci se fond dans la nature, son poursuivant est tenu à distance par la neige et les arbres, qui freinent son avancée :

> À chaque dizaine de pas, un nouvel obstacle, de la végétation de plus en plus dense. Il écarte les buissons touffus, recouverts de neige, qui l'empêchent de passer et, pour se frayer un passage, plie ou casse les branches qui lui fouettent le visage. Son foulard reste accroché dans des entrelacs séchés de vignes vierges ; il s'en retrouve presque étouffé. Son anorak se déchire aux ronces, et il évite de justesse de s'éborgner lorsqu'il se heurte à des broussailles épineuses. [...] Il a soudain l'impression que la nature, consciente de son pouvoir, devient hostile à sa présence et cherche à le chasser, lui l'intrus qui transgresse l'interdit des lieux. (*MA*, 52-53)

Deux rapports à la nature sont représentés, avec une valorisation évidente de celui de Mélusine. Tant qu'il s'impatiente, qu'il violente la nature et essaie de la forcer à révéler qui elle cache, les efforts de Beltran seront inutiles. Il revient avec une boussole, des cartes, tente de se repérer avec différentes stratégies (prise de note, marquage du territoire), mais c'est peine perdue : le chemin qui mène à la femme sauvage ne peut pas être révélé avec de tels outils. Dans ce chapitre intitulé « L'épreuve initiatique », l'épreuve en question consiste pour Beltran à renoncer à ses certitudes sur l'organisation logique du monde, à abandonner sa foi en la supériorité de l'intelligence humaine[26]. Comme il l'a fait lors de leur rencontre initiale, Beltran doit se laisser porter par son intuition et suivre le croassement des corneilles. Son initiation se double d'un

---

[26] La situation de Thorvald dans *Depuis toujours, j'entendais la mer* (Andrée Christensen, Ottawa, Éd. David, 2007, 297 p.) est fort semblable : tant qu'il considère Katla comme une énigme à résoudre, il ne peut rien savoir d'elle. Comme le propose Madeleine Gagnon dans sa réflexion sur les sorcières et leurs persécuteurs, « [l]'enquêteur qui veut savoir n'y comprend rien. Celui qui veut comprendre doit devenir sorcier » (Madeleine Gagnon, « Écriture, sorcellerie, féminité », *Études littéraires*, vol. 12, n° 3, 1979, p. 358), c'est-à-dire que le savoir qui aiderait Beltran et Thorvald appartient non pas au domaine rationnel, mais à celui de la découverte initiatique : il doit être révélé.

changement de perception de la forêt; d'abord signe de danger[27], la nature sauvage devient promesse d'amour (*MA*, 57).

La relation qui se développe entre Mélusine et Beltran permet à un enseignement d'avoir lieu: la femme sauvage apprend à son compagnon à regarder le monde naturel. Initialement, Beltran a une réponse qui paraît inadaptée; par exemple, devant des nids d'oiseaux, il commente platement: «C'est charmant». Mélusine le corrige en lui montrant à quel point les nids sont extraordinaires:

> En trouver un [...] m'émeut autant que lorsque je pénètre dans l'immensité d'une cathédrale. [...] Vous ne trouvez pas qu'ils sont des bijoux d'architecture, de maçonnage, de tressage? [...] Pensez-y bien, l'oiseau est un artisan dépourvu d'outils (*MA*, 65).

Pour le convaincre de l'intérêt des nids, elle ramène les créations animales (banales pour Beltran) à des créations humaines qu'il trouverait admirables (une cathédrale). Le recours à des parallèles animaux/humains est significatif de l'angle mort de Beltran: il ne peut pas voir la nature pour elle-même, il faut qu'il la ramène à lui, qu'il la domestique. Il s'imagine encore que si Mélusine vit avec des oiseaux, il doit s'agir d'oiseaux d'intérieur (des perruches ou des canaris), mais bien sûr il se leurre: Mélusine recueille les oiseaux blessés en ville, les soigne et les libère. Elle commente: «Mon but n'est pas de les apprivoiser. Ce sont des oiseaux sauvages et je respecte leur nature» (*MA*, 72).

La façon dont Christensen traite de l'apprivoisement dans *La mémoire de l'aile* est quelque peu contradictoire: le discours central signale qu'il faut respecter la dimension sauvage de la nature et ne pas interférer. Dans son rapport aux animaux et à l'espace naturel, Mélusine rappelle la pratique que Don McKay nomme l'*attention poétique*: se demandant comment le poète peut rendre compte, par exemple, de l'animal, McKay propose d'adopter une perspective qui évite l'appropriation en reconnaissant à l'autre (animal,

---

[27] Beltran «a toujours redouté la forêt, à ses yeux, enfer vert, grouillant de mauvais esprits, lieu menaçant, périlleux» (*MA*, 54). Notons que la perception que Mélusine a de la forêt est exactement inverse, puisqu'elle la considère comme un «paradis» (*MA*, 103).

rivière, arbre) sa dimension sauvage[28], c'est-à-dire son insaisissabilité. Dans *La mémoire de l'aile*, une dimension sauvage est reconnue non seulement à la nature, mais aussi aux personnages féminins : lorsque Beltran tente d'« apprivoiser » Mélusine (elle emménage chez lui et il espère qu'elle deviendra « normale »), cela se termine mal pour elle : elle est internée, puis meurt de ses ailes coupées. Les oiseaux, les arbres, la protagoniste – tous sont « sauvages » : ils échappent à la prise, à la compréhension. Selon Mélusine, « l'amour doit être un acte de foi », « il faut accepter de ne pas comprendre » l'autre, « honorer son mystère » (*MA*, 212). Autant le lecteur que les autres personnages ne peuvent que les effleurer avant d'être ramenés à leur aspect sauvage, non domestiqué, qui nous les montre en fuite.

Il est toutefois assez curieux de constater que Mélusine adopte à l'occasion une attitude de propriétaire vis-à-vis de la nature : elle parle à plusieurs reprises de « [s]a forêt » (*MA*, 348, 353), invoque « *ses* arbres et *ses* corneilles, les animaux sauvages de *sa* forêt » (*MA*, 240 ; je souligne) lorsqu'elle est en détresse, accepte l'idée qu'« Icare est l'animal qui […] [lui] était destiné » (*MA*, 226) et se lance dans un plaidoyer pour la préservation de « *notre héritage* naturel » (*MA*, 103 ; je souligne). Enfant, Mélusine adopte avec la forêt un comportement de type adamique : elle « nomme chaque objet de son entourage, selon sa forme, son parfum ou le son qu'il produit. Elle baptise tous les arbres qu'elle rencontre, leur attribue des personnalités et des pouvoirs magiques » (*MA*, 115). Ces passages indiquent une tension irrésolue : même Mélusine jouit d'une certaine extériorité devant la nature, qui lui permet d'intervenir, de « protég[er] la nature et ses créatures vulnérables » (*MA*, 358), mais qui la tient tout de même à *part*. Ce n'est que dans la mort

---

[28] Il dit : « *poetic attention is based on a recognition and a valuing of the other's wilderness* » (Don McKay, *Vis à Vis : Field Notes on Poetry & Wilderness*, Wolfville, Gaspereau Press, 2001, p. 28). Quand McKay interroge les rapports entre le langage poétique et la nature, il précise : « *By "wilderness" I want to mean, not just a set of endangered spaces, but the capacity of all things to elude the mind's appropriation* » (*ibid*., p. 21). Selon lui, l'art – et notamment la poésie – permet de défamiliariser les objets et les êtres : « *we encounter the momentary circumvention of the mind's categories to glimpse some things autonomy – its rawness, its duende, its alien being* » (*ibid*., p. 21). Rappelons au passage que la notion de *duende* (le sublime lié à l'expression d'une émotion forte) est au cœur de *La mémoire de l'aile*.

que cette différence s'abolit : Mélusine retourne dans la forêt ; allongée au sol, elle « fait un avec la terre » et « se prépare à devenir neige, forêt, silence » (*MA*, 363-364), réintégrant l'espace naturel sans statut spécial, parfaitement intégrée au tout.

La « sirène végétale »

En plus d'être une femme-corneille, la sorcière de Christensen est aussi une « sirène végétale », l'une de « ces créatures, mi-femmes, mi-déesses, qui ont hanté, de leur grâce, les anciennes forêts sacrées » (*MA*, 206). Mélusine est de nouveau décrite comme une figure hybride, mais cette fois-ci son « osmose avec la nature » la rend végétale plutôt qu'animale : « la jeune femme fusionnée au paysage, ses fibres participant au règne végétal » (*MA*, 206). Ici encore, la relation va dans les deux sens : la femme « voue un réel culte aux arbres et aux espaces qui les abritent » (*MA*, 57), et les arbres en retour la reconnaissent comme leur fille. L'une des raisons pour lesquelles le lien entre le personnage féminin et les arbres est si intense est qu'elle reconnaît leur parenté : « Dans la structure de l'arbre, elle voit les mystères de son propre corps, s'émerveille devant la nature cyclique des feuillus qui, chaque année, se revêtent et se dépouillent, à l'image des métamorphoses de l'être humain » (*MA*, 57). Plutôt que de concevoir le monde naturel comme séparé – les humains, le règne animal, le règne végétal, le règne minéral –, Mélusine voit la continuité entre ces divers éléments : observer les arbres et les oiseaux lui permet de mieux comprendre son propre corps et les comportements humains. Quand Beltran remarque qu'elle fait « corps avec la forêt tout entière », il ajoute : « Mélusine disparaît dans la nature et la nature apparaît en elle » (*MA*, 206). Pour Beltran qui est coupé du monde naturel, sa compagne constitue un moyen de rétablir la connexion perdue puisque, à travers elle, il touche à la forêt.

Au début de leur relation, Sylvana, la mère de Mélusine, avait déclaré à Hrafn : « Cet arbre, c'est moi » (*MA*, 143). Christensen reprend cette association de Sylvana aux « amis sylvestres » (*MA*, 167) de sa fille dans plusieurs scènes, dont deux sont particulièrement significatives. Quand la famille est chassée du village à la suite d'une tragédie qui a coûté la vie à Sylvana, Mélusine se rend dans la forêt, s'agenouille devant un pin mort et glisse sa main dans une cavité décrite comme un « vagin végétal » (*MA*, 167). Elle entend alors la voix de la « forêt-mère » qui la console, puis se résigne à quitter « la forêt qui l'a vue naître » (*MA*, 168). De façon évidente, l'identification de la forêt à Sylvana fait de Mélusine la fille des bois[29], ce qu'elle exprime entre autres dans une rédaction à l'école, où elle s'expose au ridicule en se disant née de l'« utérus végétal » de sa mère, un pin au « tronc creux qui aurait pu abriter plusieurs enfants à la fois » (*MA*, 173).

On le voit, Mélusine développe un rapport intime avec la forêt, qu'elle considère comme un chez-soi et comme une présence bienveillante plus ou moins animée, dont elle a beaucoup à apprendre. Elle passe ses journées « à l'école de la forêt », « à respirer au même rythme que la forêt, à se laisser traverser par ses murmures ancestraux et caresser par les souffles amicaux de la nature tout entière » (*MA*, 112). Cette relation déjà inscrite avec des images de caresses et de pénétrations prendra un ton franchement érotique lors de l'adolescence de Mélusine, puisque celle-ci obtiendra son premier orgasme en se frottant à un arbre ; c'est ce qu'elle appelle « [d]evenir arbre » (*MA*, 169). Après ce moment de communion sexuelle, elle se sent pousser des racines et « prend conscience d'elle-même en tant que femelle de son espèce, mais également du lien primitif et de la fraternité qui unissent toutes les créatures de l'univers » (*MA*, 171). Comme ailleurs dans l'œuvre de Christensen, la sexualité se fait donc un moyen de fusionner les contraires – s'il s'agit généralement des principes masculins et féminins, ici ce sont plutôt les règnes (animal, végétal) qui se fondent en un seul corps.

La sorcière et les représentations qui y sont associées – la femme sauvage, la femme-corneille, la sirène végétale, l'initiée, la chamane – demeurent des figures d'exception : en se rapprochant de la nature, en adoptant une approche animale (l'envol) ou végétale

---

[29] Christensen établit très tôt dans le roman ce rapport de type familial à la forêt, décrivant Mélusine de la façon suivante : elle « a toujours senti dans son sang une filiation généalogique avec le monde de la forêt. Son monde, c'est celui des arbres et des ruisseaux, des herbes folles, des pierres moussues et des fougères. Sa famille, c'est celle des hirondelles et des pinsons, des lièvres et des loups. Son parfum, celui du serpolet et de la menthe aquatique, du gingembre sauvage et de la verveine officinale. Née de la forêt, la forêt l'habite. De la sève coule dans ses veines et son âme est faite de plumes d'oiseaux. » (*MA*, 43)

(l'enracinement), la sorcière se place à l'écart de la société humaine. Marginale, elle fait l'objet de la méfiance, de la médisance et de la violence de ses concitoyens : Sylvana, Bridget, Mélusine, toutes ont été ostracisées par leur communauté. Si la nature est leur refuge, elle devient aussi paradoxalement une cause de souffrance ; elles se retrouvent placées devant un dilemme : la nature *ou* la société humaine, mais pas les deux. Christensen insiste par là sur l'excision douloureuse qu'a subie la femme : les ailes coupées de Mélusine représentent aussi notre séparation d'avec l'environnement, dont les cicatrices nous demeurent souvent invisibles.

Le jardin hivernal : espace initiatique

Le jardin est un espace naturel encore plus ambigu que la forêt, puisqu'il est le fruit d'une conception humaine et dépend des soins du jardinier. Dans son recueil *Racines de neige*, Christensen confie sa passion pour son jardin et le compare à une œuvre d'art (*RN*, 9), soulignant la continuité entre son jardin, ses livres, ses monotypes et ses collages[30]. Les poèmes et les œuvres visuelles qui composent *Racines de neige* se présentent comme un accompagnement au jardin de l'auteure, qui demeure invisible dans le corps du texte. Christensen annonce d'ailleurs en préface qu'elle ne cherchait pas à décrire l'espace naturel, mais plutôt à faire sentir comment le jardin est pour elle un espace initiatique « qui a éveillé [sa] conscience » aux « mystères souterrains » (*RN*, 10). La dimension initiatique du rapport entre la locutrice et le jardin est mise en scène dans le renversement proposé par la phrase : « De maître d'œuvre, je suis devenue sa disciple » (*RN*, 10), où elle renonce à toute position d'autorité ou de maîtrise : c'est elle qui a tout à apprendre de l'espace naturel, et elle se représente à l'écoute, ouverte aux enseignements de la nature. Présentant le jardin comme une inspiration majeure à son travail, Christensen utilise des images végétales pour annoncer la venue du poème : « le jardin m'a soufflé à l'oreille quelques mots inattendus, humbles graines que j'ai accueillies, dans l'émoi, sur la jachère de la page blanche, attentive à leurs

---

[30] Les collages reproduits dans *Racines de neige* font le pont entre l'art et le monde naturel puisque Christensen y intègre des éléments organiques (plumes, aiguilles de conifère, sable, etc.) récoltés dans son jardin (*RN*, 127-128).

premières germinations» (*RN*, 11); une continuité est ainsi établie entre création artistique (œuvre de la poète) et création des vivants (œuvre de la nature). Le monde naturel se fait inspiration et guide pour l'artiste : « Le peintre suit le pinceau abstrait de la neige / ses leçons de regard » (*RN*, 65).

Parmi les nombreux enseignements dont elle a bénéficié en étant attentive à son jardin, le plus important est sans doute l'apprivoisement de la mort, de l'hiver, saison où « le jardin revêt un masque mortuaire » (*RN*, 11), « saison de deuil » (*RN*, 12). L'on sait quelle grande place Christensen accorde dans son œuvre à l'acceptation de la mort comme faisant partie de la vie[31], du cycle des saisons : le jardin lui a permis de découvrir le « théâtre invisible » de la mort (*RN*, 12). Apprendre à reconsidérer le jardin d'hiver non pas comme *mort*, mais en période de recréation, lui permet de repenser les oppositions binaires, tel que l'illustre l'un des poèmes :

> le jardin
> lieu de naissance et d'ensevelissement
>
> sous sa robe de mariée
> la terre porte le noir
> de la veuve
> pleurant encore
> le rapt de la lumière
>
> Déméter se languit de Perséphone
> ordonne à la neige
> de protéger le sommeil
> de la graine séquestrée (*RN*, 24)

Lieu de commencements et de fins, le jardin se fait à la fois mariée et veuve, vêtu tour à tour de blanc et de noir. Plutôt que d'opposer ces divers états de la nature, Christensen insiste sur leur concordance et leur complémentarité exprimées par l'idée du cycle, où

---

[31] Dans son article sur *Depuis toujours, j'entendais la mer*, Metka Zupančič rappelle que, chez Christensen, « la mort n'est pas à percevoir comme un phénomène morbide mais plutôt comme la force majeure qui nous aide à comprendre notre existence » (Metka Zupančič, « Andrée Christensen, aux dimensions exaltées, alchimiques, cosmiques, face à la mort », dans Johanne Melançon (dir.), *op. cit.*, p. 203-204).

chaque élément est nécessaire à l'ensemble. Le renvoi au mythe de Déméter et Perséphone (avec le printemps, mère et fille seront réunies et la nature en fleurira de bonheur) n'est d'ailleurs pas anodin : en dépit de la désolation apparente, demeure la promesse du retour triomphal de la graine qui deviendra fleur : « Perséphone respire / sous la violence obscure / de la neige » (*RN*, 99). Le sommeil de la nature est un songe, un intermède créateur, comme l'indique le titre donné à cette section de l'œuvre, « Le jardin aussi a besoin de rêver » ; durant l'hiver, il prépare sa renaissance spectaculaire (*RN*, 26).

Aussi important soit-il, l'enseignement qui est à tirer du jardin et de son sommeil hivernal ne peut être forcé ; Christensen insiste sur la patience, l'humilité, le silence et l'ouverture requis de l'élève – toutes conditions nécessaires à l'apprentissage. L'initiation[32] est présentée comme une récompense pour celle qui sait s'oublier pour apprendre à voir l'invisible, ce qui est encore à venir : le rêve du jardin. Le jardin d'hiver est celui où la jardinière est le plus désinvestie : forcée à la passivité, elle se doit d'attendre le printemps et assiste impuissante à l'hiver qui détruit son œuvre. Plutôt que de montrer la frustration de la jardinière, Christensen insiste sur l'importante leçon d'humilité qui est alors donnée à l'humain, forcé de reconnaître les limites à sa puissance et à l'exercice de sa volonté. Le jardin parle à l'enfant ébloui et au poète qui savent « abandonner / [leur] âme végétale / à la chapelle ardente du vide » (*RN*, 32). En se faisant graines, ils se mettent « à l'école de l'invisible » et deviennent forêt (*RN*, 33) :

> ainsi je suis devenue brin d'herbe
> arbre
> forêt
> aujourd'hui
> j'apprends à voler
> racines et radicelles
> au bout des doigts

---

[32] Le lexique mystique est très présent dans *Racines de neige*, Christensen prêtant au jardin des « rituels secrets » (*RN*, 39). Le jardin est également un lieu sacré où « un dieu sauvage entre en transe » et où rêve un « arbre chamanique » (*RN*, 43), là où travaillent des « alchimistes de lumière » (*RN*, 71).

> fruit de la terre
> et de l'espace (*RN*, 106)

L'ouverture à l'autre végétal permet une fusion des corps, des âmes et des esprits, une façon pour la locutrice de transformer son rapport à l'espace : elle sait désormais s'enraciner *et* parcourir l'espace en volant, elle est ancrée au sol *et* libre comme l'air. Le jardin est présenté comme un modèle de confiance et de lâcher-prise : « il suffirait peut-être de devenir jardin / faire confiance à l'invisible / embrasser la fraîcheur du mystère » (*RN*, 52). Inversement, le monde naturel prend des formes humaines quand Christensen attribue, par exemple, des menstrues à l'érable (*RN*, 42), un placenta et la fureur de l'accouchement au ciel (*RN*, 55-56). En fait, c'est en personnifiant l'espace naturel que la poète est en mesure d'inscrire le rapport qu'elle a avec lui : « Je regarde le jardin / le jardin me regarde le regarder » (*RN*, 77). La mise en scène de cette relation permet à Christensen de sortir la nature et les animaux du statut unique d'objet ; bien au contraire, ceux-ci agissent d'abord en transformant le monde (de la stérilité apparente du jardin hivernal au foisonnement printanier) et ensuite en transformant la locutrice qui change son regard sur le monde autour d'elle et apprend, par exemple, à considérer la mort comme une latence, une période de la vie. Cette nouvelle perspective où elle se laisse traverser par le monde naturel est illustrée par des images d'interpénétration : l'« arbre nu / respire / en moi » (*RN*, 77).

Comme dans *La mémoire de l'aile*, le rapport entre femme et nature est profondément érotique. La poète voit la germination comme un processus sexuel, où les plantes sont décrites de façon phallique avec « leurs turgescences voluptueuses » attirées par l'odeur de « la lumière femelle », une rencontre présentée comme celle d'« insatiables amants » (*RN*, 46). Dans le poème suivant, ce sont les rosiers qui retiennent leur souffle et cachent dans leurs replis « une forge tantrique / de semen / et de sang » (*RN*, 47). Le monde naturel qui entoure la locutrice et dont elle fait partie est régi par une énergie sexuelle qui ne fait que gonfler pendant l'hiver, période durant laquelle la tension sans possibilité de relâche atteint son zénith. *Racines de neige* présente donc l'hiver comme non seulement la période du « rêve du jardin », mais également celle de son « désir », qui culminera avec l'explosion des « plaisirs » du printemps et de l'été : odeurs, couleurs, sensualité.

Conclusion

Dans *Théories de la fragilité*, Paré propose que, pour Christensen,

> [...] l'exercice du poème est alchimique, dans la mesure où il permet de réunir les contraires. Il provoque l'androgynie, la parthénogenèse, la matrice, la noce, l'incarnation de l'Autre en soi. [...] Toute la souffrance vient de la rupture entre soi et les autres, entre soi et soi, entre soi et le monde, entre le monde et son cosmos[33].

En effet, la question de l'abolition des contraires tisse ensemble les œuvres de Christensen. Sarah Abd El-Salam, par exemple, a montré comment, dans son premier roman, Christensen présentait deux espaces d'abord proposés comme antinomiques – l'eau et la morgue – pour finalement les rapprocher en indiquant qu'ils oscillent tous deux entre lieux de vie et lieux de mort : « la vie et la mort s'équivalent et deviennent interchangeables[34] ». Dans *Racines de neige*, les contraires sont montrés comme complémentaires – deux faces de la même réalité, pour qui sait les regarder : « au verso de la neige / le sable du désert / sa sœur sauvage » (*RN*, 68). La rencontre oxymorique est un procédé fort prisé de Christensen pour mettre en valeur l'intensité de l'expérience mystique, et ce, dans l'ensemble de son œuvre, que ce soit pour décrire la situation d'Eurydice dans *Le châtiment d'Orphée* – elle qui « ne respire plus / Mais rêve encore / Morte parmi les vivants / Vivante parmi les morts[35] » – ou pour décrire le paysage hivernal de *Racines de neige* avec sa « neige noire comme le lait » (*RN*, 68).

Paré définissait la question de la naissance comme « la première de toutes les préoccupations de l'œuvre poétique[36] » en ce qu'elle était profondément liée à la connaissance de soi et du monde. Les

---

[33] François Paré, *op. cit.*, p. 95.
[34] Sarah Abd El-Salam, « La spatialisation de la vie et de la mort dans *Depuis toujours, j'entendais la mer* d'Andrée Christensen », *Voix plurielles*, vol. 10, n° 1, 2013, p. 27.
[35] Andrée Christensen, *Le châtiment d'Orphée*, Ottawa, Vermillon, 1990, p. 17.
[36] François Paré, *op. cit.*, p. 88.

œuvres plus récentes de Christensen, loin de contredire cette lecture, réaffirment cette importance en insistant sur ce que l'auteure présente comme l'autre visage de la naissance : la mort[37]. Tout autant que les commencements, les fins sont porteuses d'enseignements et de révélations pour les personnages des textes de fiction et les locutrices des œuvres poétiques de Christensen. Elles le sont peut-être même davantage, dans la mesure où l'on doit d'abord affronter sa peur, faire face à l'horreur de la mort des êtres chers, et apprendre à voir la présence de ce qui germe derrière le vide apparent. Dans son analyse du traitement de la mort et du double dans *Depuis toujours, j'entendais la mer*, Kathleen Kellett-Betsos propose que « Christensen présente l'écriture comme processus de remembrement de la psyché fragmentée, l'art offrant la guérison de l'âme meurtrie par le deuil[38] ». Avec *La mémoire de l'aile* et *Racines de neige*, le remembrement porte davantage sur la réparation d'un corps commun entre l'humain et le monde naturel (animal, végétal et minéral) – qui apparaît comme une autre incarnation du mystère fondamental que l'auteure interroge depuis ses toutes premières œuvres poétiques : comment sommes-nous liés non seulement les uns aux autres, mais aussi à notre environnement ? Encore une fois, les pistes que Christensen nous propose sont chargées d'érotisme, puisque la relation sexuelle est *la* force de rapprochement par excellence dans son œuvre – que ce soit entre homme et femme ou entre humains et monde naturel.

Plusieurs chercheurs écocritiques dénoncent la façon dont on se représente la nature comme un décor, ce qui nous entoure, ce qui est « là-bas », dont on peut se rapprocher ou qu'on cherche à éradiquer[39]. Selon eux, cette distance établie entre l'humain et la nature (faisant d'elle un lieu ou un objet) est exploitée de diverses façons,

---

[37] Car « la mort crée la vie », comme le dit François Ouellet dans son analyse de *Depuis toujours, j'entendais la mer* (« Le cimetière marin d'Andrée Christensen. Variations sur un thème connu », *Nouvelles études francophones*, vol. 29, n° 1, printemps 2014, p. 23).

[38] Kathleen Kellett-Betsos, « La mort et ses doubles dans la fiction d'Andrée Christensen », dans Johanne Melançon (dir.), *op. cit.*, p. 200.

[39] Don McKay, par exemple, parle de cette étrange « *human idea of an existence apart from wilderness* » (*op. cit.*, p. 25). Cette représentation du particularisme humain serait, du point de vue écocritique, une arrogance, le refus de reconnaître une parenté entre l'humain et l'animal – refus encore plus fort lorsqu'il s'agit du végétal ou du minéral.

soit pour distinguer le destin humain de celui de l'environnement, soit pour établir que l'humain peut – de sa position externe – détruire ou protéger la nature. Selon Timothy Morton, « [p]*utting something called Nature on a pedestal and admiring it from afar does for the environment what patriarchy does for the figure of Woman. It is a paradoxical act of sadistic admiration*[40] ». Christensen déstabilise – jusqu'à un certain point – cette représentation persistante, dans la mesure où elle insiste sur l'interconnexion des êtres et des éléments. Ses personnages féminins et les locutrices de ses poèmes refusent la fragmentation et pratiquent le remembrement, replaçant l'humain dans la nature[41] sans pour autant le placer au centre : l'humain est vraiment *dans* la forêt seulement quand il s'oublie en tant qu'humain, qu'il se fait corneille, arbre ou vent.

---

[40] Timothy Morton, *Ecology Without Nature: Rethinking Environmental Aesthetics*, Cambridge et Londres, Harvard University Press, 2007, p. 5.

[41] Notons que Grace arrivait à une conclusion semblable dans son étude du traitement de la nature chez Gabrielle Roy, Margaret Laurence et Margaret Atwood : « *The quest for the peaceable kingdom* […] *is a quest for a holistic vision of man-within-environment which transforms the opposed urban/rural codes into a new system of dynamic interrelatedness* » (Sherrill E. Grace, *op. cit.*, p. 56). Dans la foulée du mouvement écoféministe, Grace considère que cette volonté de réunir ce qui était disjoint émane principalement de femmes, elles-mêmes ressentant de façon aiguë leur coupure d'avec le monde.

MYSTICISME DU PAYSAGE ET CONCEPTIONS DU SUJET DANS L'ŒUVRE POÉTIQUE DE GILLES LACOMBE

François Paré
Université de Waterloo

Né à Ottawa en 1946 et auteur d'une quinzaine de recueils de poésie depuis la publication d'un premier livre d'artiste en 1984[1], Gilles Lacombe poursuit une œuvre d'une très grande fidélité thématique et formelle à laquelle l'histoire littéraire, toutefois, n'a pas porté une attention suffisante, sans doute parce que cette écriture se démarquait largement des grandes tendances identitaires très souvent associées à l'émergence de la poésie franco-ontarienne moderne. Dans cette étude, je me propose justement de présenter une nouvelle analyse transversale de l'œuvre de Lacombe, sur plus de vingt-cinq années d'écriture, en y soulignant certaines fonctions fondamentales du poème et en relevant les rythmes singuliers de la contemplation et du voyage initiatique mis en œuvre par le sujet de l'énonciation.

---

[1] *Tanguer : texte en douze dessins, textures en douze poèmes*, Ottawa, Éd. de l'Université d'Ottawa, 1984. Sur les premières œuvres de Gilles Lacombe, voir François Paré, « Gilles Lacombe et le livre d'artiste : résistance et transdisciplinarité », *Francophonies d'Amérique*, n° 13, 2002, p. 129-138.

Résistance et retour du sacré

À parcourir l'ensemble de l'œuvre poétique de cet écrivain important de l'Ontario français entre 1984 et 2014, on remarque que le travail de l'écriture y est structuré par une variété de positionnements inspirés par la longue et riche tradition lyrique des poètes chrétiens en France et au Québec : le rejet viscéral de la société capitaliste, la solitude exacerbée de l'écriture, l'éloge inconditionnel de la contemplation mystique, la mise en place de la figure sacrificielle du poète, la valorisation du voyage et du déracinement et le paradoxe de l'absence et de la présence. Au gré des publications, la poésie sera donc, pour Lacombe, la recherche de ce qui se dissimule derrière le visible. Le monde s'offrira à son regard comme un tableau dont les éléments seront sujets à sa méditation et à son exégèse. Du même souffle, l'écrivain se méfiera des distractions et des reflets trompeurs du réel. S'il lui paraît souvent vide et incohérent, le monde immédiat ne sera pas pour lui un univers étranger : au contraire, il y verra à chaque fois « le matériau d'une insurrection[2] » et cette lecture négative de sa société deviendra ainsi la source d'une spiritualité volontaire et affirmée. Cette vacuité fondatrice, qu'elle soit détachement, silence ou absence, restera, dans toute l'œuvre, le ferment d'un profond désir de reconstruire le sujet contemporain à partir de son héritage philosophique chrétien et de ses traditions séculaires. Ce travail d'émancipation transitera autant par l'histoire de la pensée mystique que par l'animisme et certaines formes du surréalisme.

Cela dit, la poésie ne parviendra pas nécessairement à renverser les grandes inquiétudes existentielles qui président à sa naissance. Plus d'une fois, elle s'avoue vaincue et sombre dans le verbiage et le sarcasme. Si le texte poétique, quelles que soient ses formes, peut compter sur la richesse et le prestige de son histoire, il donne souvent lieu chez Lacombe, notamment dans *Passeurs et revenants*[3] et surtout dans *Les figures résiduelles*, à des moments acidulés de désespoir :

---

[2] Gilles Lacombe, *Les figures résiduelles*, Ottawa, Éd. L'Interligne, 2010, p. 116. Désormais *FR*, suivi du folio.

[3] Gilles Lacombe, *Passeurs et revenants*, Ottawa, Éd. L'Interligne, 2004. Désormais *PR*, suivi du folio.

> De sorte que finalement c'était bien inutile
> Et d'aucun intérêt
>
> Il le savait bien
>
> Mais épuisé
> Par le bavardage intarissable de la pensée
> Il s'abandonnait parfois
> Au malin plaisir de se présenter
> Comme l'autoengendreur mirifique
> D'une solitaire et glorieuse destinée (*FR*, 117)

Chez Lacombe, le sujet d'énonciation est donc avant tout un projet, une œuvre en cours. Cette intentionnalité de l'écriture, liée à la présence du divin, est ce qui préserve la poésie du « néant au cœur de l'être » :

> Faut-il qu'il soit sacré
> Le cœur des choses
> Pour que le néant en soit pulvérisé
> Comme le regard que l'on pose
> Sur les choses
> Est broyé dans l'amour de Dieu[4].

C'est ainsi que le poète reste un agent de transformation. En effet, la posture autodénigrante, parfois tonitruante dans les textes éclatés du recueil *Les figures résiduelles*, par exemple, ne doit pas être vue comme l'expression d'un doute ou d'une incertitude sur le rôle déterminant de la poésie comme geste de résistance à l'endroit de la société ambiante. Au contraire, la formulation d'une subjectivité humble et lucide constitue le vecteur le plus important de l'œuvre de Lacombe. Le poète est indéniablement un « autoengendreur mirifique » et il le sait bien. L'énonciation du sujet poétique se construit à même les débris de son rapport au monde. Il est une invention de tous les instants. C'est là son plus grand problème, lui que la vérité obsède.

---

[4] Gilles Lacombe, *Trafiquante de lumière. Élégies dévoyées*, Ottawa, Éd. L'Interligne, 2005, p. 36. Désormais *TL*, suivi du folio.

À maintes reprises, le poème insiste, du reste, sur la nécessité du dévoilement et sur l'existence présumée d'une matière symbolique, d'un «mystère», auxquelles la langue, toujours insuffisante, ne pourrait être que subordonnée. Dans un texte important de la revue *Liberté*, publié en 1990, Fernand Ouellette revendique pour sa part l'inscription de la poésie occidentale dans le champ de l'herméneutique chrétienne. En effet, bien qu'enraciné dans son monde et intensément préoccupé par la matière tangible de sa société, le poète, selon Ouellette,

> doit plutôt se placer contre la terre, d'abord rester à l'écoute du visible. Et c'est par l'image elle-même – bien sustentée par le monde et les êtres et les choses – retentissante de sa lumière, que le poème questionne l'Invisible, c'est-à-dire ce qui est enfoui dans le monde et le langage, et ce qui appelle la langue au-delà de son être. Un pareil travail peut mener à l'Être même, Lui, l'Être secret sans figure, l'Inconnaissable, tout en restant en deçà de l'infini infranchissable[5].

Dans ce contexte, la poésie a donc partie liée avec l'ontologie. Forme profane de la prière, elle semble «soudée» à la «transcendance[6]». Elle ne se réclame pas de la religion, insiste Ouellette, mais ses affinités avec le sacré sont indéniables.

Ce programme, dont on peut retrouver la substance chez un grand nombre de poètes contemporains, surtout dans le monde francophone, semble être au cœur de l'entreprise poétique de Gilles Lacombe. Ainsi, dans l'ensemble de son œuvre, le poète, hésitant entre la soumission et le refus, cherchera à conjurer les complexités mortifères, les «machinations d'usage[7]», la surabondance étouffante qui régissent la vie quotidienne dans sa fausse effervescence. Seule la poésie permettra d'instaurer un régime de clairvoyance et de sagesse. Cette écriture, à l'intersection de la proximité et de la distance, se donnera ainsi à lire comme le récit obsédant du pèlerin engagé sur le chemin de la transformation

---

[5] Fernand Ouellette, «Variations sur la poésie», *Liberté*, vol. 35, n° 2, 1993, p. 40.
[6] *Ibid*, p. 43.
[7] Gilles Lacombe, *Les petites heures qui s'avancent en riant*, Ottawa, Éd. David, 1998, p. 19. Désormais *PH*, suivi du folio.

mystique ou du cloîtré désormais attentif à «l'immobile parcimonie du temps» (*PH*, 36).

Comme Ouellette et d'autres écrivains de sa génération au Canada et en France, Lacombe semble donc appartenir à une tradition lyrique dont la matrice remonte à la poésie française de l'entre-deux-guerres. Se posant comme une série d'actes de résistance à l'endroit des nouvelles esthétiques qui dénotent l'effondrement radical du sens dans le monde contemporain, certaines œuvres poétiques de la première moitié du XXe siècle tentent en effet de reformuler les rapports entre écriture et transcendance et se tournent alors vers la recherche du mysticisme. Chez Henri Michaux, par exemple, le livre de poésie, investi par le sacré, propose une quête de la «révélation» du sens au-delà de la matérialité exacerbée de l'existence quotidienne. Devant le chemin à parcourir, le poète se sent faible et miné par le doute, mais la conviction que son œuvre d'élucidation saura l'amener à saisir le «mystère» du monde matériel continue d'animer sa foi. «Les choses sont une façade, une croûte», écrit-il en 1930 dans *Lointain intérieur*, une série d'aphorismes servant de préface au célèbre récit de *Plume*. «Le livre est souple, il est dégagé. Il n'est pas une croûte. Il émane. Le plus sale, le plus épais émane. Il est pur. Il est d'âme. Il est divin. De plus il s'abandonne[8].» Cette conception idéaliste de la poésie[9], amplifiée par le mouvement surréaliste, vise à souligner l'importance de déchiffrer la part d'invisibilité au sein du monde observable et la «capacité du poète à subsumer l'au-delà des signes[10]». Il en résulte toutefois un profond sentiment d'inadéquation, de ne jamais être à la hauteur du dévoilement qu'appelle le travail de l'écriture. Dans l'œuvre de Michaux, cette «Peur», omniprésente, qui transforme le poète en un être «extrêmement

---

[8] Henri Michaux, *Plume*, précédé de *Lointain intérieur*, nouvelle édition revue et corrigée, Paris, Gallimard, coll. «Poésie», 1963 [1930], p. 114.

[9] Henri Meschonnic parle plutôt ici d'une «vulgate»: «Ce lyrisme comme langage du sacré détermine une conception du langage prise dans un cercle vicieux autant que dans un traditionalisme», «L'épopée de l'amour», *Études françaises*, vol. 35, n°s 2-3, 1999, p. 97. Dans son article, Meschonnic note les fondements nostalgiques de cette conception de la poésie, puisque celle-ci repose sur le «signe même comme absence des choses, paradis perdu» (*ibid.*).

[10] Laurent Bazin, «Le principe d'orientation: surréalisme et idéographie», *RiLUnE*, n° 8, 2008, p. 120; [en ligne] http://www.rilune.org/mono8/11_Bazin.pdf, consulté le 16 mai 2015.

petit », cette « idée implacable de son insuffisance[11] », lui permet contre toute attente de réaliser l'impossible et de pénétrer en profondeur les fibres du réel. Voilà tout le potentiel heuristique attribué au paradoxe dans lequel l'écrivain s'engage. Chez Pierre Emmanuel, Patrice de La Tour du Pin et bien plus tard chez Yves Bonnefoy, notamment dans *La vie errante* (1993) et surtout dans l'essai capital *Remarques sur le regard* (2002), se profile une longue tradition d'écriture dans laquelle le poète, inspiré par les grands textes sacrés du christianisme, annonce le dépassement des contraintes sociopolitiques et l'avènement d'un savoir nouveau.

Dans sa *Petite somme de poésie*, La Tour du Pin décrit ainsi les pouvoirs libérateurs d'une écriture qui, en dépit de ses contraintes et de sa solitude, traduit les forces transformatrices du sacré :

> Car entouré de moi, muré par tant d'haleines,
> Ma cellule est plus large que les plus larges plaines,
> Je me suis reconnu témoin de l'admirable
> Passage des voix en lumière...[12]

Confrontée à l'absence fascinante qui l'obsède, la poésie se conçoit donc comme une forme artistique ontologiquement marquée par l'étrangeté. Elle est l'indice de ce qui lui est radicalement exogène et qui est pourtant, aux dires du poète, son sens même. Dans *La poussière du chemin*, Jacques Brault insiste sur cet effort de déplacement des perspectives dans le texte poétique : « Oiseau sans cesse migrateur et qui ne vit pas longtemps dans l'évidence du ciel, la poésie ne se connaît pas pour la raison qu'elle ne se savoure pas elle-même. Sa patrie, c'est l'exil. Son état de grâce, une transmigration[13]. » Gilles Lacombe évoque à son tour, dans un compte rendu du roman *Depuis toujours, j'entendais la mer* d'Andrée Christensen, la nécessité de la fonction sacrale de la littérature : « l'imaginaire », conclut-il, « est le portique du sacré[14] ». C'est pourquoi le poète doit d'abord relater son renoncement aux affaires de la société et son

---

[11] Henri Michaux, *op. cit.*, p. 118.
[12] Patrice de La Tour du Pin, *La quête de joie*, suivi de *Petite somme en poésie*, préface de Maurice Champagne, Paris, Gallimard, coll. « Poésie », 1967, p. 173.
[13] Jacques Brault, *La poussière du chemin*, Montréal, Boréal, 1989, p. 226.
[14] Gilles Lacombe, « La mer transfigurante », *Liaison*, n° 136, 2007, p. 64.

appartenance à la contemplation monastique. Mais auparavant, afin d'assurer sa légitimité en tant que sujet et « passe[r] de l'autre côté, du côté des vallées férocement verdoyantes[15] », il lui faudra longuement faire la démonstration de son dénuement matériel et intellectuel.

La figure du pauvre

Si l'idéal de la simplicité monastique reste largement absent des premières œuvres de Lacombe, la figure de l'ermite habite néanmoins de façon explicite la plupart des recueils récents. Les nombreuses références à la pauvreté matérielle du sujet énonciateur et à son exil volontaire à l'écart de la société permettent à Lacombe de créer dès le début un important réseau métaphorique qui finira par structurer l'œuvre entière. D'emblée, le poète se voit profondément interpellé par la vie contemplative et par « la panoplie des visions » (*BD*, 24) qu'elle suscite chez lui. Dans le récit de ses nombreux voyages et dans le souvenir des monastères et des lieux sacrés où il a séjourné, il reste surtout fasciné par la présence persistante du sacré et il s'identifie volontiers aux « figures sacerdotales et guerrières[16] » des mondes anciens. Le poète n'est-il pas, dans son idéal, un prêtre, un serviteur de Dieu ? Yvan G. Lepage note, dans un excellent article de la revue *Liaison* sur l'œuvre de Lacombe, que la quête de transformation mystique du sujet suppose justement une déconstruction permanente de ses assises hégémoniques : « La poésie y est en effet pratiquée comme une technique d'extase, un procédé de révélation d'elle-même invalidant son sérieux grandiloquent, une épiphanie du sujet comme source illusoire du Sens[17]. » Dès le départ, Lacombe affirme que ce sujet de l'énonciation doit subir une transformation radicale. Dans *Les petites heures qui s'avancent en riant*, les tout premiers vers, invoquant le pronom « elle », indéterminé mais qui pourrait bien, de façon contextuelle,

---

[15] Gilles Lacombe, *Éphémérides et courants d'air*, Ottawa, Éd. L'Interligne, 2000, p. 30. Désormais *ÉC*, suivi du folio.

[16] Gilles Lacombe, *Le brouillard au-dessus de la douceur*, Ottawa, Éd. David, 1999, p. 18. Désormais *BD*, suivi du folio.

[17] Yvan G. Lepage, « Gilles Lacombe ou le surgissement du sacré », *Liaison*, n° 132, 2006, p. 60. Bien que l'article de Lepage date d'une dizaine d'années, il n'en demeure pas moins l'une des rares études sur l'ensemble de l'œuvre poétique de Gilles Lacombe.

renvoyer à la poésie elle-même, attribuent l'illégitimité du sujet à une enfance marquée par des « sévices corporels » et des « carences indélébiles » (*PH*, 9). C'est là que tout aurait commencé. Si, dans les textes des années 1990, les souvenirs de cette enfance inquiète dans le quartier de la Côte de Sable à Ottawa affleurent de façon explicite, ils feront place dans les recueils subséquents à des représentations plus abstraites et plus allusives de la mendicité et de la perte. À l'affût des signes de la transcendance, la poésie ne dispose donc pas d'un lexique qui suffirait à repousser les limites de la pensée rationnelle ou à conjurer les démons du passé. Elle n'arrive le plus souvent qu'à faire montre du non-sens qu'elle entend combattre et de la pauvreté endémique de ses énoncés. Mais justement ! Voilà bien le paradoxe. C'est par le dépouillement des conditions d'énonciation que le poète atteindra à la pleine expérience du sens. Dans *La vie est plus simple*, Lacombe s'exclame :

TOUT CELA N'APPARAÎT

Qu'à la condition d'une pauvreté[18]

Si l'écrivain a parfois l'impression de reproduire des mots dans « un cahier d'écolier », si le livre « n'est encore / [q]u'une version atrophiée » (*VS*, 41), il sait pourtant qu'il arrivera, « [à] force de passer inaperçu » (*VS*, 47), à cet « ordre du regard » vers lequel il tend depuis le début. En effet, au fur et à mesure de son travail sur le langage, il lui faudra comprendre les indices douloureux du passé et rendre compte de l'indignité qui est, il en est convaincu, sa condition première.

C'est dans les fragments autobiographiques du bref recueil en prose *Éphémérides et courants d'air*, publié en 2000, que sont formulées le plus clairement cette nécessité et cette emprise de l'idéal monastique[19]. S'y succèdent les images entrecroisées de la

---

[18] Gilles Lacombe, *La vie est plus simple*, Ottawa, Éd. L'Interligne, 2003, p. 37. Désormais *VS*, suivi du folio.

[19] Dans son ouvrage populaire sur le mysticisme chrétien, Evelyn Underhill souligne l'importance de la mémoire dans la formation de l'expérience mystique. Elle en fait du reste le premier de tous les éléments constitutifs du sujet mystique. Voir *Mysticism : A Study in the Nature and Development of Spiritual Consciousness*, New York, New American Library, 1955 [1911], p. 309.

crucifixion du Christ dans les récits du Nouveau Testament, des rituels sacrificiels dans les mythes autochtones du Mexique et de la figure du reclus, alors qu'on aperçoit son ombre, au-delà de cette remontée fragmentaire du temps, dans la chapelle des Capucins sur la rue Sussex à Ottawa. Certaines dates, 1953, 1968, constituent les bornes autour desquelles orbite le poète. Elles forment les assises de cette figure du pauvre, devenu chantre du renoncement, à laquelle toute l'œuvre de Lacombe aspire.

Dans la troisième partie du recueil, l'éloge du moine et savant médiéval maître Eckart n'étonnera guère, puisque l'ensemble des fragments autobiographiques semblait mener à cette figure christique, fondatrice de la pensée mystique occidentale. Eckart devient alors explicitement le modèle à suivre. Car, investi par le sacré, le moine semble incapable de maîtriser suffisamment le langage pour traduire devant ses disciples sa vision inédite de la divinité. Et cette inaptitude à dire exactement les choses devient en soi une forme de la clarté :

> Eckart, malgré tous ses prêches, n'avait pas la parole facile, et s'exprimait lentement, sans excès d'éloquence ; mais l'intelligence de ses propos les étonnait toujours ; et surtout, à travers ses discours, quel qu'en fût le sujet, transparaissait une ardeur jaillie de l'intimité la plus profonde du cœur ; ce qui trahissait, croyait-on, un contact direct avec la Déité. (*ÉC*, 84-85)

Revenu à la vie à la suite d'une chute quasi mortelle, Eckart reste lui aussi marqué à jamais par la blessure paradoxale du sujet d'énonciation. Car si, dans l'interprétation qu'offre Lacombe du récit du moine blessé à la tête, Eckart *parle* au sens fort, c'est justement qu'il a perdu le recours à une éloquence qui l'avait éloigné jusque-là de la véritable communication avec les autres et de tout contact avec le sacré. Voilà la nature de cet exil maintes fois raconté sur lequel la poésie reposerait avant tout. L'écriture poétique permettrait en effet de « matérialiser la métamorphose » (*ÉC*, 100) du sujet énonciateur, en insistant sur la transformation existentielle à laquelle il a dû se résoudre et dont toute son histoire personnelle rend compte.

Parmi les années charnières, 1953 semble occuper une place

particulière dans le récit du narrateur d'*Éphémérides et courants d'air*. Ce sera d'abord l'évocation du défilé militaire à l'occasion de la fête de la Reine, près du parlement fédéral à Ottawa :

> La colline fragmentaire en carrés de lumière qui bat la mesure, parmi la foule, le jour de la fête de la reine en 1953 ; le panache et la rigueur joyeuse d'un capitaine en permission qui s'est mêlé à la foule, un capitaine de l'armée de l'air au costume bleu marine qui porte ses couleurs dans la tête comme un état, une boule de feu et le roulement des tambours, les clairons de la vacuité [...]. (*ÉC*, 11)

Cette évocation du rassemblement militaire, investi par la présence symbolique du père, sera remplacée, quelques paragraphes plus loin, par la métamorphose du futur poète, désormais placé à l'écart, alors que surgit le souvenir du sanctuaire où il avait trouvé refuge, ce jour-là : « une émotion aperçue dans un rêve, la flamme isolée d'un cierge dans la chapelle des Capucins sur la rue Sussex et la noirceur amoureuse de la contemplation apophatique, quelque part en 1953 » (*ÉC*, 12). Dans de nombreux recueils, Lacombe substituera à la colline parlementaire, associée au défilé de la violence militaire, les montagnes arrondies des états mexicains du Chiapas et du Michoacán, où il fera le récit de son itinérance. Le Mexique lui permettra alors, nous le verrons, de guérir certaines images intolérables gravées dans la mémoire.

Dans son œuvre poétique, la recherche de la solitude contemplative, provoquée par la douleur sourde du souvenir, constitue donc à chaque fois le fondement essentiel du rapport sacral entre l'écrivain frappé de modestie, toujours placé en retrait, foncièrement inaperçu, et le monde dans la surdétermination des signes et des institutions. Dans *Mais ailleurs que le vent*, sous la forme cette fois d'un séjour à la chartreuse de la Transfiguration dans les montagnes du Vermont, le sujet énonciateur reviendra encore sur la nécessité de la vie recluse et de la contemplation. Cette œuvre, publiée en 2013, semble encore une fois faire allusion aux violences blotties dans le « plus noir des / souvenirs[20] » pour en

---

[20] Gilles Lacombe, *Mais ailleurs que le vent*, Ottawa, Éd. L'Interligne, 2013, p. 39. Désormais *MAV*, suivi du folio.

annoncer néanmoins la résolution finale. Comme pour les traces obscures du passé, aujourd'hui épurées par les «[s]tratégies de l'éloignement» (*MAV*, 109) et la solitude, l'écriture du poème saura étendre sa blancheur métaphorique sur le langage lui-même et les «sévices» qui s'y dissimulent. Parvenu à résoudre le paradoxe fondamental de son aphasie, le poète observe les débris calcifiés du passé :

> voici de petits os de souvenirs
> qui durcissent
> sous le sol
> et les débris du vent d'avril
> qui les ont blanchis (*MAV*, 39)

Il ne subsistera alors que la trace initiatique d'une écriture inachevée, simple tracé d'une lettre, parfaitement seule sur la blancheur de la page. Telle avait été la conclusion, du reste, du récit autobiographique dans *Éphémérides et courants d'air*, alors que nous avions pu voir une dernière fois le poète mettre de côté l'appel des tâches quotidiennes pour se laisser absorber par ce «bleu parfait» du regard contemplatif, devenu au cours des années sa «seconde nature» : «comblé d'un seul regard, le plus vif, la lettre initiale, le plus inachevé parmi les abysses de la page, avec deux ou trois traits, tout au plus» (*ÉC*, 109). Or, cette «lettre initiale» (et initiatique), par laquelle le sujet signe le paradoxe de sa présence-absence, Lacombe la reprendra et la peaufinera partout dans son œuvre. Bien plus qu'écriture, elle constituera aussi un ensemble d'éléments picturaux et une véritable esthétique de l'inscription chez cet écrivain et artiste visuel.

Lectures du paysage

Pour Gilles Lacombe, l'exercice de la contemplation, s'il s'exprime par la recherche de la solitude, ne se referme pourtant pas sur lui-même. Au contraire, par le biais du regard contemplatif, vecteur d'acceptation et d'ouverture, le réel devient justement *paysage*, comme l'indique avec force la toute première phrase d'*Éphémérides et courants d'air* : «Je le dis simplement : s'il y a une chose que j'ai accomplie jusqu'ici, c'est regarder et contempler des paysages»

(*ÉC*, 9). La mise en langage du monde matériel et sa réalisation en tant que tableau du visible forment à n'en pas douter le cœur d'une poétique du regard qui ne cessera de se déployer dans toute l'œuvre de Lacombe. Certes, le poète a choisi de se délester de la société commerciale, à laquelle il s'adresse toujours avec reproches et sarcasmes, mais jamais il ne perd de vue la réalité empirique dont il s'est détaché pour encore mieux l'observer et la décrire.

Cette observation des paysages, surtout naturels, s'apparente pour lui à la lecture d'un livre. Elle suppose une exégèse, une accumulation de gloses qui finit par instituer le texte poétique lui-même. La moindre parcelle du monde visible fera ainsi l'objet d'une observation ou plutôt d'une évocation, dans la mesure où le paysage est d'abord structuré par son opacité apparente. S'il se montre attentif aux mouvements de la lumière, le poète sera récompensé par l'impression fugitive d'accéder à «l'étant» du tableau visible. La poésie n'est donc pas tant, chez Lacombe, la mise en scène d'un sujet regardant qu'une ontologie du regard.

Dans *Passeurs et revenants*, le poète évoque d'ailleurs à grands traits, par des phrases éparses, l'opposition manichéenne entre la recherche de la permanence confiée à la poésie et les bruits sporadiques et incessants des échanges commerciaux. D'un côté, les «[t]rafiquants volages» (*PR*, 13), les «revenants solitaires» (*PR*, 13) défilent dans la rue. Leur errance est dépourvue de finalité. «Bouches cousues et regards voilés» (*PR*, 13), ils sont paralysés par le trop-plein des signes qu'ils aperçoivent sans pour autant les lire. À l'inverse, il y a le «passeur inaugural» (*PR*, 17) que la lettre du paysage intéresse; il appartient à ceux qui savent lire et traduire l'étendue du monde visible au-delà des reflets, «ceux qui sont ouverts à la page divinatoire» (*PR*, 17). La première partie de *Passeurs et revenants* constitue un moment particulièrement dysphorique dans l'œuvre du poète. Cependant, la deuxième section, intitulée «Rivières» et ponctuée par une abondance de dessins de l'auteur, permet à la «couleuvre endormie» de se réveiller, alors que le paysage pénètre entièrement le regard:

> Sa peau poreuse
> Laisse la rivière la traverser
>
> Un corps nu dans les brouillards
>
> Lorsqu'elle est entrée
> Sous sa légèreté (*PR*, 62)

Dans les recueils subséquents, comme dans *Mais ailleurs que le vent*, la contemplation du paysage devient systématique et moins abstraite. Les nombreuses évocations des prairies du Vermont au printemps, du vent qui courbe les herbes, des « mélèzes de la vierge marie » (*MAV*, 32), des pommiers sauvages, produisent de minces surgissements textuels marqués par des sauts et des interruptions. Au début de chaque strophe, l'adverbe « voici » inaugure à chaque fois la série d'observations et confirme l'entrée en scène de chaque élément visuel. Aux yeux du poète reclus, la lisibilité du paysage naturel permet de renverser les dommages écologiques causés par l'exploitation minière et même agricole dans les environs du monastère : « c'est une image ancienne et virulente / de la terre éventrée par les crachements / du tonnerre / qui lézardent la zone de tir / près de la chartreuse / de la Transfiguration » (*MAV*, 45). À l'inverse, le recueil dans son ensemble souligne la préséance du regard contemplatif et surtout la fusion entre l'imaginaire militaire, autrefois associé chez l'enfant à un fort sentiment d'impuissance, et la « fantasmagorie naturelle », désormais source d'habilitation et de légitimité :

> [O]ù des militaires étrangers parvenus à la croisée des sentiers feraient un bout de chemin fusil à la main, chiens de chasse à leurs côtés, humant les odeurs du vent, pour entamer, dès la vibration inaugurale avant le blanchiment imperceptible des choses et de la pensée, la lente mélopée d'adoration silencieuse du marcheur ébahi. (*MAV*, 72)

Par ces images symbiotiques, le sujet de l'énonciation tente ainsi de résoudre la rupture dialectique entre la pensée et le paysage, entre la mémoire douloureuse du passé et la contemplation engagée dans le visible.

À maintes reprises dans l'œuvre de Lacombe, l'expérience du voyage, fortement idéalisée, nourrit et confirme la dimension symbolique de la cellule monastique dans laquelle s'est retiré le poète. Il y séjourne à la fois hors du monde et attentif aux moindres manifestations du vivant. Dans des recueils aussi différents que *Le brouillard au-dessus de la douceur* et *Trafiquante de lumière*, publiés à plus de dix années d'intervalle, l'imaginaire viatique relève tout aussi bien de la tradition d'itinérance propre au mysticisme chrétien épousé par le poète que de la réflexion contemporaine sur la frontière, la migration, le territoire d'appartenance et l'identité. Or, le voyage est aussi et surtout une manifestation du regard. Chez Gilles Lacombe, le voyageur est un observateur, un capteur de souvenirs. Si, avant de partir, il s'était senti complice des machinations des «trafiquants de passage» (*VS*, 82), se voyant obligé de prendre part au travail des «soumissionnaires» et des «partenaires indésirables» (*VS*, 79), son départ semble ouvrir la porte à de nouvelles formes de libertés contemplatives. Fasciné par l'étrangeté du pays visité, le voyageur se contente en effet de sa position périphérique. C'est cette marginalité provisoire qui lui semble si intense, au moment où il n'est plus qu'un flâneur, à l'écart des grands enjeux, pur observateur du donné visible qui se déploie devant lui et qu'il ne cesse de commenter, de traduire et de représenter.

Le voyage est donc, dans cette œuvre, une autre forme de la contemplation. Dans un texte intitulé «Aspects de la mystique», Fernand Ouellette insiste d'ailleurs sur les liens étroits entre itinérance et mysticisme, et revendique cette alliance comme le fondement d'une nouvelle subjectivité active et réfléchie :

> L'errance profonde, la perte des balises, l'incapacité de reconnaître son espace, et de se reconnaître soi-même dans l'espace, la sensation douloureuse de rejet ou d'absence : autant d'indices qui nourrissent une représentation forte de l'expérience mystique, laquelle, sur ce plan, n'est pas si éloignée de la véritable expérience poétique ou de l'expérience musicale d'un Schubert, par exemple[21].

---

[21] Fernand Ouellette, «Aspects de la mystique», *Liberté*, vol. 38, n° 5, 1996, p. 12.

Si la contemplation viatique est vraisemblablement une tentative de construction ontologique du paysage, cette dimension ne suffit pas tout à fait à rendre compte de la richesse symbolique du voyage dans l'œuvre de Gilles Lacombe. En réalité, comme d'autres écrivains contemporains, depuis Antonin Artaud jusqu'à Claude Beausoleil et Louis Hamelin, Lacombe s'interroge plus largement par le biais du poème sur la légitimité de l'errance et la validité des territoires d'inclusion et de séparation où circule le voyageur. Comment le poème peut-il rendre compte de la vie en tant que telle ?

> C'EST VRAIMENT UNE IMAGE CONSTERNANTE
> Que nous voyons parfois
>
> Dans des paysages
>
> Dont on a fait un usage singulier
>
> Un usage de définition
>
> Et un usage de pauvreté
>
> Qu'on a conjuguée indifféremment
> Avec les verbes être et supprimer (*VS*, 32)

Qu'en est-il aussi de la transparence du paysage et de l'opacité des structures hégémoniques mises en place par les sociétés ? Si le poème explore la nature de ce qui peut être révélé au grand jour, à qui reviendrait-il de trahir l'interdit ? Le poète est pauvre : que voit-il dans son errance et dans sa marginalité consentie que les autres ne voient pas ? Dans un très beau texte publié dans la revue *Spirale* sur la notion de frontière, Gilles Thérien tente peut-être de répondre à ces questions :

> Si la frontière a, pour des raisons d'actualité politique, une importance entretenue par l'action même des sociétés, il demeure que la frontière tient toute sa vérité de ce qu'elle affirme la séparation entre les choses. Les territoires en sont évidemment les illustrations immédiates, mais il faut laisser place aussi à la frontière comme trace qui identifie différemment tout ce qui porte sa marque[22].

Le dénuement du sujet mystique chez Lacombe s'inscrit dans la foulée de cette réflexion. S'il se place toujours dans la distance stratégique de l'observateur, il ne cesse de manifester sa compassion, sa «douceur», ce qui lui permet de se concentrer entièrement sur le regard :

> Un survivant au deuil des choses,
> Rivé à sa fenêtre et à la compassion
> Du paysage. (*TL*, 20)

De plus dans *Trafiquante de la lumière*, le poète conçoit une véritable symbolique du vacillement lumineux, inspirée certes des grands textes mystiques, mais aussi de sa compréhension de la peinture et des arts visuels. Le recueil fait appel à toutes les formes de l'illumination et juxtapose les spiritualités chrétienne et sikhe. Tout ce rapport au monde observable est pénétré par le positionnement empathique de l'observateur qui souhaite ainsi s'approcher de cette «immensité de la délicatesse» (*TL*, 29) :

> On voudrait tellement
> La recueillir dans ses bras
> Et s'abîmer avec elle
> Dans le cœur sacré des choses
> Parmi les embardées du paysage (*TL*, 30)

Plus que jamais, on le voit, le paysage contemplé renvoie à une figure féminine, instance de vie aperçue dans une gare, au moment d'un départ, ou ailleurs au gré des errances du regard. En fait, au-delà de la lecture de ce seul recueil, le lecteur se rend compte que cette femme lointaine avait été partout présente depuis le début dans l'œuvre du poète. Elle aussi s'inscrivait dans l'ensemble des

---

[22] Gilles Thérien, «Frontières», *Spirale*, n° 193, 2003, p. 8.

conventions propres à la spiritualité chrétienne dont s'inspire la poésie de Lacombe. Dans *Les petites heures qui s'avancent en riant*, la figure féminine était apparue clairement sous forme de trace, « enveloppée » par un faisceau de lumière :

> il y a un lieu
> une effigie, une déchirure
> qui est un gant de femme oublié
> sur une table
> dans un lieu public (*PH*, 43)

Inscription du désir au sein même du geste contemplatif, la femme n'appartient pas au monde du sujet mystique, car elle est plutôt le principe de son éloignement, de la recherche qu'il a entreprise, du déchiffrement qu'il compte produire. Chez Lacombe, le sujet de l'énonciation l'associe presque toujours au voyage :

> elle est la proche parente
> du sang versé pour l'amour des paysages,
> le solstice lunaire, les tornades solaires,
> la compagne au piano
> qui brunit à vue d'œil
> quand elle joue au soleil. (*PH*, 62)

Dans ces passages et d'autres, notamment dans *Le brouillard au-dessus de la douceur* et *Trafiquante de lumière*, le personnage féminin, individuellement ou en tant que choreute, est fortement idéalisé. Sa présence supposée ou réelle, dans l'évocation des voyages, semble à elle seule capable de susciter le regard et d'en garantir la légitimité et la pureté[23].

En effet, chez Gilles Lacombe, le paysage contemplatif est

---

[23] Cette présence du désir féminin dans le contexte du voyage initiatique rappelle la poésie d'Alain Grandbois. Il est d'ailleurs intéressant de noter que, dans sa préface au recueil de Michel A. Thérien, *Corps sauvage* (Ottawa, Éd. David, 2007), Gilles Lacombe commente ainsi la présence du regard et de la femme dans la poésie de Thérien : « Les affinités sont nombreuses, on pense à Grandbois surtout, mais ici avec un surplus de discrétion, une humilité parmi la grandeur cosmique, une retenue dans l'emphase rhétorique, une voix familière » (p. 10). Or, chose curieuse, Lacombe pourrait être lui-même de bien des manières une sorte de Grandbois « avec un surplus de discrétion » ! Cette préface en dit sans doute plus sur la poétique du préfacier que sur celle de Thérien.

d'abord un tableau sur lequel apparaissent des indices, car la présence est toujours signifiée par l'absence, à la manière du gant laissé sur la table. Tout est parabole à la surface du visible, d'où la nécessité de mettre en place une pratique du déchiffrement et d'établir une exégèse.

L'utopie mexicaine

Dans *Le brouillard au-dessus de la douceur*, le voyageur en fait justement l'expérience lors d'un itinéraire touristique qui l'amène à visiter les ruines d'une ancienne cité aztèque, dont il ne reste plus aujourd'hui que des « fragments acharnés » (*BD*, 79), recouverts de glyphes. Parmi tous les lieux convoqués par l'œuvre de Lacombe, le Mexique occupe d'ailleurs une place emblématique, tant par le biais de son héritage précolombien que par sa culture artistique actuelle. À quelques exceptions près, l'ensemble des recueils, notamment *Les petites heures qui s'avancent en riant*, *Le brouillard au-dessus de la douceur* et *Broderies du Michoacán*, est jalonné de noms de villes (Patzcuaro, San Miguel de Allende, Oaxaca, Morelia), de quartiers, de sites archéologiques (Monte Alban), de places (le Zocalo de Mexico) et de villages. Assez souvent, les toponymes mayas, aztèques et nahuas (Xochicalco, Tzintzuntzan) suffisent à évoquer les nombreuses couches d'histoire qui façonnent les paysages de ce pays. C'est par les souvenirs du Mexique que resurgissent les images de l'enfance à Ottawa et dans la vallée de la Gatineau, comme s'il fallait être ailleurs pour parler de la proximité à soi. Ce chronotope[24] est le propre des paysages, dira le poète dans *Passeurs et revenants*, car ils sont « [d]e la pure redondance écrite par après toujours un peu en retard » (*PR*, 35). Si, dans l'imaginaire mystique du sujet énonciateur, l'impression de vacuité et le sentiment d'inutilité ne cessent d'affleurer (« [i]l y a du vide partout / Et rien qui le soit » [*VS*, 92]), cette négativité est vite emportée par l'euphorie créée par certaines images figées du Mexique, celles des processions à la Vierge, des sommets enneigés de la cordillère centrale, du soleil matinal sur le lac de Patzcuaro, de la solennité de l'île de

---

[24] Sur la question de l'espace-temps chez Lacombe, voir Robert Yergeau, « Questions de temps : regards sur un recueil de poèmes de Gilles Lacombe », *Francophonies d'Amérique*, n° 29, 2010, p. 139-157.

Janitzio, et surtout des rituels aztèques ou nahuas qui continuent aux yeux du poète à alimenter la mythologie quotidienne des Mexicains. Si la pauvreté économique n'échappe pas au voyageur, elle n'est pas un obstacle dans cette société où il semble encore qu'aucune rupture de filiation n'ait disloqué les liens avec le sacré. Le souvenir de lieux et de paysages précis, dans le Michoacán et le Chiapas, de même que dans les villes de Mexico ou de Oaxaca («la plus belle ville du monde, selon Malcolm Lowry» [*ÉC*, 34]), constitue l'étalon à l'aune duquel l'intense sentiment de décadence ressenti au moment du départ peut désormais être mesuré.

Chez ce poète, le Mexique est en outre le pays de l'inscription, au sens fort, de la «lettre initiale», l'alpha de toutes les métaphores spatiales dans l'œuvre du poète. Lacombe, écrit Yvan G. Lepage,

> est fasciné par son caractère sacré, de même que par sa dramatique histoire. La seule évocation des sonores toponymes indiens, claquant comme des invocations litaniques, suffit à ressusciter ce passé envoûtant et à lui redonner une présence encore plus ensorcelante[25].

Il faut dire que le poète est un inconditionnel du départ. Ayant choisi la simplicité volontaire comme l'un des fondements de sa légitimité poétique, le sujet énonciateur entrevoit cette itinérance comme la confirmation de sa liberté. Le paysage mexicain est donc un fragment d'espace-temps, saisi par le regard, au gré des impressions laissées dans la mémoire. À l'exception de la partie médiane d'*Éphémérides et courants d'air*, dans laquelle les références au Mexique se déploient en un récit clairement identifiable, le paysage mexicain se présente plutôt comme une série d'allusions éparses à la chaleur, à la végétation luxuriante, aux rues étroites et bondées, à la grande place centrale de Mexico. Tout cela forme un univers sous-jacent, certes magnifié par la distance et le temps, mais jamais entièrement expliqué ou même assumé.

Pour l'écrivain, le voyage au Mexique est un rite annuel. D'où vient cet intérêt pour ce pays, lui demandait récemment Valérie Lessard au cours d'une entrevue entourant la publication de son dernier recueil de textes et de photographies entièrement consacré

---

[25] Yvan G. Lepage, *op. cit.*, p. 60.

au Michoacán[26] ? « C'est le premier voyage à l'étranger que j'ai fait. C'était en 1968, j'avais 22, 23 ans, et j'avais été fasciné par l'effet de réenchantement du monde qu'avait provoqué en moi la découverte d'un nouveau pays[27]. » De publication en publication au cours des années, les indices des paysages mexicains affleureront partout, comme références géographiques ou traces allusives plus proches du symbole, et les images de ce pays, préservées dans la mémoire, sembleront répondre à la fausseté des préoccupations quotidiennes de ceux qui se contentent de ce que Lacombe appelle, dans un des passages les plus virulents de son recueil *Les figures résiduelles*, « la vie fomentée » :

> Vu le spectacle romanesque et persistant de la vie fomentée, manigancée, fabuleusement substantifiée, légalement constituée et pathétiquement racontée dans de dramatiques et suprêmes destinées et, de surcroît, bêtement installée dans la langue des têtes branlantes des chiens de ruelle, des aboyeurs de paraboles et hurleurs du paradis, et bien sûr, dans la racaille guerrière de la pensée et tout le fatras littéraire symboliquement encrassé dans les sermons des écrivains prédestinés, des typographes manichéens et même des dessinateurs solitaires. (*FR*, 105)

À chaque fois, l'évocation des anciennes civilisations maya et aztèque rappelle étrangement les ombres anciennes de l'enfance. À la « douceur d'automne / […] dans le parc de la Gatineau / il y a vingt-huit ans, tout juste » (*BD*, 55) se substitue dorénavant l'« amoureuse lumière » du Mexique, porteuse de consolation et de dépouillement intellectuels. Dans *Éphémérides et courants d'air*, le narrateur évoque à maintes reprises sa fascination devant le caractère sacral de son expérience viatique, alors qu'il se voit comme un pur observateur dans ce détachement stratégique que l'immobilité apparente du lieu semble confirmer :

> Et je me tiens à l'écart, moins par sagesse que par désœuvrement, adossé à un lampadaire, le soir, sur une *plaza* quelconque, baigné

---

[26] Il s'agit d'un livre d'artiste : *Broderies du Michoacán*, Gatineau, Éd. Neige-Galerie, 2014.
[27] Valérie Lessard, « Gilles Lacombe, tisseur de mots et d'images », *Le Droit*, 14 juin 2014 ; [en ligne] http://www.lapresse.ca/le-droit/arts-et-spectacles/livres/201406/14/01-4775891-gilles-lacombe-tisseur-de-mots-et-dimages.php, consulté le 19 mai 2015.

par les dorures de ses lumières, un canif à la main, avec lequel je dépouille tendrement la peau juteuse d'un fruit. (*ÉC*, 30)

Le geste symbolique du flâneur ne peut manquer de rappeler les conditions d'effacement et l'ascétisme qui régissent symboliquement le sujet énonciateur dans l'écriture de Lacombe. N'est-il pas lui-même, en tant que principe illocutoire, ce « fruit » épuré de son enveloppe protectrice, figure en retrait du spectacle, lui qu'on reconnaît

> à sa quadrature,
> à son dérèglement minutieux
> quand il arbore de petits yeux
> d'une si cinglante curiosité (*BD*, 108) ?

Ces lignes du recueil *Le brouillard au-dessus de la douceur* renvoient au positionnement particulier, chez Lacombe, de *l'artiste visuel*, qu'il soit poète, dessinateur ou peintre. Sur le cahier à dessins comme sur la page du livre, l'œil produit du visible et déclenche l'acte sacral de déchiffrement du paysage. Tel est le sujet, dans son humilité stratégique, qu'il ne pourrait exister de façon intelligible sans ce travail de *visionnement* et de *vision* du réel.

Conclusion

Le poète, pourrait-on dire en conclusion de cette étude, est un maître de l'ubiquité. Appelé par l'idéal du dénuement mystique, le sujet de l'énonciation tisse donc, dans l'œuvre de Lacombe, son retrait stratégique du monde. Installé symboliquement à la fenêtre de sa cellule, il semble profiter pleinement de son *abstraction* pour mieux transcrire l'immédiateté du paysage qui s'offre à son regard. Cette prérogative du visible ne quittera jamais l'œuvre du poète. Le recours aux tropes réconfortants de la tradition mystique et la représentation euphorique de paysages mexicains fortement ritualisés lui ont permis de mettre en échec pour un temps ces « aiguilles de noirceur / Qui dénaturent le regard » (*TL*, 36). Le transfert incessant des références entre christianisme et paganisme, entre lyrisme chrétien et diatribe anticapitaliste, entre mondes anciens et mondes contemporains, entre paysages visibles et traces occultes de la mémoire, entre ici et ailleurs, entre valorisation du dénuement et refus de la surabondance du monde ambiant, entre retrait et participation, toutes ces tensions font du texte poétique le lieu d'un renouvellement dialectique du sens, entendu non plus seulement comme la lutte violente et circulaire des signes, mais aussi comme l'expression contemplative et fusionnelle du sens.

ÉCRITURES

UNE ESTHÉTIQUE DU DÉCALAGE EN POÉSIE FRANCO-ONTARIENNE CONTEMPORAINE

Louis Bélanger
Université du Nouveau-Brunswick, Saint-Jean

L'érosion des caractéristiques distinctives entre une culture d'élite, comme on la caractérisait à une certaine époque, et l'abondance des biens culturels identifiables aux cultures de masse invite à une relecture de ces notions dans les sociétés occidentales. L'ère numérique dessine en effet des rapports inédits entre société et culture, notamment en intensifiant la diffusion d'images qui souvent transgressent les limites du bon goût et sollicitent l'émergence d'esthétiques aptes à rendre compte de valeurs artistiques imperméables aux traditions qui, jadis, définissaient la pertinence ou la futilité en matière culturelle. Accessible, effervescente, instantanée, la « réalité virtuelle » foisonne de représentations dont la nature polyphonique compose un discours social au rayonnement illimité, certes, mais dont les débordements provoquent réflexions et débats sur le sens des valeurs en sociétés démocratiques. Le phénomène atteint son paroxysme quand, dans l'exaltation des dérives événementielles, il met en scène la déviance, la perversité, l'infamie ou autres comportements perçus comme contraires à un certain ordre moral établi.

À titre d'illustration, rappelons brièvement la cause récente de l'artiste Rémy Couture, dit le « maquilleur de l'horreur », créateur d'effets spéciaux de maquillage, qui a publié sur son site Internet du matériel inspiré par la trame narrative d'un tueur en série torturant des femmes ligotées, leur infligeant d'innommables sévices avant de les assassiner, et ce, dans l'intention avouée d'illustrer la contribution artistique de son métier à une esthétique de la vraisemblance. Cité à procès pour corruption des mœurs, fabrication et distribution de matériel obscène, Couture a été acquitté des trois chefs d'accusation qui pesaient contre lui par un jury qui a tranché que, même si elles étaient d'une violence inouïe et blessante, les images créées par l'accusé n'étaient pas obscènes au point d'être criminelles. L'œuvre du maquilleur appartiendrait donc bel et bien au domaine de l'art, point de vue renchéri par un témoin-expert en cinéma appelé à la barre par la défense: «Le but du cinéma d'horreur n'est pas de raconter des petites histoires, mais de troubler et de déranger le spectateur[1]», a-t-il affirmé, suggérant par association l'idée non moins percutante qu'un film d'horreur qui ne dégoûterait pas équivaudrait en quelque sorte à une comédie qui ne ferait pas rire.

Hormis la nature fallacieuse du rapprochement entre l'horreur et la comédie évoqué par ce témoin, nombre d'intervenants du domaine des arts ont conclu que l'affaire Couture constituait une victoire de la liberté d'expression sur les enjeux moraux qu'elle a soulevés en cour. Cela dit, la cause n'est pas sans relancer le débat sur le seuil d'acceptabilité d'une conception de l'art fondée sur la sensibilisation des consciences comme fin, et sur l'exploitation discrétionnaire des représentations comme moyen. L'art serait-il à la merci de toutes les formes de mauvais goût observables en réalité virtuelle? La noblesse d'intentions, visant l'élimination de stéréotypes, la chute de tabous et la lutte à l'intimidation, justifie-t-elle la pertinence d'une esthétique décadente empruntant à la laideur ses aspects les plus sombres au nom d'un idéal collectif, si légitime soit-il? Une esthétique du décalage dérive de cette problématique sur l'art et le social.

Car tout n'est pas que culture à rabais dans le discours social.

---

[1] Christiane Desjardins, «Procès du maquilleur de l'horreur. "Je ne suis pas un pornographe"», *La Presse*, 19 décembre 2012, p. A14.

Bien qu'un fort courant d'œuvres de genres (pornographie, science-fiction, horreur, cinéma-choc, courts métrages), vouées au culte de l'irresponsabilité, de l'ignorance, de l'homophobie, du racisme et du militantisme extrémiste à tout crin, nourrissent leur lot d'indignation dans les nouveaux médias, l'expression d'une culture dite *poubelle* ou *trash,* animée par l'exploration des travers humains, n'en constitue qu'une part relativement négligeable. En revanche, les considérations qui précèdent quant à son émergence et aux questions qu'elle suscite mettent en évidence l'éclosion d'un nouveau paradigme de reconnaissance culturelle lié aux retombées d'Internet, des médias sociaux, du téléphone *intelligent* et autres plateformes génériques sur l'ensemble des biens culturels, et ce, sous l'angle d'une complicité entre les aléas du goût et la production de masse. Dans cette perspective, les thèses de l'analyste littéraire Mikita Brottman[2] sont éclairantes dans leur acception du phénomène comme déplacement quantitatif de la norme esthétique, représenté par la métaphore du passage d'un « qui » consomme la culture à un « combien » en dispose – en d'autres termes, d'une esthétique de la contemplation à une esthétique comme mécanisme de communication. L'étude démontre que l'intérêt pour le quantitatif permet le dépassement du caractère anarchique de la culture en témoignant du pluralisme culturel en termes d'une dynamique horizontale plutôt que d'une hiérarchie pyramidale, d'une redécouverte du lien entre le produit culturel et l'expérience vécue dans le contexte d'un affranchissement de normes esthétiques instituées.

Sur le plan littéraire, ce rapport au tangible est complice des réflexions de Mikhaïl Bakhtine sur l'éclatement du locuteur, dont la parole n'est pas la seule incarnation de l'individualité, mais la manifestation parallèle d'une altérité, consciente ou inconsciente, qui la projette dans l'hétérogénéité de figures excentriques, d'une part, et de celles de Gilles Lipovetsky sur un troisième âge du capitalisme de consommation, au sein duquel les forces du marché auraient envahi la quasi-totalité des aspects de l'existence humaine

---

[2] Mikita Brottman, *High Theory/Low Culture*, New York, Palgrave Macmillan, 2005, 157 p.

dans une société qui, rappelle-t-il avec à-propos, a substitué « la séduction à la coercition, l'hédonisme au devoir, la dépense à l'épargne, l'humour à la solennité, la libération au refoulement, le présent aux promesses du futur[3] ». S'il peut paraître incongru de jumeler les logiques de marchandisation et d'individualisation propres au cadre théorique retenu, il s'avère en revanche exclusif de réduire l'impact de la norme capitaliste à un recul de la beauté ou à un essor de la laideur, à un appauvrissement de la valeur esthétique ou au déploiement d'une culture de masse dépourvue de créativité. L'acte de création se matérialise en vase communicant entre l'artisanat d'une pratique individuelle et un milieu culturel donné. C'est dans cette perspective analytique que j'envisage de distinguer la part commune du développement d'une pratique culturelle, la poésie franco-ontarienne, liée aux nouveaux médias et à la culture planétaire, et la part spécifique des stratégies d'énonciation de ce dire qui se construit parmi d'autres référents culturels. Dans cette optique, je propose d'illustrer l'hypothèse d'une esthétique du décalage dans un corpus de textes tirés d'œuvres de Tina Charlebois, de Marc Lemyre et de Sylvie Maria Filion, figures représentatives de la vague la plus contemporaine en poésie de l'Ontario français.

L'effet du nombre sur la culture

Il fut une époque, pas si lointaine, où on craignait les conséquences néfastes de l'essor des *médias de masse* sur la culture. Insignifiante, répétitive, commerciale, voire source de déviation morale, la culture dite populaire est longtemps restée un sous-produit patrimonial, un effet aussi pervers qu'inévitable, dans une société démocratique. Selon cette perception, le pouvoir manipulateur des *médias de masse* abandonnerait l'individu aux intérêts corporatistes et conduirait à une nonchalance généralisée, assortie d'une inconscience citoyenne, captive des excès de la surconsommation. Les détracteurs de la culture populaire appuient ces observations sur une soixantaine d'années d'invasion de la sphère privée par la

---

[3] Gilles Lipovetsky, *Le bonheur paradoxal. Essai sur la société d'hyperconsommation*, Paris, Gallimard, coll. «Folio essais», 2006, p. 37.

télévision, la publicité, la littérature à potins, le cinéma-maison, les médias sociaux et autres avatars de l'ère numérique. Ils font du capitalisme le responsable de la montée d'une culture de masse aux objets de moins en moins représentatifs des désirs du public, de plus en plus assujettis à ce que lui impose *ad nauseam* la rumeur marchande par le truchement des conglomérats médiatiques. Cette complicité entre culture populaire et capitalisme suffirait à en caractériser l'existence si elle ne s'appliquait qu'aux classes sociales dites moyennes, objets de prédilection d'une certaine tradition scientifique. Or, nombre d'études sur la consommation des biens culturels dits populaires tendent à démontrer que ceux-ci transcendent l'exclusivité des groupes sociaux ciblés. En effet, de Harry Potter à une série télévisée comme *Mad Men*, par exemple, il est clair que la valeur esthétique de la culture populaire ne se mesure plus à l'échelle de considérations idéologiques sur ses écarts par rapport à quelque standard de qualité et que ses liens avec l'ère capitaliste témoignent de relations plus complexes que celles suggérées par la référence à la manipulation systématique des consciences, ou encore, à l'accumulation d'un capital symbolique de distinction.

Au cours des dernières années, les chercheurs en études culturelles ont orienté le débat vers un rapprochement intellectuel entre les sphères culturelles dites *haute* et *basse*[4]. Dans son ouvrage, *Trash Culture: Popular Culture and the Great Tradition*[5], Richard Keller Simon pose l'hypothèse d'une réappropriation de classiques de la littérature universelle par la culture populaire, selon un principe d'irréductibilité de la valeur esthétique à son appartenance culturelle, dont il démontre l'existence commune dans des analyses comparatives entre la série *Star Trek* et les *Voyages de Gulliver*, entre la revue *Cosmopolitan* et *Madame Bovary*, voire entre un fleuron de la culture populaire, le *National Enquirer*, et la tragédie grecque antique. La mise au jour d'analogies thématiques entre produits d'origines culturelles aussi divergentes reste le fruit d'une certaine dilution dans le transfert de ce que Simon qualifie de la « grande

---

[4] Traduction de l'auteur des termes *High* et *Low Cultures*.
[5] Richard Keller Simon, *Trash Culture: Popular Culture and the Great Tradition*, Berkeley, University of California Press, 1999, 189 p.

tradition». Bien que la version populaire du classique parvienne à reproduire certains schèmes de pensée universels, la distinction entre un vouloir-entendre propre à la culture populaire et un devoir-entendre propre à la haute culture pose des limites idéologiques et esthétiques conséquentes au passage de l'une vers l'autre. Ces limites sont illustrées par des goûts plus modérés à l'égard des destins tragiques, plus prononcés pour les récits aux conclusions heureuses ou plus sensibles aux trames narratives marquées par la rédemption dans le secteur populaire. Plombés par l'hypersexualisation, le matérialisme et le sensationnalisme, ces efforts de communion interculturelle transposent l'écart entre haute culture et basse culture dans une opération d'asservissement des textes classiques au divertissement exigé par une économie de marché.

La conversion de biens culturels de basse culture en haute culture, menée par la réappropriation d'une grande tradition, prive donc toujours la culture populaire d'une existence qui lui serait propre. Pour l'affranchir de cette dépendance à une soi-disant haute culture, dont les critères lui paraissent de plus en plus vagues et volatiles, Mikita Brottman propose une définition de la culture populaire axée sur le nombre de ceux qui la consomment, la produisent, l'incarnent, plutôt que sur leur identité. Selon l'analyste, un texte est de culture populaire s'il répond aux propriétés formelles suivantes :

> [...] *if it fits in with a phase of general understanding, if it is familiar to the most widely shared manners and tastes prevalent in Western culture today, and if it effects and is ordinarily understood, shared and enjoyed by a large proportion of the general population*[6].

Tout en reconnaissant que la culture populaire demeure tributaire des médias de masse, d'une approche mercantile de l'art, sensible aux impératifs de rentabilité, l'auteure fait remarquer que ces règles ne sont pas exclusives, dans la mesure où certains produits de haute culture peuvent s'avérer très rentables, tandis que ceux de basse culture peuvent être risqués et déficitaires. Brottman réfute la thèse de la dégénérescence d'une conscience publique abrutie

---

[6] Mikita Brottman, *op. cit.*, p. XIII.

par le martèlement du discours publicitaire. Sans nier l'existence de cet effet possible, elle avance que, sous l'influence de la démocratisation des modes d'accès à l'information, cette foule anonyme de citoyens « moyens » s'est transformée en une foule de consommateurs plus avertis, aux goûts plus diversifiés et à l'esprit critique plus affirmé, mais surtout plus perméables au désordre anarchique des représentations d'un discours social réfractaire aux synthèses globalisantes. Brottman explique cette mutation par la désintégration des écarts entre cultures populaire et classique et conclut au syncrétisme de l'une et de l'autre par la production de trames narratives riches de pluralisme culturel tiré du réel. Une telle déconstruction des codes de réception aurait comme double conséquence d'accentuer l'apport de l'immédiateté dans l'expérience du plaisir esthétique et de valoriser la relativité de l'agir, non plus dans la fidélisation à une tradition culturelle, mais dans la perspective élargie de liens d'altérité complexes et fugaces.

L'introduction de la contingence dans une esthétique détournée de l'orthodoxie signale l'émergence d'une lutte perpétuelle entre une norme vouée à la protection du sens et l'intérêt pour un art fondé, *a contrario*, sur l'expression de son démantèlement. Cet attrait pour le renversement des valeurs rapproche l'univers culturel, anticipé par Mikita Brottman, de l'esprit carnavalesque révélé par Mikhaïl Bakhtine dans ses écrits sur la poétique de Dostoïevski, caractérisé, on le sait, par l'interpénétration du sublime et de l'insignifiant, l'amalgame du sacré et du profane, de la sagesse et de la sottise déployés dans un relativisme interculturel absolu. Le carnaval nie toute prétention à la vérité unique, comme il raille quiconque ose s'en révéler porteur ; il est l'espace-temps métaphorique de la remise en question de la cohérence, de la disjonction entre l'expérience et le sens, où chaque geste concourt à la prospérité d'un désordre sémantique fondamental qui nivelle la culture populaire du cabotin et la culture sérieuse du sage. Gilles Lipovetsky projette ce brouillage des habitus dans l'avènement d'une troisième phase du capitalisme de consommation, orchestré par une logique désinstitutionnalisée, subjective, émotionnelle, au sein de laquelle, écrit-il :

> [...] l'âge ostentatoire des objets a été supplanté par le règne de l'hypermarchandise déconflictualisée et post-conformiste. L'apogée de la marchandise ce n'est pas la valeur signe différentielle, mais la valeur expérientielle, la consommation « pure » valant non comme signifiant social, mais comme panoplie de services pour l'individu. La phase III est le moment où la valeur distractive l'emporte sur la valeur honorifique, la conservation de soi sur la comparaison provocante, le confort sensitif sur l'étalage des signes ostensibles[7].

De Brottman, à Bakhtine, à Lipovetsky, une esthétique de la distinction culturelle des goûts, identifiés à des profils culturels donnés, cède le pas à une dynamique d'esthétisation d'un monde sans limites, propre à traiter un objet, quel qu'il soit, d'un point de vue esthétique par la seule intervention de l'artiste créateur. Certes, les instances de consécration de la valeur artistique demeurent opérantes dans les institutions sociales vouées à la (re)production de quelque *doxa*, mais elles partagent désormais ce pouvoir symbolique avec des pratiques excentriques, éparpillées en réseaux polycentrés dans des espaces incongrus de beauté esthétique, d'expression artistique. La mutation est fondamentale en ce qu'elle érige la non-cohérence des goûts culturels, l'hétérogénéité des préférences, la dissonance des profils, le primat du ressentir et la souveraineté individuelle comme autant de facettes d'une esthétique balkanisée, en somme, d'un « empire transesthétique proliférant où se mélangent design et *star-system*, création et *entertainment*, culture et show-business, art et communication, avant-garde et mode[8] ». En conséquence, ce n'est plus uniquement à l'exclusion arbitraire de l'irrecevable que se reconnaît cette *esthétique-monde*, mais au croisement, à l'enchevêtrement des domaines, des genres, des plateformes discursives de ses lieux d'émergence.

Un art poétique franco-ontarien

Le jumelage des propositions de Brottman sur la culture populaire, de Bakhtine sur le carnavalesque et de Lipovetsky sur l'esthétisation du monde soulève d'intrigantes ramifications avec la poésie

---

[7] Gilles Lipovetsky, *op. cit.*, p. 46.
[8] Gilles Lipovetsky et Jean Serroy, *L'esthétisation du monde. Vivre à l'âge du capitalisme artiste*, Paris, Gallimard, 2013, p. 27.

franco-ontarienne contemporaine. Dans la foulée d'une polyphonie constitutive du sens, l'énonciation y témoigne en effet d'un décentrement qui l'empêche de prétendre véhiculer une parole parfaitement autonome, sans liens qui lui conféreraient quelque forme d'emprise sur le monde. Le concept bakhtinien de dialogisme rappelle la part inconsciente du poète au discours, selon le principe d'une reconnaissance des énoncés émis antérieurement sur un objet de discours et de ceux à venir dans la réaction qu'il sollicite. Comme l'écrit Bakhtine : « Se constituant dans l'atmosphère du "déjà dit", le discours est déterminé en même temps par la réplique non encore dite, mais sollicitée et déjà prévue[9]. » Les traces du contexte intersubjectif de l'énonciation constituent ce qu'il appelle l'indexicalité du discours – en référence à cet incontournable passage par ce qui a déjà été dit par autrui et ce qu'on s'apprête à dire à autrui –, assise sur laquelle nous fondons une esthétique du décalage par le biais d'une poésie en communion multidiscursive permanente, dominée, sans surprise, par la parodie et l'ironie dans la mesure où elle recourt à un déjà dit, lui-même issu d'ailleurs. Ce singulier mécanisme sollicite le ludique, le paraître, le banal, l'éphémère, en concentrant l'attention sur le geste au détriment de la substance du commentaire éditorial. L'impulsion carnavalesque s'y manifeste en interpelant toutes les voies imaginables de la distanciation, de l'absurde au sarcasme, du pastiche au formalisme, du glauque à la démence. Dans le pillage du sacré qu'elle affectionne, une esthétique du décalage réaffirme l'impossible achèvement de la quête de soi, dans soi, dans l'autre. L'*esthétique-monde* proposée par Lipovetsky réserve toutefois des brèches d'humanisation dans un univers où l'absence de modèle crédible de remplacement à la mondialisation contribue à l'impression de faillite de tout idéal. Un effet de « sentimentalisation du monde[10] », parallèle à la valeur marchande attribuée aux objets de consommation, consacre l'échappée du pôle affectif de l'activité humaine de la pure logique de l'offre et la demande des marchés. Or, s'il est un aspect où le processus marchand expose ses limites, le sentiment amoureux en fonde une assise de choix dans

---

[9] Mikhaïl Bakhtine, *Esthétique et théorie du roman*, Paris, Gallimard, 1987, p. 103.
[10] Gilles Lipotvetsky, *Le bonheur paradoxal…*, *op. cit.*, p. 165.

sa perpétuation d'un idéal supérieur, d'une incorrigible soif de bonheur. Comme le souligne Lipovetsky :

> Bien que les questions d'argent soient omniprésentes dans le quotidien, une autre logique, antinomique parce qu'affective, « désintéressée », extérieure à la valeur marchande, ne cesse de bénéficier d'une immense légitimité, de modeler nos attentes, de réguler nos vies. On ne fait pas que consommer de l'amour dans les mass media, nous y *croyons*, nous lui reconnaissons une valeur suréminente, nous organisons-désorganisons des pans entiers de notre existence en fonction des mouvements du cœur[11].

Le dire poétique franco-ontarien nous semble exemplaire de ce fragile équilibre entre la conscience et la résistance, non exclusivement sous le signe de quelque dépossession de soi, mais plus encore sous celui d'une intensification du présent vécu en mode médiation obsessionnelle.

Dans un survol de la production des poètes du nouveau millénaire de l'Ontario français, Margaret Michèle Cook dégage une constance dans l'exploration de certaines figures de rhétorique qui les mettent en position de jeu avec les mots, du lyrisme au néologisme en passant par l'homonymie et l'ironie, situation qui « leur permet de sonder la dimension plus individuelle et quelquefois plus intimiste de l'être, de l'être dans le monde, et de l'être en relation avec son monde, ce qui est partie intégrante de cette poésie[12] ». Nous ne saurions mieux partager ce constat qu'en démontrant sa totale pertinence dans les textes de Tina Charlebois, de Marc Lemyre et de Sylvie Maria Filion. Chacun, à sa manière, met en œuvre une dynamique esthétique érigée autour du détournement des prétentions de sens, de la décontextualisation radicale du familier et de fusions improbables d'éléments contradictoires.

La culture *trash* puise ses modèles dans la répugnance, le condamnable et le mauvais goût dans tous leurs états. Grinçant, superficiel, provocateur, le genre prend tous les moyens pour justifier sa raison d'être : violenter rituellement les cœurs sensibles en se

---

[11] *Ibid.*, p. 165-166.
[12] Margaret Michèle Cook, « Quelle est cette langue qui m'interpelle ? Les nouveaux poètes de l'Ontario français », *Liaison*, n° 133, automne 2006, p. 52.

jouant des traditions et des marges. On lui reconnaît généralement peu de valeur artistique, mais l'ère numérique en a tant exacerbé le rayonnement que cette culture affecte nécessairement les comportements, bien qu'il reste difficile d'évaluer sa démesure avec certitude. Quoi qu'on en pense, l'effusion d'horreur, d'obscénité, de vilénie qui déferle dans l'espace de la représentation n'est pas sans soulever son lot d'indignation. Pendant rebelle de ladite bonne conduite, la créativité *trash* véhicule également des ambitions moins excessives, souvent ludiques, parfois même amusantes, récupérées par le grotesque et le ridicule. Il convient d'approfondir ce dépérissement des apparences à la lumière d'une quête de souveraineté individuelle, fondatrice d'un imaginaire axé sur la récupération d'espaces dont la quotidienneté masque la gravité d'enjeux beaucoup plus profonds qu'il n'y paraît de prime abord. La poète franco-ontarienne Tina Charlebois soutire de cette inclinaison à la légèreté une esthétique de la dérision dans *Tatouages et testament*, recueil dans lequel elle entretient une sublimation de la déception amoureuse au moyen d'un décalage identitaire, et ce, dans un langage qui renvoie, en surface, au déchet et à l'impur, comme en témoigne le poème d'ouverture: «J'ai toujours rêvé d'être la pute / du coin / le fantasme de l'un / la réalité de l'autre[13].» Si ces premières lignes donnent le ton à la verdeur langagière à venir, elles sont encore plus significatives par le réseautage de l'identité multiple de ce «je», entre la travailleuse du sexe, les fantasmes et les réalités, dont le pluralisme des représentations illustre la complexité des rapports de soi à soi au détriment de la contribution relative de l'autre au processus de réappropriation en cours. À défaut de rechercher l'estime d'autrui dans le personnage de l'amoureux, l'emprunt à la thématique de l'écartèlement de soi intensifie la conscience de l'être tout en nuançant le sentiment d'inadéquation de n'être que sous le regard de l'autre. Reprise dans un poème au titre non équivoque, *Sans moi-même,* qui nie le caractère figé, inerte de l'existence, elle culmine dans les aléas de la

---

[13] Tina Charlebois, *Tatouages et testament*, Hearst, Le Nordir, 2002, p. 9.

liaison amoureuse : « Tu as opté pour amant // J'aurais souhaité fantasme // J'ai enfin choisi   poubelle[14]. »

Une logique de la dégradation accompagne ce règlement de compte affectif, enrichi par une prolifération de conditions de vie consécutives aux choix de la voix narrative du recueil. Passant du fantasme à la réalité, une galerie de signes y interpelle la souillure dans les odeurs de lait caillé, les vomissures en silence, les taches de sang séché, la moiteur malodorante des corps – incarnations d'une laideur crue. Une galerie entrecoupée d'images moins rébarbatives, comme celle de ce chien n'ayant appris à uriner qu'en Ontario, laquelle, tout en souscrivant à la répugnance généralisée, désamorce le drame de l'expérience révélée dans *Tatouages et testament*. Cela dit, rien ne détourne cette poésie de l'émotion profonde qu'elle déploie dans sa quête de conscience de soi.

Le deuxième recueil de Tina Charlebois, *Poils lisses*, est une démonstration troublante de cette mécanique à laquelle le poème narratif d'ouverture donne à lire une version des plus intimes : « Aujourd'hui, j'ai eu un orgasme. Tu connais le genre. Tu te lèves un matin, et tu es convaincue qu'aujourd'hui tu vas vibrer de ce plaisir tant attendu[15]. » L'acte jouissif en question est vite récupéré par le regard décapant de la narratrice sur la banalité de sa vie quotidienne marquée par l'ingestion d'un bon déjeuner, le maintien d'une coiffure résistante aux effets de la pluie et l'obtention d'un emploi de rêve qui ne remplira jamais ses promesses de bonheur anticipé. « Ainsi, j'ai eu un orgasme. Le genre habituel. Le genre non existant[16]. » *Ce* genre d'orgasme, précise-t-elle, annonce l'infranchissable écart qui sépare l'engagement profond de Tina Charlebois pour la culture et l'identité franco-ontariennes, qui parcourt son œuvre, de son achèvement matériel. La figure de l'acte manqué condamne les efforts du « je » à l'échec comme en témoignent, dans les textes de *Poils lisses*, l'imagerie grotesque d'un chat se léchant les testicules castrés, la désolation pour une Acadie enfin retrouvée « un mercredi matin / entre le lever de soleil / et

---

[14] *Ibid.*, p. 66.
[15] Tina Charlebois, *Poils lisses*, Ottawa, Éd. L'Interligne, 2006, p. 9.
[16] *Ibid.*, p. 10.

l'absence de reflet // noyée[17] », ou l'harmonie d'une Rivière Ottawa perdue « dans le brun rapide / d'une rive indéterminée[18] ». Dans l'univers de Tina Charlebois, il revient au « tu », multiple de l'un et souffre-douleur commode, d'absorber l'exaspération de l'attente qui accable le « je », dont le bref poème, « Passe-temps », transpose ironiquement la lourdeur : « Tu as été / le valet de pique manquant / dans mon jeu de cartes d'occasion // Je cherche toujours / mon dix de carreau[19]. »

La société de consommation trouve refuge dans la poésie de Tina Charlebois. Si, dans *Poils lisses*, les références aux marques de commerce *Coke*, *Coors Light*, *Cheerios*, *Century 21* et *Walmart*, entre autres, dénotent la présence anglo-saxonne dans le quotidien de l'espace franco-ontarien, *Miroir sans teint*, publié en 2014, recourt au même procédé, mais à l'échelle plus large d'une déshumanisation des destins. Le poème d'ouverture, « Rue Main », évoque ce paradigme dominant dans l'ensemble du recueil : « Un marchand n'attend pas l'autre / sauf pour les heures d'ouverture / et c'est le défilé diurne / des rabais exponentiels de personnages sans rôle[20]. » La suite du texte révèle le portrait d'un milieu urbain peuplé de gens d'affaires attablés en terrasse, de talons hauts qui cognent aux trottoirs et d'autres individus anonymes en parades solitaires, un portrait assorti de renvois à une marque de bière plus exclusive, la *Stella Artois*, à un jouet passe-temps, le cube *Rubik*, à une carte de crédit prestigieuse, l'*American Express*, à un chocolat recherché, le *Godiva* et, enfin, à l'*iPod*, appareil symboliquement indissociable d'un monde virtuel en puissance. Ces phénomènes rassemblés soulèvent l'indignation d'une narratrice outrée par tant d'indifférence commune : « La rue Main de mon village / se peuple de mains et de pieds qui ne veulent / qu'un rappel quotidien / d'une vie qui pourrait être autre[21]. » L'emprise de cette nouvelle vie serait-elle réversible ? Suffirait-il d'un rappel pour sensibiliser une volonté endormie à la surface des choses ? L'espace franco-ontarien se

---

[17] *Ibid.*, p. 35.
[18] *Ibid.*, p. 32.
[19] *Ibid.*, p. 18.
[20] Tina Charlebois, *Miroir sans teint*, Ottawa, Éd. L'Interligne, 2014, p. 11.
[21] *Ibid.*, p. 12.

serait-il fondu dans un hédonisme transculturel bien-pensant dans son inconscience? Dans *Miroir sans teint*, Tina Charlebois fait sienne l'ironie du sarcasme paradoxal, posture énigmatique, contradictoire, complexe, vouée à rendre compte des hauts et des bas, des grandeurs et des misères, des incontournables ambivalences de la condition franco-ontarienne contemporaine dont le discours poétique épie les avatars. La plume de Tina Charlebois, qui peut donner l'impression d'une machine poétique détraquée, exploite une esthétique décalée entre l'expérience culturelle et l'expérience vécue, représentative d'une ère plurielle en perte de repères consensuels qui la déterminent, où tout peut coexister, se superposer, se mélanger dans un « grand bazar kaléidoscopique[22] ». Il en résulte une étonnante médiation de discordance entre les mots et les choses, entre les ordres symbolique et imaginaire, dans un minimalisme langagier pestilentiel, certes, mais ennemi de la reproduction du même.

Électron libre dans le champ poétique franco-ontarien, Marc Lemyre crée, au carrefour de la parole, du corps et de la technologie, un univers festif qu'il transpose dans une œuvre poétique comprimée dans un recueil, *Zones de dos de baleines*[23], publié en 2001, et sur un disque compact, *Gaga pour ton zoom*, créé en 2004, version spectacle de sa poésie expérimentale. Parsemées de clins d'œil, de calembours et d'onomatopées, les « sculptures orales » au dadaïsme déjanté qu'il invente exposent l'hérésie dans une esthétique du décalage de l'œil quand il s'amuse à démasquer les ornières qui emprisonnent le sens. L'incongruité sert de boussole à une multitude de collages insolites, enrichis par le double plaisir de la reconnaissance et de la surprise, fruit de détournements parodiques de phrases célèbres, de formules consacrées et autres référents culturels connus. Ainsi vont : « Qui sème la folie, récolte la poésie », « cette femme qui pousse sa propre chaise roulante / me fait-elle marcher[24] ? », « vos délires sont des hordes monsieur / de mensonges, d'abus et de trouille // donnez-moi un fusil / je les

---

[22] Gilles Lipotvetsky et Jean Serroy, *op. cit.*, p. 51.
[23] Marc Lemyre, *Zones de dos de baleines*, Sudbury, Éd. Prise de parole, 2001, 122 p.
[24] *Ibid.*, p. 89.

exécuterai[25] », ou ce dialogue savoureux entre le personnage du Poète et un interlocuteur anonyme, Protubérance B, extrait méritoire du statut de classique de la poésie franco-ontarienne :

> LE POÈTE
> Le métier de poète est un métier dangereux. Il est déplorable qu'il soit trop souvent ignoré ou réduit à une simple image de pelleteux de nuages... et je vous le demande si personne ne les pelletait, les nuages, comment pourriez-vous jouir du soleil ? ? ?
>
> [...]
>
> PROTUBÉRANCE B
> Vous avez un sens particulier de l'image !
>
> LE POÈTE
> Le mot image est étymologiquement lié à imagination ; le poète est un homme à solution.
>
> PROTUBÉRANCE B
> Est-ce la raison pour laquelle il s'acoquine souvent avec une femme à problème[26] ?

Les facéties langagières de Marc Lemyre brillent par le non-dit qu'elles livrent aux plus curieux lecteurs. Il serait sans contredit réducteur de n'en considérer que les résonances comiques puisque celles-ci sont le résidu d'une kyrielle de voix rassemblées par la plume du poète dans l'optique d'une reproduction de la nature cacophonique du discours. C'est de cette jungle humaine de références éparses que le dire poétique distille l'anecdote dont Lemyre s'ingénie à ébranler l'acception dans une parodie du sens commun. L'efficacité du procédé tient de l'inattendu du regard porté sur un réel dévoilé dans la vacuité, l'insignifiance, les mensonges de ses évidences. En exergue à *Zones de dos de baleines*, l'auteur cite une déclaration de la danseuse et chorégraphe américaine Agnes de Mille : « *Living is a form of not being sure, not knowing what next*

---

[25] *Ibid.*, p. 59.
[26] *Ibid.*, p. 25-26.

or how. / The moment you know how, you begin to die a little. » Cet extrait traduit l'ambition d'une esthétique du porte-à-faux pour un poète qui s'en proclame l'incontestable usager : « Pouceux de l'imaginaire / j'ai échappé mon ici / il est quelque part partout[27]. » Il y a, dans la poésie de Marc Lemyre, un engagement à faire croire au lecteur qu'il est un autre que lui-même en sacrifiant sa personnalité d'adulte au profit de modèles évocateurs de ludisme, voire d'infantilisme. L'impression d'insouciance futile, exploitée en toute conscience par le poète, pourrait-elle être interprétée comme obstacle à l'excès des possibles qui pèse sur l'individu et accentue son angoisse ? À l'image du démantèlement de soi observé chez Tina Charlebois, l'individualisation chez Lemyre dérive d'un droit inaliénable aux loisirs juvéniles, à la valeur distractive de l'art comme métaphore d'une irresponsabilité assumée, vécue en mode plaisir, dans une posture esthétique sensible à l'invention de soi-même par l'enchantement du désordre discursif.

Mary-Jane la tueuse est l'héroïne du récit poétique éponyme de Sylvie Maria Filion, auteure d'une œuvre riche qui traque, dans les interstices de la conscience et de l'inconscience, le paradoxe d'une esthétique raisonnée de la démence. Naufragée d'une déroute sentimentale perpétuelle, Mary-Jane, personnage inspiré d'une habituée d'un bar de Kapuskasing dans la soixantaine, douée pour l'impossible, à qui Filion reconstruit un journal personnel envahi d'hallucinations névrotiques, est l'objet d'un état de choc inné qui lui est mutuellement renvoyé au gré des individus qu'elle croise sur son passage :

> Un jour, Mary-Jane rencontra un être absolument *fucké* qui lui refléta ce qu'elle était, qui elle était. Il était dyslexique, absent et lapsustique, tout comme elle l'était. Il l'aimait. Mais elle ne sut que faire de cet amour. Elle ne savait pas ce qu'était l'amour. Elle connaissait le désordre et le chaos, elle savait ce qu'étaient le désordre et le chaos, elle se nourrissait du désordre et du chaos, elle nourrissait le désordre et le chaos [...]. Le désordre dans ses mots lui imposait un sens qui dictait une règle de bien-être inconscient[28].

---

[27] *Ibid.*, p. 11.
[28] Sylvie Maria Filion, *Mary-Jane la tueuse*, Sudbury, Éd. Prise de parole, 2009, p. 13.

Le rapprochement entre l'étrangeté et la béatitude, bien qu'il contrevienne à la raison, constitue un thème récurrent dans l'œuvre de Filion. Déjà active dans le premier recueil de l'auteure, *Métapholies*, à travers l'aveu de sa narratrice : « j'me sens étrangère / à moi-même // parce que je crois que je délire / sans cesse / [...] / mon palais / accueille / des sons muets // parce que je n'ai plus d'hier[29] », une dynamique de déraison aiguillonne une valeur expérientielle où l'imaginaire et la sublimation concourent, de délire en délire, à conjurer l'infaillible échec de la conscience, comme chez la tueuse : « Il y avait un *party* dans la tête de Mary-Jane. Le peu de réalité qui y était présente était aussi coupante que le vrai qui semblait poindre à l'aube de *L'Odyssée* d'Ulysse. Premier jour de folie dans la tête d'un fou, c'est tous les jours[30] ! » Dans un univers régi par l'errance des flottements hallucinés, où la tendance à l'emploi involontaire d'un mot pour un autre se superpose à une condition fondamentale d'étrangeté, par quel détournement esthétique l'œuvre de Sylvie Maria Filion peut-elle se soustraire à la névrose qui paralyse l'agir et, par voie de conséquence, laisser poindre un semblant d'aube aux abords de ce palais pénétré de sons muets, pour paraphraser l'expression poétique de ce pouvoir-être ?

On l'apprendra en cours de lecture, le personnage de Mary-Jane est atteint de la maladie d'Alzheimer, irritant anecdotique qui recoupe néanmoins un deuxième motif cher à l'auteure : la (re)construction de la mémoire, cet « hier » dérobé, envolé, absent. Le détour stratégique par l'amnésie révèle des failles propres aux symptômes du traumatisme en ce que l'oubli, affection la plus documentée de la condition, conduit le sujet à sa perte lorsqu'il applique singulièrement l'oubli à l'oubli même, condition d'émergence d'un semblant d'habitat à « ce moi insoutenable », est-il confié dans *Mon temps d'éternité II*. Dans une suite dialogique, « La mémoire de Dieu », au cours de laquelle interviennent, entre autres, Dieu, les poètes Pierre Raphaël Pelletier et Robert Dickson, spectres qui s'invitent dans le for intérieur de la narratrice, la tutelle

---
[29] Sylvie Filion, *Métapholies*, Sudbury, Éd. Prise de parole, 1998, p. 11.
[30] Sylvie Maria Filion, *Mary-Jane la tueuse, op. cit.*, p. 78.

du mystère cède en partie aux pressions d'une conscience soumise au siège ininterrompu des sens :

> Il y a des êtres pour qui les profondeurs de leurs
> tubes mémoriels sont trop creuses
> Qui sont suspendus au-dessus du vide
> Et qui se balancent dans le noir
> Et l'on entend le vent et des voix faire écho sur
>   les murs
> Et ces vibrations
> Provenant des voix et du vent
> Font résonner les tuyaux
> Qui se frappent les uns sur les autres
> Et ça fait comme un bruit qui monte jusque
> dans ma mémoire à moi
> [...]
>
> Et j'habite cette mémoire immense où j'entends des bruits de pas
> Des millions de bruits de pas qui ne vont nulle part
> Il y a d'autres mémoires et d'autres trous de mémoire[31].

Bien qu'il ne soit certes pas question, dans cet extrait, d'extinction du vide ontologique qui accable les êtres, pourrait-on du moins avancer l'idée d'un apaisement relatif de l'angoisse humaine. En fait, dans cet extrait, il s'agit d'une altérité mémorielle anonyme en action par le biais des voix, des échos, des vibrations, du vent, bref, de sons imposés aux sens et à l'oubli, dont l'agencement meuble un palais désormais concevable. La quiétude à l'égard de l'anxiété constitutive du destin, rigoureusement évoquée par l'allégorie de ces « pas qui ne vont nulle part », renvoie pour sa part au démembrement d'un ordre hiérarchique révolu, à la dislocation de repères, individuels ou collectifs, au bénéfice d'un univers dérégulé, pluriel, flou et brouillé, dominé par l'équivoque entre la folie et la raison, l'élégance et la vulgarité, en somme, la coexistence de ces mémoires trouées. Ce qui fait la valeur de la poésie de Sylvie Maria Filion n'est pas tant le cumul de vérités absolues qu'elle

---

[31] Sylvie Maria Filion, *Mon temps d'éternité II*, Sudbury, Éd. Prise de parole, 2010, p. 67-68.

tenterait d'imposer, mais la volonté qui s'y manifeste d'accéder à un état supérieur d'être et d'exhiber le terrifiant sacrifice de la raison qui en accompagne la démarche. Dans un long poème narratif à teneur autobiographique qu'elle dédie à Robert Dickson, Sylvie Maria Filion s'interroge sur le type d'être humain appelé à façonner cette mémoire soumise aux aléas de la déraison :

> Et nous
> Poètes
> Croyons que c'est la poésie qui nous guérira
> Parce que nous croyons
> Que chaque fois que nous déposons notre plume
> > sur le papier
> Elle se transformera en visage
> Ou en main
> Ou en quelque chose de vivant
> En fait
> Elle nous tue doucement
> Lentement
> Mais c'est une joie de la côtoyer
> De marcher sur le lac avec elle
>
> Je ne sais pas pourquoi[32].

Dans cette transposition du rôle de la poésie, Sylvie Maria Filion réitère l'idée que l'expérience humaine ne se limite pas à une course effrénée d'individus privés de substance existentielle, noyés dans un malstrom d'anonymat collectif qui les réduit au rôle d'hyperconsommateurs. Si la problématique de la désocialisation systématique provoque l'abandon d'espaces de rencontres, le confinement aux médias sociaux et l'isolement télévisuel, elle n'éradique pas pour autant la portée de la création et la croyance en un pouvoir du texte poétique, non seulement d'affranchissement de l'épopée humaine, mais, symboliquement, d'extraction même de la vie du temps et de l'histoire, sa conversion en « quelque chose de vivant » issu d'ailleurs, d'un temps qui se jouerait de l'histoire. Ces lacunes de la mémoire trouvent en Sylvie Maria Filion l'écho d'un

---

[32] *Ibid.*, p. 26.

« post-mortem de l'histoire, d'un autre temps qui n'est plus celui du rêve et du cauchemar, mais celui d'une rythmique concurrentielle dont l'histoire nous a peu entretenu[33] », selon la formulation heureuse du théoricien Pierre Ouellet – entreprise qui cherche moins à occulter la mort qu'à lutter contre les temps morts de la vie, conclurait-on. Les derniers vers de l'extrait traduisent une sérénité à l'égard du mystère, un aveu d'impuissance, peut-être, mais certainement une invitation lancée à vivre l'expérience du miracle offerte par la poésie dans le décalage de l'espace-temps profane auquel elle donne accès.

Gérer la beauté?

La poésie franco-ontarienne, dont nous avons évoqué quelques voix dans cette analyse, porte les stigmates d'une culture planétaire caractérisée par le glissement d'une esthétique de la distinction chargée d'élever l'âme à une esthétique de consommation et de divertissement infiltrée de toute part dans la vie quotidienne. Une esthétique marchande tend ainsi à éclipser la valeur spirituelle de l'art, du moins à s'installer en rival. Triomphe du futile et du superflu? Appauvrissement généralisé de l'art? Non. Mais conception d'une *transesthétique* qui, en dérégulant les cultures de classes, incorpore la valeur quantitative à la valeur qualitative aux normes de la beauté qui ne peuvent dorénavant ignorer les avancées de la marchandisation des biens à l'ère de l'hyperconsommation. La nouvelle esthétique entraîne une individualisation des goûts, une production de comportements débridés, excessifs et inédits, et une montée de la consommation expérientielle sur la consommation ostentatoire dans un contexte où l'essentiel n'est plus tant d'accumuler les objets, qui distingueront les individus les uns des autres, que d'intensifier le présent vécu de l'individu. L'idée d'une consommation émotionnelle, animée par la recherche de bonheurs privés, dérive de ce transfert de la valeur honorifique à la valeur distractive, de l'étalage de signes observables au confort

---

[33] Pierre Ouellet, *Hors-temps. Poétique de la posthistoire*, Montréal, VLB éditeur, 2008, p. 24.

sensitif dans une quête d'acquisition d'une plus grande souveraineté individuelle, d'une maîtrise accrue de son univers quotidien.

L'application de ces considérations d'ordre sociologique au corpus des poètes franco-ontariens retenu a permis de vérifier l'hypothèse d'une poésie du décalage, du porte-à-faux, du défaut de concordance, inspirée du champ sociologique. En d'autres termes, il s'agissait au départ d'établir des liens de filiation entre le portrait de l'hyperconsommateur érigé par Gilles Lipovetsky et Jean Serroy, notamment, et les textes poétiques de trois auteurs franco-ontariens. Au-delà d'une première évidence marquée par l'importance de ressentir, de vivre des moments de plaisir, d'exploration et de résistance à des codes de représentation de l'art, nous avons observé que la grossièreté et la facture *trash* exploitées par Tina Charlebois couvaient un désir de conservation de soi beaucoup plus accentué que l'idée de dépossession culturelle souvent associée aux carences langagières. Au contraire, la narratrice de *Tatouages et testaments* entreprend de lutter contre les temps morts de sa vie amoureuse avortée et d'en subtiliser des prismes inédits, par le biais d'une renaissance identitaire en « pute du coin », afin de revitaliser son vécu – une façon de combattre la fossilisation de son quotidien et un comportement hautement valorisé dans une société capitaliste de consommation. Les poèmes objets de Marc Lemyre accusent, pour leur part, une symétrie d'intérêt avec l'énergie déployée à échapper à la hantise du même dans les marchés de consommation où les produits sont faiblement différenciés. Le génie du poète consiste alors à exhiber le paraître dans des rapprochements, sérieux ou amusés, entre mots d'esprit et distorsions de sens qui en présentent des versions savamment décalées. Sylvie Maria Filion pose un regard angoissé sur l'apparente légèreté consumériste dont elle décortique quelques-uns des paradoxes. Dans des sociétés de plus en plus riches, comment expliquer qu'un nombre croissant d'individus vivent dans la précarité? À l'évidence, la vie en société où tout se veut à portée de main ne correspond pas aux images de beauté et de bonheur qu'elle déploie en boucles quotidiennement. Le choix d'un personnage de tueuse aux troubles affectifs avoués, étrangère à elle-même, montre ainsi le versant moins euphorique du mal-être, des craintes de l'exclusion, de la spirale de l'anxiété dans une société d'hyperconsommation qui peine à gérer la discordance.

Peut-être dira-t-on que les voix des poètes étudiés ne sont, en fin de compte, qu'affronts à la culture de consommation, qu'efforts de sensibilisation nostalgique à la perte de quelque paradis perdu de solidarité collective. Dans un cas comme dans l'autre, le décloisonnement de la valeur esthétique que nous avons tenté de démontrer recoupe nombre de caractéristiques similaires à celles qui définissent le profil du consommateur engagé dans la voie de la marchandisation des besoins à l'âge du capitalisme artiste. La *transesthétique* bouleverse les vies et impose de nouveaux rapports aux choses et au temps, à soi et aux autres. L'heure n'est plus où produits de grande et de petite culture renvoient à des univers radicalement inconciliables. Littéraire ou commerciale, de production restreinte ou massive, l'esthétisation de l'émotion s'affaire au déploiement de la beauté.

LA POÉSIE DE MARGARET MICHÈLE COOK.
DE L'AUTOPORTRAIT AU CONTREPOINT.

Jacques Paquin
Université du Québec à Trois-Rivières

Margaret Michèle Cook a publié sept recueils entre 1994 et 2012, dont les cinq premiers aux éditions du Nordir. Habitant la région d'Ottawa comme les poètes Michel A. Thérien, Nicole V. Champeau et Gilles Lacombe, elle se distingue néanmoins de ces derniers par ses origines anglophones et par son choix d'écrire en français. Par conséquent, la poète, dont les prénoms (Margaret Michèle) reflètent une double identité linguistique, entretient avec la langue et l'identité francophone un rapport différent de la génération précédente des poètes franco-ontariens, chez qui domine la problématique identitaire. Avec la dernière génération, constate Louis Bélanger,

> [l]'érosion de la cohérence propre à une poésie franco-ontarienne alimentée par les fictions sociales d'un « nous » et d'un espace homogène a cédé le pas à une conscience identitaire non plus traversée par

un destin unificateur, mais par les parcours de destins pluriels qui en ont aboli les référents initiaux[1].

L'œuvre de Cook peut être rangée parmi les « pratiques de la distance[2] », dans la mesure où les premiers recueils campent déjà une instance énonciative qui se construit dans un passage constant entre la représentation du moi et la réflexivité qui joue une part importante dans l'appréhension de ce moi. D'autre part, cette pratique de la poésie est exempte d'une démarche théorique ancrée dans le discours féministe. La réflexivité, chez Cook, est perceptible dans le recours à des images de la scène théâtrale, du personnage et du tableau qui finissent par tisser un réseau sémique qui allie l'observation du monde et l'auto-analyse, dans un chassé-croisé entre l'autoportrait et une instance qui s'observe à distance.

Le premier volet de cette étude vise à mettre en lumière les tenants et les aboutissants de l'autoreprésentation qui transite entre expression et observation et qui révèle une dichotomie féconde dans la poétique de Margaret Michèle Cook. L'examen du parcours de cette œuvre permet de dégager deux grandes périodes : une première période de mûrissement et une seconde, de maturité. La première couvre les trois premiers recueils (*Envers le jour*, 1994, *L'espace entre* suivi de *Soirée en jeu*, 1996 et *La lenteur du sourire*, 1997). Les recueils qui paraissent depuis le début des années 2000 se démarquent par le souci de la composition recueillistique, dont l'une des caractéristiques majeures est l'emprunt à la forme contrapunctique, que vient confirmer l'usage du mot dans l'intitulé *En contrepoint : les figures de l'île* (2012). Cette influence ouvre un

---

[1] Louis Bélanger, « Une symphonie concertante : la jeune poésie franco-ontarienne », dans Jacques Paquin (dir.), *Nouveaux territoires de la poésie francophone au Canada 1970-2000*, Ottawa, Presses de l'Université d'Ottawa, coll. « Archives des lettres canadiennes », 2012, p. 221. Commentant dans ce contexte un recueil de Cook, l'auteur écrit : « Il n'est ici, encore, pas seulement question de refoulement identitaire propre à une culture minoritaire fragilisée par sa sous-représentation démographique, mais plutôt de création d'un imaginaire de l'absence dans les interstices du silence, de l'invisibilité, du démembrement des corps et des incertitudes langagières » (*ibid.*, p. 225). Je souscris à cette analyse sauf en ce qui a trait au « démembrement des corps » que, pour ma part, je n'ai pas retrouvé dans ma lecture des recueils.

[2] Louis Bélanger utilise cette expression pour qualifier la poésie d'une partie de la nouvelle génération de poètes franco-ontariens.

nouveau volet de l'œuvre, où on assiste à la complexité grandissante de l'architecture des recueils.

Compte tenu de l'absence d'analyse exhaustive de cette œuvre ainsi que de l'importance croissante accordée à la forme recueillistique, cette étude retracera l'évolution des recueils afin d'analyser la manière dont chaque publication contribue à construire un parcours significatif de la poétique de cette écrivaine. Plus qu'à une analyse thématique, chaque segment de cette œuvre se prête avantageusement à une enquête exhaustive dont la lecture attentive permet de déployer une configuration qui dévoile une variété de registres, à laquelle contribuent les intertextes littéraires et scientifiques qui abondent, en particulier dans le second volet. En somme, l'essentiel de ma lecture se déroulera de fil en aiguille à la manière de la poète qui, « *dans un fil de tissage* / […] *pose sa naissance*[3] » : ce travail de tisserande sous-tend la fabrication de la majorité des recueils.

Autoreprésentation et réflexivité

Le vers qui ouvre le premier recueil, *Envers le jour* (1994), introduit une séparation nette entre le sujet parlant et l'objet qu'il porte en lui : « Je contiens le dragon fragile / se blessant / se perdant / dans l'éclatant soleil éclaté[4] ». La strophe suivante est encore plus explicite : « Il vit de mes profondeurs » (*EJ*, 9). Sans atteindre le caractère tragique du poème « Cage d'oiseau[5] » de Saint-Denys Garneau, dans lequel le locuteur est aux prises avec un oiseau qui finit par le détruire de l'intérieur même de son corps, le poème initial du recueil de Cook met lui aussi en scène une femme habitée par un être, un monstre qui peut constituer une menace pour elle. Chez celle-ci, toutefois, il s'agit au premier chef de reconnaître que la parole du sujet est constituée d'un dehors (le moi tel qu'il se présente) et d'un dedans (les mouvements intimes du moi et de l'inconscient). Cette prise de conscience lui permet une « Avancée », titre de la première section et tout premier mot qui lance la série

---

[3] *À l'ombre de Pénélope*, Ottawa, Le Nordir, 2001, p. 7. Désormais *OP*, suivi du folio.
[4] *Envers le jour*, Ottawa, Le Nordir, 1994, p. 9. Désormais *EJ*, suivi du folio.
[5] Hector de Saint-Denys-Garneau, *Regards et jeux dans l'espace*, Montréal, Boréal, 1993 [1937], p. 74-75.

des sept recueils qui suivront, comme si la poète faisait un pas en avant pour se présenter au lecteur (lui-même l'objet du poème qui suit, «Lecteur»). Ce premier pas, qui cherche à inscrire le sujet dans l'espace d'un lectorat et, par conséquent, de l'institution littéraire à laquelle l'auteure aspire avec cette première publication, l'enhardit, au sein de cette section, à opérer une plongée en avant («je plonge en avant» [*EJ*, 12]). Cette valse-hésitation de la locutrice met en évidence la part que joue la figure du double au sein des poèmes.

Cette figure qui résulte de cette sur/conscience de soi, se retrouve à maints endroits: «Soleil double» (*EJ*, 17); «tu es moi et tu es autre de ma vie» (*EJ*, 19); ou encore dans le titre d'un poème: «Cicatrices de mes visages voilés» (*EJ*, 21). «Petits déguisements», qui clôt le recueil, fait surgir le sujet poétique à la manière d'un diablotin hors d'une boîte à musique, assimilable à un *coming out* poétique: «Mademoiselle sort rouge/D'un stylo noir» (*EJ*, 75). À cette identité souterraine de l'écrivaine en voie de s'affirmer répond le désir de parler une «langue à l'envers» (*EJ*, 75), une langue capable de nommer l'en dessous des choses.

Ce dédoublement se construit sur une image matérielle très concrète, celle de la poète elle-même intimement associée à son nom inscrit sur le recueil, et pour qui la représentation physique apparaît nécessaire pour assurer ses repères. L'autoreprésentation du poète au sein de sa propre poésie est assez rare pour que cette particularité soit remarquable chez elle. Les principales particularités descriptives sont une chevelure rousse et des yeux bleus. Le choix de l'illustration de la toile de Gustav Klimt, *Danaé*, en page couverture d'*Envers le jour*, n'est pas purement ornemental. La reproduction fait voir une jeune femme nue endormie et dont les cheveux roux font irradier leurs reflets sur l'ensemble du tableau. Quiconque est familiarisé avec le mythe de Danaé songera aussitôt à Zeus se changeant en pluie d'or pour féconder la jeune femme. La naissance de Margaret Michèle Cook comme auteure est donc intimement liée à son autoreprésentation, physique d'abord, mais aussi symbolique, sa chevelure générant une isotopie solaire manifeste.

Par ailleurs, pour l'économie de ce recueil, qui n'exploite qu'une partie des sèmes de cette toile, se met en branle un jeu entre deux pôles, engendré par une identité sémantique, l'individu et le soleil, et paronomastique («Solitude solaire»), sans oublier le «soi» dont les graphèmes sont présents dans ces deux derniers vocables (*EJ*, 9). Le tableau lui-même est l'objet d'un poème («Vienne 1900 : Klimt») sans doute inspiré d'une visite à la galerie où il est exposé. Le texte évoque la foule d'amateurs d'art qui se presse devant l'œuvre picturale, puis s'écarte et se disperse, laissant tout le loisir à l'observatrice d'en apercevoir tous les détails, bien que le poème reste assez discret sur les aspects figuratifs. La fin du poème suscite ce commentaire de la part de la locutrice :

> Et le cadre se referme
> Contenu d'avance apprivoisé
> Acharnement
> Texture du travailleur
>
> J'y suis pour quelque chose (*EJ*, 14)

Ce «j'y suis» renvoie au sujet qui se projette sur la femme représentée dans le tableau de Klimt, sur laquelle se referme le cadre, et par analogie avec la position fœtale du personnage. On peut mesurer l'audace de l'illustration de l'œuvre de Klimt en frontispice de recueil de la part d'une jeune femme qui, à l'aube de la trentaine, affronte pour la première fois l'institution littéraire dans un champ doublement exigu, celui de la poésie et de surcroît la poésie franco-ontarienne. Cette révélation de l'intimité du corps de cette femme rousse est audacieuse puisqu'elle met littéralement à nu, au moyen d'une référence artistique, la femme poète elle-même. Nombreuses sont les occurrences qui laissent entrevoir la représentation physique de l'auteure, comme dans «Portrait» :

> Ce ne sont pas mes os ; ce n'est qu'un déguisement
> ne vous fiez pas à la chevelure rousse
> dont le soleil est fier
> Et aux yeux bleus de l'eau des lacs (*EJ*, 64)

Cette inclination pour l'autoportrait révèle l'un des paradigmes essentiels de l'œuvre, la représentation de soi, qui trouve sa meilleure illustration dans le dédoublement. Or, il ne faudrait pas réduire la part autoréférentielle de cette poésie à une volonté exclusivement narcissique. Bien qu'on ne puisse écarter totalement cet aspect chez une poète qui expose son univers intime, il faut aussi considérer la part autoréflexive de cette démarche. L'intimité ne se dévoile que par fragments (chevelure rousse, yeux bleus, peau blanche), par l'intermédiaire de caractéristiques physiques disséminées à travers un réseau isotopique chromatique dans lequel l'or et l'oranger (pour la chevelure), le bleu et l'azur (pour les yeux) composent un matériau poétique très riche. Plus important encore, ces fragments d'autoportrait désignent aussi autre chose, comme si la représentation des traits physiques était une manière de montrer, obliquement, ce qui se trouve caché sous cette surface purement plastique : « [Les poissons] [c]omme moi, ils ont grandi / [...] sous la glace / presque fondue », lit-on dans « Traversée verticale » (*EJ*, 65). Ces poissons sautent hors de l'eau, ils visent le ciel et ce mouvement est accompagné d'« effroi », vocable unique qui clôt le poème.

Les poissons vivant sous la glace fournissent d'ailleurs la matrice de la première moitié du titre, « envers ». Observons de plus près cet intitulé à deux termes qui agence curieusement la préposition « envers » au substantif « jour ». Le sens de ce syntagme reste ambigu et ouvre la voie à diverses incursions interprétatives. On pourrait lire « envers le jour » comme la fin d'une phrase dont le début aurait été tronqué, ce qui amènerait le lecteur à imaginer ce qui précède, le titre étant l'aboutissement d'un texte déjà commencé. Un texte, dès lors, écrit antérieurement à l'œuvre et qui invite le lecteur à lire en amont. Ou bien, on pourrait y voir la juxtaposition de deux substantifs, « envers » et « jour », résultats d'une métaphore appositionnelle (envers = jour), ce qui créerait alors un renversement dans l'ordre habituel des références temporelles, où la nuit est perçue comme l'envers du jour. Derrière le jour, c'est la nuit qui est agissante, comme dans le tableau de Klimt où la dormeuse, baignée de soleil et de la pluie féconde de Zeus, mène une vie à part, logée dans l'inconscient. Le jour serait ainsi l'envers de la nuit et il serait demandé au lecteur de traverser cette lumière pour atteindre l'ombre et le rêve. Ces deux voies interprétatives, qui ne s'excluent pas, par ailleurs, sont peut-être aussi travaillées souterrainement par un hypotexte[6], « l'envers du décor », une expression qui convient parfaitement à la tendance à la théâtralisation, autre réseau sémiotique actualisé par l'autoreprésentation. On trouve plusieurs occurrences qui sous-tendent ce réseau, comme l'évocation de la scène de théâtre (*EJ*, 22) et l'idée du jeu et de la représentation artistique (les poèmes « Ballet » [*EJ*, 24] et « Petits déguisements » [*EJ*, 75]).

La présence de l'isotopie de la représentation, que vient compléter sa part indissociable, l'autoreprésentation, s'accentue dans les recueils suivants. Dans *L'espace entre* suivi de *Soirée en jeu* (1996), le théâtre tient une place centrale, donnant lieu à une polarisation entre le personnage et l'acteur[7], entre le rêve et la réalité, l'artificiel et le naturel, le réalisme et la fantaisie. Dans *La lenteur du sourire* (1997), la fête de l'Halloween, avec ses déguisements fantasques et la venue de l'automne, saison des morts, qui incite aussi bien à l'extravagance qu'au recueillement, débouche sur une réflexion en prose qui introduit une seconde voix. Celle-ci, mise entre parenthèses, énonce un commentaire sur le vers dans lequel le sujet féminin emprunte l'apparence d'un homme, évoqué avec une pointe d'humour par le recours à une identité masculine (et par le rapprochement phonique entre « homme » et « homonymie ») :

> la soirée des sorcières révèle femme et démon
> les déguisements à volonté du clown en smoking :
> elle se fait femme en homme qui plaît
> les détails sur l'inconnu se ternissent
>
> (Notons – elle est toujours en observation ; son narrateur lui tient à cœur.) Et alors elle vit l'exception dans son difficile amusement et dans le silence elle remercie cette homonymie[8].

---

[6] J'emploie le mot au sens utilisé par Michael Riffaterre dans ses travaux sur l'intertextualité appliqués surtout au texte poétique et dont l'*Encyclopædia universalis* tire la définition suivante : « Selon lui, tout texte amplifie une matrice signifiante sous-jacente, qu'il nomme l'hypotexte ». « Michael Riffaterre », *Encyclopædia universalis* ; [en ligne] http://www.universalis.fr/encyclopedie/michael-riffaterre/, consulté le 13 avril 2015.

[7] Cette distanciation entre le personnage et l'acteur qui l'incarne est homologue au paradoxe sur le comédien conceptualisé par Denis Diderot.

[8] Margaret Michèle Cook, *La lenteur du sourire*, Ottawa, Le Nordir, 1997, p. 15. Désormais *LDS*, suivi du folio.

Revenons au recueil précédent (*L'espace entre*) pour relever ce foisonnement sémique qui rend compte d'une traversée du moi vers une autre part de soi et qui soulève des questions quant à l'identité de la locutrice. *Soirée en jeu*, deuxième volet du recueil, distribue les rôles à l'occasion d'un «Deuxième tirage», en référence au jeu du tarot, où on glose sur les personnages mis en présence dans le jeu de cartes: «Le moi, l'ermite. [...] / Le toi, le fou [...][9]». Ce jeu en apparence inspiré par la superstition vaut surtout pour son potentiel à prospecter l'inconscient, deuxième arcane de cette démarche provoquée par un sentiment de dédoublement. La ronde des figures de Marguerite[10] (celle du mythe de Faust), Eurydice (dans la section éponyme), les personnages du tarot, dont le Verseau, engagent la poète dans une traversée de l'autre côté du miroir. C'est qu'elle se montre à la fois actrice et metteure en scène, juge et partie, sujet agissant, mais aussi sujet observant et s'auto-observant qui prend comme objet d'analyse la figure de la poète qui se construit mot à mot au fil des poèmes. Le dédoublement, l'isotopie du voyage dans les entrailles de la Terre, le côté caché des choses, que ce soit derrière le masque de théâtre ou dans ce que recouvre l'ombre, tirent le discours poétique vers l'autoréflexivité, de sorte que s'établit un rapport intertextuel entre, d'une part, certaines images tirées du milieu du théâtre et du spectacle et, d'autre part, le vocabulaire de la psychanalyse (le stade du miroir, par exemple).

La lenteur du sourire (1997) prolonge le goût de l'auteure pour l'autoportrait. L'illustration de première de couverture offre une autre version de l'apparence physique de la poète, cette fois à travers un tableau de Mary Pratt intitulé *Red-hair girl swimming*. L'en dessous continue d'affleurer, dans un chassé-croisé entre l'importance du paraître (à laquelle est liée cette inclination à se représenter physiquement) et une nette propension à l'introspection et à l'exploration d'images provenant de l'inconscient. «Les signes se cachent plus loin derrière l'histoire de tombes, de silences, d'agressions qui traversent l'oubli du noir de ce miroir brisé» (*LDS*, 23),

---

[9] Margaret Michèle Cook, *L'espace entre* suivi de *Soirée en jeu*, Ottawa, Le Nordir, 1996, p. 83. Désormais *EE*, suivi du folio.

[10] On notera au passage l'identité entre ce prénom mythique et celui de la poète.

lit-on. Voulant maintenir les deux espaces, sans opter pour l'un ou l'autre, la locutrice n'a d'autre choix que de « recompose[r] ses images » (*LDS*, 23). Une autre marque de cette distanciation qui favorise l'autoanalyse peut être observée dans la section « Le devenir de Charlotte ». La poète recourt à la troisième personne pour parler d'une petite fille, sans doute un des avatars de la poète, qui « se voit sous ce ciel oblique » *(LDS, 34)*. Les verbes qui composent « Construction » ne laissent aucun doute quant au pouvoir dynamique de la réflexivité de cette poésie :

> elle explique d'abord
> puis
> elle oppose
> elle fait ressortir
>   souligne
>   suggère
>   se montre
>
> (*LDS*, 35)

Le rouge est une couleur éminemment dynamique chez Cook (on a vu la demoiselle rouge sortir du stylo dans un recueil précédent). Dans *La lenteur du sourire*, c'est encore le métapoétique qui occupe l'avant-scène, dans un scénario où trois couleurs (bleu, rouge, noir) créent un espace pour la peinture de soi, et entre lesquelles le choix est clair : « toujours le même choix / que le rouge / de soi » (*LDS*, 84). Cette citation est tirée de « Don », le dernier poème du recueil. Le sourire, le sang, le cœur dessinent une configuration anatomique de la révélation de soi, par-delà l'image physique de la poète, telle qu'on la rencontrait dans les recueils antérieurs. La frontière bien délimitée entre le dehors et le dedans, entre lesquels se négociait l'identité de la locutrice, fait désormais place à une superposition du même et du distinctif, favorisant une conjugaison de l'altérité et de l'ipséité du sujet.

Les recueils précédents manifestaient encore une difficulté à trouver une langue, à travers l'expérience d'une locutrice dont la langue maternelle est l'anglais ; or, ce rapport à la langue, qui n'est pas le lieu d'un questionnement identitaire chez elle, la fait passer par un autre itinéraire : elle part à la recherche d'une langue à elle, poète anglo-ontarienne francophone d'adoption. Cette démarche révèle les « incertitudes linguistiques », dont on ne peut dire si elles sont le résultat du bouleversement de la syntaxe ou si elles sont dues à un conflit de codes entre l'usage du français et de l'anglais, à moins que les deux ne se recoupent. Quoi qu'il en soit, cette démarche est sans doute liée à une question identitaire qui se pose différemment pour la poète. Le caractère discontinu de la syntaxe des recueils publiés jusqu'ici peut être interprété de deux manières, pas forcément contradictoires au demeurant. Cette discontinuité révèle une difficulté à trouver un langage qui traduit la polarité entre l'expression de l'intime et le souci de peindre le réel. Rarement concordants, antagonistes même, ces deux espaces sont articulés par une langue qui peine encore à transmettre, autrement que sous une forme paradoxale, la concomitance de deux lieux inséparables, le dehors et le dedans. D'autre part, les difficultés d'expression qui en résultent montrent à quel point Margaret Michèle Cook, bien qu'elle ait délibérément choisi le français, résiste à oblitérer totalement sa langue maternelle. On pourrait aussi croire que les apories stylistiques sont peut-être dues à une tentative de fondre les deux langues (« je ne parle jamais seule » [*EE*, 47]) – ce à quoi on pourrait adjoindre aussi ses lectures, sur lesquelles je reviendrai plus loin. Ne pas parler seule, c'est aussi s'exprimer avec une double langue, anglaise et française, mais pour l'instant la première semble être maintenue dans l'inconscient, que cherche à dominer un moi francophile. Des formulations syntaxiques atypiques envahissent par exemple le recueil *La lenteur du sourire* (« elle se serre très fort le corps contenant / la sensualité de l'eau, du radeau, de la barque » [*LDS*, 14]). Elle-même aborde franchement la question dans un autre recueil : « Quelles paroles cherche-t-elle au juste derrière ce mot mal traduisible ? » (*LDS*, 23) Ce n'est pas le respect de la langue française qui est en cause, mais on sent par ailleurs que la langue anglaise, thématisée en quelque sorte par l'idée de la traduction, resurgit dans un espace langagier situé qui cherche à se frayer une voie entre la crainte de mal écrire (dans sa langue adoptive) et le traduisible (conserver dans sa langue adoptive des traces de sa langue maternelle).

On trouve ainsi des vers qui laissent croire que la poète explore une langue qui ne fait pas totalement abstraction de sa langue maternelle, sans pour autant l'exploiter comme un Patrice Desbiens, chez qui la langue anglaise se dresse devant lui comme la langue de l'Autre, vécue viscéralement comme une langue aliénante, aux antipodes de celle de Cook. Dans l'exemple suivant, si les vers se coulent dans une syntaxe qui n'est pas atypique, ils m'apparaissent comme l'expression d'un travail poétique de saisie de la langue : «cette écriture qui d'elle/la possède/de ton stylo/bleu/sais-tu» (*LDS*, 83). Dans «Lapsus», tiré d'*En un tour de main*, la poète s'amuse de la ressemblance phonétique des mots vaisselle et disque en anglais, pour conclure :

> entre la vaisselle et le disque
> *dish - disk*
> une lettre de différence
> avec une graphie de ressemblance
> entre le rituel du nettoyage et la musique
> entre repartir à neuf et les paroles qui comptent
> entre les mots dits et la table rase
> deux langues et l'autre[11]

Plus loin dans le poème, le texte fait retour sur l'intitulé : en revenant au titre («nous toujours l'entre-deux des lapsus» (*ETM*, 64)[12]. Comme le constate à juste titre François Paré, «chez Margaret Michèle Cook, la langue adoptive au sens fort se laisse manier comme un voile posé sur ce qui ne peut être dit comme tel, sur ce qu'il faut toujours traduire par une proche altérité linguistique[13]».

Par conséquent, la seconde mouture coïncide avec le retour d'un certain refoulé, la langue anglaise ; non pas que l'auteure l'ait sciemment bannie, mais parce qu'elle l'a conservée en sous-main. On verra que certaines œuvres ultérieures vont au contraire redonner avec plus de force sa place à cette dimension langagière de sa poésie. Bien qu'*À l'ombre de Pénélope* se concentre surtout sur le

---

[11] Margaret Michèle Cook, *En un tour de main*, Ottawa, Le Nordir, 2003, p. 64. Désormais *ETM*, suivi du folio.

[12] Voir aussi les vers au sujet du «bien pédestre anglais» (*OP*, 22).

[13] François Paré, «Poésie des transfuges linguistiques : lecture de Robert Dickson, Margaret Michèle Cook et Nathalie Stephens», dans Lucie Hotte (dir.), *La littérature franco-ontarienne : voies nouvelles, nouvelles voix*, Ottawa, Le Nordir, 2002, p. 144.

séjour de la poète en Provence, il n'en demeure pas moins que ce recueil raconte le contact premier avec un espace et une culture françaises, comme un retour en arrière, un exercice de mémoire en guise de bilan qui exprime sa première immersion au moment où elle passe sa dernière année de baccalauréat à Aix-en-Provence[14].

C'est toutefois sur le plan de la construction recueillistique qu'il se produit une révolution à l'intérieur de la poétique de Cook. En effet, plutôt que de faire appel aux ruptures sémantiques et à des manipulations typographiques qui multiplient et diversifient les dispositions du texte sur la page, plutôt que de privilégier les enjambements, signes d'une déstabilisation du sujet, la tendance à la conceptualisation déjà présente, comme nous l'avons vu, va s'affirmer autrement, à l'aide d'un travail formel qui embrasse la forme même des recueils.

Le travail du recueil

Cette seconde manière s'amorce avec *À l'ombre de Pénélope* (2001), qui d'emblée se distingue des recueils antérieurs par l'absence d'intitulés, remplacés par des poèmes numérotés (0 à 33), et que complète un poème entièrement en italique, ni titré ni numéroté. Chacun des poèmes est constitué de deux parties dont la première, une strophe de deux à quatre vers, en italique, se démarque de la suite des vers. Ces textes dessinent une trame (comme la Pénélope du récit d'Homère qui tisse pendant l'absence d'Ulysse) qui peut se lire indépendamment des textes auxquels ils sont associés. Le dernier poème, qui n'est pas numéroté, rassemble tous ces vers comme les divers fils qui forment ce travail artisanal. Le recueil se double d'une autre marque typographique : chacune des parties de poème qui n'est pas en italique contient un mot en caractères gras, répété deux fois et systématiquement rattaché à l'anatomie humaine et dont voici la liste dans l'ordre des poèmes : utérus, tête, corps, bouche, épine dorsale, doigts, sexe, yeux, oreilles, peau, cœur, main, jambes, cheville, bras, cerveau, vertèbre, cheveux, pieds, dents, estomac, veines, artères, nez, ongles, poumons, côtes,

---

[14] L'article de François Paré porte en particulier sur les traces de ce passé francophile dans les recueils *À l'ombre de Pénélope* et *La lenteur du sourire*.

foie, sternum, reins, hanche, seins, nombril. Cette analogie entre la création poétique et le travail de la tisserande attire l'attention sur la place de la mythologie dans la conception des poèmes, voire de recueils entiers.

En effet, encline à puiser dans les grands mythes occidentaux (Faust, Eurydice), la poète exploite cette fois-ci celui de Pénélope, l'épouse d'Ulysse pressée par les courtisans de se choisir un nouvel époux après le départ prolongé du sien. On connaît la suite : Pénélope annonce qu'elle choisira lorsqu'elle aura fini de composer sa tapisserie. Or, profitant de la nuit, elle défait le travail réalisé le jour pour retarder le moment où elle devra honorer sa promesse. L'illustration de la première de couverture du recueil montre Pénélope surprise par les courtisans qui découvrent la supercherie. Deux trames viennent se recouper au sein des poèmes. En premier lieu, le voyage éclaire une tranche importante de la biographie de la poète, comme nous l'avons vu plus haut. Les vers évoquent les années d'enfance ainsi que le séjour d'étude, puis suivent des poèmes divers qui touchent soit au voyage, soit à une réflexion au sujet du mythe de Pénélope. En second lieu, le récit d'Homère renvoie à une aventure intérieure, à la (re)construction de soi, qui passe par la nomination redoublée des parties du corps féminin et dont l'utérus, lieu de l'enfantement, constitue le point de départ. Le recueil forme une boucle qui se termine sur le nombril, signe indubitable d'un retour à l'espace utérin. Le recueil invite donc à un double trajet de lecture : celui des vers en italique en début de poèmes et celui des vers en caractères romains. Le décodage en continu de ces fragments, mis bout à bout à la fin du recueil, motive la présence des doublons des parties du corps : « avec deux fils / deux couleurs / une différence se dessine / ensuite une répétition » (*OP*, 73). C'est ainsi que la figure familière du dédoublement, dans les premiers recueils, se trouve incorporée, organiquement, dans la conception textuelle et matérielle du recueil. Par conséquent, la poète ne confie plus uniment l'expression de cette altérité aux mots et aux vers des poèmes pris individuellement, mais au recueil tout entier, qui fait entendre une voix autre, une voix qui embrasse la double inscription de la poète, à la fois comme intériorité et comme représentation[15].

Le titre du dernier recueil publié aux éditions du Nordir, *En un tour de main* (2003), est complété par un sous-titre révélateur, « Portraits et paysages », sujets étroitement rattachés à l'observatrice ambulante, chez qui le lecteur reconnaît une posture typique depuis les débuts. Le recueil offre quatre parties aux registres contrastés, dont l'intitulé de la première donne un aperçu de la nouvelle voix qu'emprunte la poète : « Un peu de théâtre dans la baraque ». Le ton employé est résolument amusé, voire ironique, comme le suggère déjà le choix de certains titres : « petit exercice à l'ordinateur », où la locutrice trouve les définitions de mots rattachés au sexe ; « que je t'époustouflasse », dans lequel elle imagine divers moyens de torture à l'endroit d'un destinataire masculin avec qui elle entretient une relation amoureuse ; « dissection », enfin, qui précise entre parenthèses et en italique : « *(le musée de Margaret)* ». Cook y troque la distanciation prudente pour l'humour, non pas celui, mélancolique, d'un Supervielle (cité en quatrième couverture de *La lenteur du sourire*[16]), mais celui d'un esprit bon enfant, ludique, désinvolte qu'on ne lui connaissait pas jusque-là. Comme si le travail formel réalisé dans *À l'ombre de Pénélope* lui avait ouvert d'autres avenues dans l'expression poétique.

Ce changement d'humeur se répercute sur le portrait croqué à partir d'un pot de confiture. Il se trouve dans le poème « dissection (*le musée de Margaret*[17]) » :

> que mettrait-elle dans son pot de confiture,
> dans son pot de cornichons ?
> tout ce qui est préservé, conservé
> et retenu

---

[15] D'un côté, Pénélope ne tient pas parole en usant d'un subterfuge, mais c'est grâce à ce subterfuge qu'elle reste fidèle à son mari. Le recueil de Cook montre le trajet inverse : il passe du morcellement (fragments de vers en italique et parties dispersées du corps) à la reconstitution de la tapisserie et, par conséquent, du sujet lui-même.

[16] En voici un extrait : « Pour vivre en paix avec moi-même, j'essayai de me trouver un conformisme. Je le trouvai dans le sourire de l'humour triste qui est bien autre chose que de la raillerie » (*LDS*, quatrième de couverture).

[17] En italique dans le texte.

> le corps approprié
> les veines dans lesquelles coule le sang des ancêtres
> [...]
> la longue cicatrice par laquelle l'essence de la vie
> a failli s'échapper
> [...]
> le visage masquant l'attente et la perpétuelle hésitation
> [...] (*ETM*, 17)

Le style se veut plus sobre, la masse textuelle des vers est plus dépouillée et s'est dégagée des ambivalences linguistiques des recueils de la décennie précédente. S'opposant à *La lenteur du sourire*, ce travail « en un tour de main » dit moins, peut-être, la rapidité d'exécution que le geste preste de l'écriture qui, à l'instar des vœux de Verlaine, ne pèse ni ne pose. La poète « s'amuse à jouer avec la ressemblance des sons » (*ETM*, 20), se prêtant à des jeux anagrammatiques.

Les portraits de la seconde division conservent cette légèreté, la plupart des intitulés étant formés du préfixe « cam », ce qui génère des jeux de mots : « Cam Era », « Cam É. Léon », « Cam A. Raderie », etc. Fait notable, les références à la culture anglo-saxonne prennent de plus en plus de place à mesure que l'œuvre progresse, la poète réunissant la culture européenne française – à laquelle elle a consacré sa carrière d'universitaire – et la littérature anglo-saxonne. Les phrases de la section en prose, « Neuf étoiles filantes », sont majoritairement assertives et consignent des actions, de la part de la locutrice, sans ajout de discours interprétatif, comme nous avions l'habitude d'en rencontrer dans les recueils antérieurs. Leur unité est assurée par le retour périodique d'une réflexion (« et l'autre est resté derrière »), placée entre parenthèses et ponctuée de variations commençant aussi avec « et l'autre ». Ce procédé rappelle celui de la dissémination que nous avons rencontré dans *À l'ombre de Pénélope*, par l'usage d'une police distincte pour des mots répartis à l'intérieur du texte (en italique) et regroupés le plus souvent sous forme énumérative.

Avec « les signes de la vie de campagne », le recueil retrouve l'esprit plus léger du début en tournant toute son attention vers de petites bestioles, attitude qui rappelle les sujets obligés des haïkus japonais traditionnels[18]. Avec cette attention aux petits détails, même les plus anodins, pour saisir des instants de vie, l'observation se fait plus minutieuse et, cette fois, le sujet ne risque pas d'être menacé par ce qu'il examine. La distanciation, qui semblait une manière de protéger le sujet de l'avalement par la nuit ou de l'envahissement des ombres mouvantes de l'inconscient, est remplacée par le regard de celle qui peint ou qui photographie la vie qui l'environne avec une mise entre parenthèses de l'autoanalyse. Dans le poème « Deux araignées dans un bain », la description du mouvement des deux intruses trouvées dans sa baignoire signale un intérêt plus marqué pour la présentation plutôt que pour le commentaire, dans un désir de faire voir, sans y adjoindre une clé interprétative :

> bain blanc immense
> pour deux
> dans un bain
> deux araignées
>
> deux araignées dans un bain
> heureusement sans eau
> elles se déplacent
> lentement
> avec precaution

Après cette description, le poème conclut sur ce commentaire :

> un cliché instantané
> des migrations du couple
> bienheureux amusement (*ETM*, 69)

En un tour de main tranche donc avec les ouvrages précédents, car son caractère primesautier révèle une démarche singulière. Cependant, on se trouve également en territoire connu en raison de l'importance accordée aux choses vues, à l'observation des autres et aux retours du sujet sur lui-même, à la place du désir et à la volonté de camper les poèmes dans des lieux précis. Les deux

---

[18] La page couverture du recueil reproduit ce qui ressemble à une aquarelle japonaise.

derniers recueils parus à ce jour[19] renouent avec la complexité de la structure recueillistique d'*À l'ombre de Pénélope*.

Une poétique du contrepoint

La publication de *Chronos à sa table de travail*, en 2008, coïncide avec un changement d'éditeur, Cook passant des éditions du Nordir aux Éditions L'Interligne, une maison également située à Ottawa. La poète signe un recueil très original récompensé par le Prix du livre de la ville d'Ottawa en 2009. Bien que la première de couverture ne l'indique pas, ce recueil porte un double titre dont le second est «*The Waking Hours*». Le lecteur a ainsi sous les yeux un cas très particulier de recueil de poésie bilingue dans la mesure où on ne lit pas une autotraduction des poèmes, mais plutôt une double trame autour des mêmes objets d'écriture rédigés en alternance. Cette parution vient accentuer cette dimension essentielle de la formation de Cook qui s'est nourrie à deux cultures, anglaise et française. À ce propos, il faut souligner que ce sont les cultures européennes que privilégient les citations et les intertextes, et non pas la culture francophone canadienne, non plus que l'appartenance canadienne-anglaise. Le bagage intellectuel des deux grandes littératures l'emporte sur l'espace culturel canadien, francophone ou québécois.

L'ouvrage est divisé en trois grandes sections, chacune étant identifiée par une flèche représentée graphiquement et chaque fois orientée vers la droite. La première (section I), qui a inspiré le titre de l'œuvre («Chronos à l'œuvre»), est présentée comme «la flèche cosmologique : la direction du temps dans laquelle l'univers prend de l'expansion au lieu de se rétrécir[20]». La deuxième (section II) s'appelle «contretemps» et c'est «la flèche thermodynamique : la direction du temps dans laquelle le désordre augmente» (*CTT*, 53). La troisième, «en quatre temps trois mouvements», est définie comme «la flèche psychologique : la direction du temps dans

---

[19] Est exclu *Lanterna magica*, publié après la rédaction du présent article aux Éditions L'Interligne en novembre 2015.
[20] *Chronos à sa table de travail* = *The Waking Hours*, Ottawa, Éd. L'Interligne, coll. «Fugues/Paroles», 2008, p. 12. Désormais *CTT*, suivi du folio.

laquelle nous nous souvenons du passé, mais pas du futur»
(*CTT*, 75)[21].

La première partie (comme le recueil) emprunte un élément de
son titre à un poème de William Butler Yeats, cité partiellement:

> *But O, sick children of the world,*
> *Of all the many changing things*
> *In dreary dancing past us whirled,*
> *To the cracked tune that Chronos sings,*
> *Words alone are certain good.* (*CTT*, 13)

Ce poème est tiré du recueil *Crossways* (1889), dont l'intitulé se
trouve peut-être à l'origine de la construction de *Chronos à sa table
de travail*. Le mot peut recevoir plusieurs significations, mais, dans
le contexte du recueil, si on s'appuie sur la présence des flèches,
on trouve une traduction possible: «en croix, en travers». Les
deux langues, l'anglais et le français, se croisent, mais également le
recueil suscite simultanément la rencontre entre le monde représenté et les mots pour en rendre compte, plus véridiques que ce
que nous percevons de ce monde, dans une quête de «vérité des
apparences[22]». Le recueil dans son ensemble se présente comme
une méditation sur le temps à partir, entre autres, de l'ouvrage de
Stephen W. Hawkins[23], qui a vulgarisé les connaissances scientifiques sur la notion de temps et à qui l'on doit l'idée d'une flèche
psychologique (dont la troisième section reprend la définition).
À la conception baudelairienne selon laquelle «[l]e Temps mange
la vie[24]», emportant de manière irrémédiable les hommes et les
femmes vers le trépas, la poésie de Cook, qui prend acte des découvertes scientifiques sur le Temps, privilégie une double, voire une
triple suite poétique qui, comme pour la tapisserie de Pénélope,
met en concordance l'une construite selon un ordre (souvent
chronologique) et une autre associée à un désordre (comme les

---

[21] Il n'y a pas de numéro de section pour cette partie du recueil.

[22] Citation tirée d'un texte de présentation en quatrième de couverture de *L'espace entre*, suivi de *Soirée en jeu*.

[23] *A Brief History of Time. From the Big Bang to Black Holes*, Toronto, New York, London, Sydney, Auckland, Bantam Books, 1988.

[24] Charles Baudelaire, «L'ennemi», *Les fleurs du mal*, Paris, Gallimard, coll. «*Poésie/Gallimard*», 1998, p. 46.

mots mis en évidence par la typographie et éparpillés à travers une suite de poèmes). Une citation attribuée à Saint-Pol-Roux[25] se lit comme un concentré de l'art poétique de ce recueil : « L'Univers est une catastrophe tranquille ; le poète démêle, cherche ce qui respire à peine sous les décombres et le ramène à la surface de la vie. » (*CTT*, 77)

Il ne s'agit pas pour autant d'une entreprise purement scientifique, puisque c'est au discours littéraire qu'il incombe d'énoncer ce rapport au temps, comme dans les fameux *Four quartets* de T. S. Eliot (auteur cité par Cook), qui proposent eux aussi quatre temps (théologique, historique, physique et humain). Les recueils publiés au cours des années 1990 ménageaient des allers-retours entre le monde réel (le dehors, les lieux physiques, l'autoportrait) et l'inconscient (les mythes, les rêves, les références à la psychanalyse). Avec *Chronos à sa table de travail*, point culminant d'une nouvelle manière amorcée avec *À l'ombre de Pénélope*, le travail intertextuel[26] déborde les thématiques antérieures (pas pour autant absentes, cela dit), pour s'étendre au concept même de recueil, la signifiance de chacune des publications devant être cherchée dans la configuration des références littéraires (française et anglaise) et scientifiques. Comme le suggère la citation empruntée à Lormel au sujet de Saint-Pol-Roux, ces recueils cherchent à maintenir deux réalités apparemment contradictoires : l'apparence de désordre du monde et le travail de la poésie, en vue de proposer un nouvel ordre qui serait le résultat de l'imbrication du chaos et du travail de mise en forme recueillistique[27].

Ainsi, dans *Chronos à sa table de travail*, une trame linéaire, celle du temps chronologique (succession des mois de l'année ou

---

[25] En réalité, la citation n'est pas de Saint-Pol-Roux. Elle vient d'une critique d'un ouvrage de l'auteur, rédigée par Louis Lormel, publiée dans *L'Art littéraire* en 1894, et consignée dans *Le mouvement poétique français de 1867 à 1900* de Catulle Mendès (Paris, Imprimerie nationale, 1902, p. 266) ; [en ligne] http://gallica.bnf.fr/ark:/12148/bpt6k5415670h/f487.image.r=%22univers%20est%20une%20catastrophe%22, consulté le 13 avril 2015.

[26] Ce qualificatif englobe aussi bien les textes littéraires que les textes scientifiques qui traversent l'œuvre.

[27] Voir à ce sujet l'article de Thierry Bissonnette sur la dialectique entre chaos et ordre dans le recueil (« Esthétique du désordre et poétique du recueil dans les poèmes contemporains », dans Irène Langlet (dir.), *Le recueil littéraire. Pratiques et théorie d'une forme*, Rennes, Presses universitaires de Rennes, 2003, p. 141-151).

succession des jours de la semaine à l'aide d'une comptine) est momentanément suspendue par des textes en prose qui viennent se superposer au travail de l'écriture, elle-même soumise à une temporalité qui est d'un autre ordre puisque, en effet, Chronos est à la fois une personnification du Temps et une figure du Poète confronté au mouvement incessant de l'éphémère et du passager. Certains locuteurs choisissent leur expression par la mise en mots d'un chaos intérieur qui vient s'opposer à un monde apparemment organisé et rationnel. D'autres, au contraire, réagissent au mouvement chaotique du monde qui les entoure par le recours à une forme extrêmement maîtrisée. La poésie de Cook, quant à elle, est plus sensible à la conciliation des antipodes, d'où découle sa pratique recueillistique, apte à échafauder des mondes langagiers à plusieurs strates. La place de ces agrégats, qui sont amalgamés pour aboutir à un certain équilibre obtenu par le travail de mise en forme recueillistique, rappelle certains modes de composition musicale. On ne peut manquer d'apercevoir cette influence dans l'usage des mots « contretemps » et « contrepoint » dans le recueil qui suit[28].

En effet, le dernier recueil (*En contrepoint: les figures de l'île*) poursuit le même dispositif de (ré)partition des séquences en trois mouvements, avec un intitulé qui affiche l'emprunt à la musique. Une île est explorée par un savant qui consigne ses découvertes, associant le travail du poème à un travail de prospection et dont les trois sections marquent les étapes des travaux d'approche d'un espace insulaire: « L'île », « Les transports » et « L'apprivoisement ». Le premier volet met l'accent sur le regard, sur le travail d'observation dont les oiseaux, entre autres, apparaissent comme des sujets d'étude privilégiés. Par ailleurs, on peut relever la présence d'un sujet féminin au sein de l'île, qui adopte le point de vue de l'ornithologue: « L'ornithologue en elle les accompagne des yeux, des jumelles[29]. » Chaque animal capté par le regard devient lui-même

---

[28] L'*Histoire de la musique occidentale* définit le contretemps comme « l'accent porté sur le temps faible, mais sans prolongement au-delà de ce temps » et le contrepoint comme « l'art de combiner entre elles les lignes mélodiques » (Jean et Brigitte Massin (dir.), *Histoire de la musique occidentale*, Paris, Fayard, 1985, respectivement p. 73 et 79).

[29] *En contrepoint: les figures de l'île*, Ottawa, Éd. L'Interligne, coll. « Fugues/Paroles », 2012, p. 22. Désormais *ECF*, suivi du folio.

une figure de l'écriture. L'italique révèle la présence d'une femme, postée à sa fenêtre, tandis que le sujet d'énonciation demeure en retrait dans les textes écrits en caractères romains. En revanche, malgré cette savante mécanique recueillistique, Margaret Michèle Cook a sans doute écrit son recueil le plus sensuel, où se manifeste une attention portée à la nature et à ce qu'elle contient de beauté, qui rappelle le discours de célébration des peintres de la Renaissance. Le télescopage temporel qui était à l'œuvre dans *Chronos à sa table de travail* est davantage orienté vers l'axe spatial, en accord avec le choix de l'espace insulaire : « Subissant un passé lointain, un avenir indéfini. Et la force de l'instant même. Comme se tenir près de l'âtre. Cela peut être hier, aujourd'hui, demain. » (*ECF*, 35) En somme, le monde, mais aussi le poème pour l'exprimer, constitue « un assemblage de détails qui [...] saisissent » (*ECF*, 36).

L'espace me manquant pour déployer la richesse de ce recueil, je me limiterai à formuler quelques remarques sur le dernier volet. Le contrepoint qui coiffe le recueil, dans l'alternance des caractères romains et italiques, met en œuvre le passage du masculin (italique) au féminin (romain) qui apparaît toujours en intermittence[30]. Ce dernier volet se donne à lire comme un « *Systema naturæ* » (*ECF*, 74), qui enchevêtre l'exploration de l'île et le corps féminin et départage deux approches entérinées par le recueil : celle du savant, qui dénombre, réarrange, met de l'ordre, et celle de la femme « sirène », « navigatrice » et « réalisatrice » (*ECF*, 75), versant artistique de la même démarche d'apprivoisement – d'approvisionnement – d'un même espace confondu : l'île et l'écriture. On n'apprend qu'à la toute fin le nom de ce sujet masculin : Carl von Linné[31]. Ce travail contrapunctique, inspiré des musiciens

---

[30] L'autoportrait n'est pas écarté pour autant, comme en fait foi ce passage énoncé cette fois du point de vue de l'homme : « *Qu'est-ce qui dénote la singularité de la femme ? Son sein, sa peau blanche, translucide dans laquelle est reflétée sa personne.* » Et il ajoute : « *Mais tout cela a déjà été dit.* » (*ENF*, 62) Voilà qui traduit bien la nouvelle avenue qu'emprunte Margaret Michèle Cook, qui recherche d'autres voies pour se peindre et s'exprimer.

[31] *Systema naturæ* est le titre de l'ouvrage dans lequel Carl von Linné (1707-1778), un botaniste suédois, expose une méthode pour classifier les éléments de la nature, à partir de ses trois ordres : animal, végétal et minéral, une forme tripartite qu'emprunte également le recueil.

baroques qui entrelaçaient des temps forts et des temps faibles, concourt à concevoir chacun de ces recueils comme une partition à plusieurs voix, une polyphonie qui transcende la seule individualité de la poète, qui devient elle-même le produit de ce flux de discours parfois antagonistes.

Conclusion

La traversée des recueils a permis de dégager les parcours les plus significatifs de l'œuvre de Margaret Michèle Cook. Le choix de l'autoportrait, même sous forme fragmentée, répond déjà au désir de la locutrice de se montrer physiquement (au lecteur comme à elle-même). Or, en se plaçant devant un miroir, la poète crée forcément une séparation entre le sujet vu et le sujet se voyant, l'autoreprésentation de soi débouchant sur une pratique de la distance dont nous avons parcouru les divers *topos* à travers la figure du double : l'isotopie de la scène théâtrale, la description picturale, la coexistence du français et de l'anglais, autant de réseaux qui mettent en lumière chez la poète le désir de traverser le miroir. Au fil des publications, la voix de la poète s'épanouit progressivement en s'ouvrant à un riche réseau intertextuel : littérature française du tournant du dernier siècle, littérature anglo-saxonne, comptines, biographèmes de soi et d'auteurs comme Carl von Linné[32]. Le sujet poétique, restreint à l'espace du poème, connaît une expansion qui lui permet d'outrepasser les limites usuelles de la représentation de soi. Les recueils des années 2000 confirment que la poète est certes restée une observatrice attentive d'elle-même et des espaces qui l'entourent, mais qu'elle est aussi devenue, par la prolifération des discours qui traversent ses derniers ouvrages, une identité protéiforme réfractée par la forme recueillistique. En effet, l'organisation des poèmes au sein d'un ensemble architectural exprime mieux encore ce qui se dessinait dans les recueils précédents, puisque c'est désormais au lecteur qu'on confie le soin de décoder le dispositif recueillistique. La manifestation et la mise en forme du dédoublement, qui caractérisent les recueils de la fin des

---

[32] En raison de l'espace qui m'est imparti, je n'ai pas tenu compte de la place qu'occupent les poètes Jules Supervielle et Jules Laforgue dans l'intertexte des recueils.

années 1990, cèdent la place aux effets de réverbération consécutifs au travail de composition des recueils. Le repli du sujet dans le discours réflexif révélait la position ambivalente de tout sujet lyrique partagé entre l'expression immanente et l'incertitude de la langue pour l'exprimer. En revanche, le travail formel du recueil ouvre un spectre de possibilités d'expression qui ne fait pas fi du couplage de départ entre autoreprésentation et (auto)réflexivité, bien au contraire : il lui accorde une plus grande liberté d'expression. En somme, la forme contrapunctique met en œuvre une polyphonie où on entend en simultané l'entrelacement des voix de la locutrice (en français et en anglais), les tonalités de l'intime et la précision du discours (scientifique, les discours croisés du féminin et du masculin, etc.). Les données objectives du réel (Chronos) et l'entreprise poétique elle-même sont projetées sur la figure d'Orphée qui, par son chant, réussit à transgresser les frontières entre le monde des vivants et celui des morts, entre le monde rationnel et celui de l'inconscient. La composition contrapunctique s'avère le moyen par lequel cette poétique cherche à réunir le verbal (la poésie) et le non-verbal (la musique).

L'EFFET AUTOBIOGRAPHIQUE DANS *BLANCHIE* DE BRIGITTE HAENTJENS

Mathieu Simard
Université d'Ottawa

Publié en 2008, *Blanchie* de Brigitte Haentjens raconte l'histoire d'une photographe qui, incapable de revenir à sa pratique artistique depuis la mort de son frère, ne s'adonne plus qu'à la photo commerciale. Marguerite Andersen qualifie ce texte d'«*auto-fiction* poétique, à la fois discrète et franche, brutale et méticuleuse[1]». De même, David Bélanger voit poindre dans *Blanchie* un «enjeu biographique[2]», néanmoins il s'empresse d'en nuancer l'importance. «Nul doute : il y a de ça. Mais pas que ça[3]», écrit-il. Or, selon Haentjens, dans une entrevue accordée à *La Presse*, le texte «n'est pas autobiographique du tout». L'écrivaine n'a pas «de jeune frère mort dans un accident de moto» et son unique point commun avec la protagoniste de *Blanchie* est qu'elle aussi fut autrefois

---

[1] Marguerite Andersen, «Un livre dur comme le marbre», *Liaison*, n° 142, hiver 2008-2009, p. 59. Je souligne.
[2] David Bélanger, «Narrer et montrer : histoire d'une concurrence dans *Blanchie* de Brigitte Haentjens», *Quo vadis romania?*, n° 41, 2013, p. 41.
[3] *Ibid.*

« une Parisienne indécrottable ne supportant pas un centimètre de gazon[4] ».

Il n'en reste pas moins que, comme en témoignent les lectures d'Andersen et de Bélanger, le texte de Haentjens produit un *effet autobiographique*. Ce dernier résulte d'une série de manipulations génériques de la part de l'écrivaine. *Blanchie* met effectivement en jeu une nouvelle esthétique, qu'on peut qualifier de « transgénérique ». Plutôt que de se restreindre aux genres traditionnels que sont le roman, la poésie et le théâtre, le texte transgénérique « met en œuvre les genres comme dispositif de signes, comme marqueur, comme "grille de lecture"[5] » et conçoit les « frontières séparant les disciplines et les arts » comme des « zones conjonctives et des lieux d'échange[6] ». Chez Haentjens, la transgénéricité permet de traverser le *récit* autant que la *poésie lyrique* en plus d'autoriser l'intégration de *photographies*. Or, comme je le montrerai, le récit, la poésie lyrique et la photographie interrogent chacun à leur manière la relation entre réalité et fiction, rendant le texte de Haentjens propice à la création d'un effet autobiographique. Mais avant d'aborder le cas de *Blanchie*, je propose de retracer brièvement l'histoire de l'autobiographie et d'expliquer en quoi elle peut parfois être vue comme un effet de lecture davantage que comme un genre littéraire.

De l'autobiographie comme genre à l'autobiographie comme effet

L'émergence de l'autobiographie comme genre littéraire « paraît étroitement liée à la matérialité de l'écriture et à la transformation

---

[4] Marie-Christine Blais, « Brigitte Haentjens photographe », *La Presse*, 20 septembre 2008 ; [en ligne] http://www.lapresse.ca/arts/livres/nouvelles/200809/20/01-21840-brigitte-haentjens-photographe.php, consulté le 13 mars 2015. Haentjens affirme ailleurs que « [l]e petit frère mort est apparu en fiction quelques années à peine avant la mort violente et tristement réelle de [s]on frère » (*Un regard qui te fracasse. Propos sur le théâtre et la mise en scène*, Montréal, Boréal, 2014, p. 145).

[5] Dominique Moncond'huy, « La vocation et le reniement ou La traversée des genres comme effectuation », dans Dominique Moncond'huy et Henri Scepi (dir.), *Les genres de travers. Littérature et transgénéricité*, Rennes, Presses universitaires de Rennes, coll. « La Licorne », n° 82, 2008, p. 16.

[6] Dominique Moncond'huy et Henri Scepi, « Avant-propos », dans Dominique Moncond'huy et Henri Scepi (dir.), *op. cit.*, p. 10.

de l'espace public au XVIIIe siècle[7] », de même qu'à l'instauration de la « pratique orale (ou semi-orale) de la confession[8] » rendue obligatoire par l'Église catholique lors du concile de Latran de 1215. L'autobiographie, qui repose sur un pacte de vérité[9], a connu plusieurs transformations génériques, dont le roman autobiographique et l'autofiction[10]. On pourrait suggérer que ces genres contestent à leur manière la « mort de l'auteur » proclamée par Roland Barthes et, plus généralement, les approches formaliste et structuraliste de la littérature[11].

Parallèlement à l'émergence et à l'évolution en littérature de ce que Philippe Lejeune appelle un « espace autobiographique[12] », un réflexe de « lecture biographique[13] » se développe et prend progressivement de l'ampleur :

> Dans le contexte du « sacre de l'écrivain » analysé par Paul Bénichou, l'homme de lettres fascine ses contemporains et suscite admiration et curiosité. Comme au siècle précédent, la quête de l'auteur à travers et au-delà de son œuvre se voit également configurée en partie par certaines caractéristiques formelles des textes publiés. Le nombre d'autobiographies d'écrivains est encore relativement peu élevé, mais l'expression de soi se développe sous d'autres formes – mémoires historiques, poésie lyrique et roman « intime » – et encourage le lecteur à chercher les traces de l'auteur dans son œuvre[14].

Ainsi, dans la littérature de la Restauration française, la « vibration affective du texte » fait jouer « le fantasme d'une rencontre intime

---

[7] Hans-Jürgen Lüsebrink, « Dynamiques de l'autobiographie. De l'ancrage anthropologique aux horizons interculturels », dans Robert Dion, Frances Fortier et Élisabeth Haghebaert (dir.), *Enjeux des genres dans les écritures contemporaines*, Québec, Nota Bene, 2001, p. 103.

[8] *Ibid.*

[9] Voir Philippe Lejeune, *Le pacte autobiographique*, Paris, Seuil, coll. « Poétique », 357 p.

[10] À ce sujet, lire Philippe Gasparini, *Est-il je ? Roman autobiographique et autofiction*, Paris, Seuil, 2004, p. 10.

[11] Madeleine Ouellette-Michalska, *Autofiction et dévoilement de soi*, Montréal, XYZ, 2007, p. 35.

[12] Philippe Lejeune, *op. cit.*, p. 163-196.

[13] Caroline Raulet-Marcel, « Le jeu des romanciers romantiques avec la lecture biographique », dans Sophie Rabau (dir.), *Lire contre l'auteur*, Saint-Denis, Presses universitaires de Vincennes, 2012, p. 151.

[14] *Ibid.*, p. 153.

avec l'auteur, même si c'est pour le décevoir ou le nier ailleurs[15] ». Les romanciers romantiques jouent avec l'identité et le statut de l'écrivain afin d'« explorer sur un mode ludique les ressources littéraires d'une attirance pour l'auteur qui semble au fondement de toute lecture[16] ». De ce fait, si la lecture biographique « est souvent présentée comme une pratique naïve, réservée aux lecteurs[17] "ordinaires" [,] la part de fantasme qu'elle véhicule est tout aussi constitutive de la lecture littéraire que la distance critique nécessitée par celle-ci[18] ». D'ailleurs, la permanence de la lecture biographique dans l'espace public des XXe et XXIe siècles prouve son importance : on peut penser, bien entendu, aux plateaux de télévision, où les écrivains sont souvent invités à raconter leur vie, mais aussi à toutes ces entrevues promotionnelles publiées dans les journaux et qui mettent de l'avant la personne de l'écrivain davantage que son œuvre[19].

Ainsi le développement du genre autobiographique a-t-il permis la constitution progressive d'un nouvel horizon d'attente, dans lequel il est désormais envisageable – voire probable – que certains éléments de la vie de l'auteur se retrouvent dans son œuvre. Il importe cependant de souligner que tant la « lecture biographique » que l'identification générique « autobiographie » dépendent d'abord de critères externes. La légitimité d'une « lecture biographique » repose sur les résultats d'une enquête documentaire : si cette enquête confirme que le « je » du texte est celui de l'auteur, alors la lecture biographique sera légitime ; mais si l'enquête infirme cette impression autobiographique, cette lecture risque d'être rejetée comme simplement naïve. La dénomination « autobiographie » dépend elle aussi moins de critères internes que de critères externes, car si une enquête documentaire révèle que le texte désigné comme une « autobiographie » n'est pas

---

[15] *Ibid.*, p. 159-160.
[16] *Ibid.*, p. 164.
[17] Le générique masculin est utilisé sans aucune discrimination dans l'unique but d'alléger le texte.
[18] *Ibid.*
[19] Philippe Lejeune, « L'image de l'auteur dans les médias », *Pratiques*, n° 27, « L'écrivain aujourd'hui », octobre 1980, p. 31-40.

« véritablement » autobiographique, le lecteur pourra remettre en question l'identification générique de l'ouvrage.

Pour sa part, la notion d'effet autobiographique, dont le nom est calqué sur l'« effet de réel[20] » de Barthes, permet d'envisager autrement les enjeux de l'écriture de soi et de contourner le problème de la dépendance du genre autobiographique et de la lecture biographique à des critères externes. Mon acception d'« effet autobiographique » se rapproche de celle proposée par Louise Dupré, pour qui l'autobiographie comme genre

> renvoie à une matière, à un contenu relatif à l'expérience personnelle que l'auteur cherchera à dissimuler ou, au contraire, à mettre en relief par une stratégie discursive visant à produire des effets référentiels sur le lecteur[21].

Pour moi, cette notion cerne cependant la dimension autobiographique d'un texte sans nécessiter d'enquête documentaire, sans se soucier des liens possibles entre l'œuvre et l'expérience personnelle de l'auteur et, plus important encore, sans porter de jugement sur l'interprétation du lecteur, qui serait, selon le cas, soit légitime soit naïve.

L'« effet » comme je l'entends ne dépend pas de la subjectivité du lecteur. Il est inscrit dans la structure du texte. Hans Robert Jauss établit d'ailleurs une distinction nette entre l'effet, déterminé par le texte, et la réception, déterminée par le lecteur réel[22]. Parmi les théoriciens de l'effet, on trouve Wolfgang Iser, l'inventeur du concept de « lecteur implicite[23] », et Vincent Jouve, un chercheur pour qui le « lecteur virtuel[24] » est le « destinataire implicite des effets de lecture programmés par le texte[25] ». Les « poétiques de la lecture » d'Iser et de Jouve ont néanmoins ce défaut de prêter les

---

[20] Roland Barthes, « L'effet de réel », *Communications*, vol. 11, n° 11, 1968, p. 84-89.

[21] Louise Dupré, « *Le lièvre de mars*, de Louise Warren. Vers une réalité "virtuelle" », *Voix et Images*, vol. 22, n° 1, 1996, p. 68.

[22] Hans Robert Jauss, *Pour une esthétique de la réception*, Paris, Gallimard, coll. « Bibliothèque des idées », 1978, p. 246.

[23] Voir Wolfgang Iser, *L'acte de lecture : théorie de l'effet esthétique*, Bruxelles, Mardaga, coll. « Philosophie et langage », 1985, 405 p.

[24] Vincent Jouve, « Pour une analyse de l'effet-personnage », *Littérature*, n° 85, 1992, p. 108.

[25] *Ibid.*, p. 108.

demandes textuelles à une « anthropomorphisation[26] » en confondant les structures lectoriales avec le lecteur empirique. Afin de régler cette difficulté, Lucie Hotte propose le concept de « parcours de lecture[27] ». Ce dernier, plutôt qu'une « personne individuelle », est un « espace d'où on lit[28] ». Le parcours de lecture « situ[e] le lecteur dans un certain angle de vision par rapport au texte et d'où le texte sera lu (interprété)[29] ». L'effet autobiographique est justement un parcours de lecture possible du texte. Par conséquent, il est inscrit dans la structure de ce dernier. Toutefois, l'effet autobiographique n'oriente pas nécessairement la lecture de façon à ce que le texte soit considéré comme une véritable autobiographie : il l'oriente plutôt de façon à ce qu'il soit lu « comme » une autobiographie.

Le Récit, cet espace ambivalent

Dans *Blanchie*, l'effet autobiographique repose partiellement sur l'identification du texte au genre du « récit ». L'identification générique « récit troué », présente en début d'ouvrage, place *Blanchie* dans cette tradition. Elle invite le lecteur, dans une perspective hypertextuelle, à comparer le texte à d'autres portant ce même nom de genre. Il apparaît rapidement que la question « cette histoire est-elle autobiographique ou non ? » s'avère en quelque sorte symptomatique du récit comme genre.

Dans son étude sur ce genre littéraire, Andrée Mercier souligne que, si les « premiers » récits restaient plus près de la « réalité historique ou personnelle », les récits contemporains accueillent parfois « des textes strictement fictionnels[30] ». Alors que plusieurs maisons d'édition placent le récit du côté de l'autobiographie, d'autres le restreignent au champ fictionnel[31]. Par ailleurs, l'identification générique « récit », loin de constituer un « signal générique fort »,

---

[26] Lucie Hotte, *Romans de la lecture, lecture du roman. L'inscription de la lecture*, Québec, Nota bene, coll. « Littérature(s) », 2001, p. 26.
[27] *Ibid.*
[28] *Ibid.*
[29] *Ibid.*
[30] Andrée Mercier, « Poétique du récit contemporain : négation du genre ou émergence d'un sous-genre ? », *Voix et Images*, vol. 23, n° 3, 1998, p. 468.
[31] *Ibid.*, p. 467.

s'avère «susceptible d'acceptions et d'associations très diverses[32]». Mercier mentionne qu'

> un récit, au contraire d'un ouvrage désigné comme roman, pourra faire l'objet d'un commentaire dans la chronique poésie et n'être même plus, en ce cas, attaché à la catégorie des textes narratifs ou de fiction[33].

En fait, le récit contemporain se caractérise autant par le déplacement des «frontières habituelles de l'autobiographie et de la fiction[34]» que par une certaine indétermination générique emblématique de la littérature contemporaine. Il pourrait être conçu comme une «forme générique constituée» ou au contraire comme «un ensemble de textes qui reposerait sur l'absence ou la transgression de normes [génériques] constitutives[35]». Rien d'étonnant donc à ce qu'un texte tel que *Blanchie* – transgénérique et produisant un effet autobiographique – puisse être associé à la pratique du récit.

L'effet autobiographique du récit de Haentjens peut être compris à partir des travaux de Mercier, mais aussi à la lumière de la réflexion de Käte Hamburger sur le récit à la première personne. La réflexion de Hamburger préfigure en quelque sorte la poétique du récit de Mercier. Les deux principaux points de convergence entre l'étude de Mercier et celle de Hamburger concernent la place du «je» dans le texte et le déplacement des frontières entre la réalité et la fiction.

Du point de vue de Mercier, le récit constitue «une forme d'écrit personnel, consacré à l'expression du parcours ou de la pensée d'un sujet[36]». Ce «caractère égocentrique[37]» ou «monologique[38]» du récit se manifeste entre autres par une mise à l'avant-scène du «je». *Blanchie* débute justement par ce pronom :

---

[32] *Ibid.*, p. 465.
[33] *Ibid.*
[34] *Ibid.*, p. 467.
[35] *Ibid.*, p. 463.
[36] *Ibid.*, p. 471.
[37] *Ibid.*
[38] *Ibid.*, p. 473.

> *Je* l'ai rencontré dans une petite ville une
> station balnéaire banale et laide
> Sur la côte bétonnée du Sud de l'Espagne
> C'était juillet[39]

Mais le « je » est-il fictif ou non ? Très peu d'éléments dans le texte donnent d'indices à ce sujet, et il semblerait que seule une recherche biographique permette de trancher. Aucun nom n'est rattaché à ce « je » – et il en sera de même tout au long du récit –, ce qui laisse au lecteur la liberté de présupposer une adéquation entre l'écrivaine et la narratrice. La plupart des personnages du récit sont, eux aussi, anonymes, qu'il s'agisse du « frère », de la « mère », du « père », de « lui » (l'amant), de l'« homme de Montréal » ou encore des mystérieux « J », « K » et « M ». Cette anonymisation des personnages accroît l'illusion autobiographique en donnant au lecteur l'impression que l'écrivaine tente de camoufler ou de protéger l'identité des personnes réelles concernées.

Suivant Hamburger, la prédominance du « je » est en elle-même une source d'ambivalence, non seulement sur le plan générique[40], mais également sur le plan fictionnel. La proposition de Hamburger fait partiellement écho aux propos de Mercier au sujet du récit en littérature contemporaine :

> Contrairement à la nouvelle et au roman qui, pour mettre en œuvre des jeux de véridiction et d'authentification, n'en sont pas moins fondés sur un pacte de fictionnalité, le récit contemporain ne s'inscrirait d'emblée ni du côté de la fiction ni du côté de l'autobiographie. C'est en pouvant recourir à l'un ou l'autre pacte de lecture que le récit se démarquerait ainsi du roman et de la nouvelle dont les poussées dans les frontières de l'autobiographie prennent toujours la forme d'un leurre[41].

---

[39] Brigitte Haentjens, *Blanchie*, Sudbury, Éd. Prise de parole, 2008, p. 7. Désormais *B*, suivi du folio. Je souligne.

[40] Selon elle, le récit à la première personne est un genre mixte : il se situe « hors du système des deux genres principaux » que sont, pour elle, le roman et la poésie lyrique. (Käte Hamburger, *Logique des genres littéraires*, trad. par Pierre Cadiot, Paris, Seuil, coll. « Poétique », p. 254.)

[41] Andrée Mercier, *op. cit.*, p. 468.

Afin de circonscrire la spécificité du récit à la première personne, Hamburger propose de distinguer le *fictif* et le *feint*. Alors que le fictif, caractéristique du roman, « désigne la manière d'être de ce qui n'est pas réel », la feintise, typique du récit à la première personne, « indique que quelque chose est allégué, inauthentique, imité[42] ». En fait, les récits à la première personne « se rapprochent [...] tellement de l'autobiographie véritable que, dans bien des cas, seules des enquêtes documentaires pourraient trancher sur la relation que la fiction y entretient avec la vérité[43] ». Il s'avère ainsi significatif que le texte de Haentjens n'enfreigne pas la loi de la vraisemblance. D'après Hamburger, « le récit à la première personne apparaît d'autant moins réel, c'est-à-dire d'autant plus feint, que la proportion d'irréalité qu'il enferme est plus importante[44] ». Dans *Blanchie*, le seul élément qui risque véritablement de mettre au jour la feintise est l'apparition, à répétition, du fantôme du frère, avec lequel la narratrice a même parfois des conversations :

> *Pourquoi tu le fous pas dehors ? Je ne vois*
> *vraiment pas ce que tu lui trouves il est fêlé et pas*
> *du tout ton genre*
> Me dit pendant la nuit mon frère avec son rire (*B*, 123)

Cette apparition est représentative de l'ambivalence du récit contemporain. Ce fantôme est-il « réel » ou est-il seulement imaginé par la narratrice ? Dans ce cas-ci, il semble s'agir d'un rêve, puisque la narratrice affirme que, quand elle se « réveille », la « présence » de son frère « est si / palpable que l'air en est immobile et coupant » (*B*, 123). Ainsi, la vraisemblance nécessaire à l'effet autobiographique, si elle est entamée, ne l'est que momentanément.

L'équivoque du « je » lyrique

La versification est l'une des caractéristiques formelles principales de *Blanchie*. Pour le lecteur, la présence des vers peut sembler surprenante. C'est que le système moderne des genres a introduit dès

---

[42] Käte Hamburger, *op. cit.*, p. 276.
[43] *Ibid.*, p. 290.
[44] *Ibid.*, p. 288.

le XIXe siècle une opposition entre le récit et la poésie[45]. Cette dichotomie s'est rapidement étendue à la prose et au vers, la prose étant associée au récit, le vers à la poésie[46]. Il n'y avait alors plus qu'un pas à franchir pour que soit constitué un horizon d'attente où le récit serait confondu avec le mode narratif et la poésie, avec le discours lyrique.

Antonio Rodriguez écrit à juste titre que

> [s']il est peu souhaitable, d'un point de vue théorique, de confondre la poésie et le discours lyrique, les productions modernes ne cessent de les associer, en nous fournissant de la sorte bon nombre de ses actualisations[47].

Mathieu Arsenault dresse un constat similaire :

> Notre époque [...] tient pour beaucoup plus significative la séparation entre la poésie et le récit en prose, alors qu'à l'époque de l'*Esthétique* d'Hegel, par exemple, cette distinction n'avait à peu près pas d'influence sur le genre et on pouvait encore concevoir sans difficulté un poème épique, un poème dramatique *et* un poème lyrique[48].

La convention associant le vers à la poésie et la poésie au lyrisme se trouve au cœur de l'effet autobiographique inscrit dans *Blanchie*. Quoique transgénérique, l'œuvre de Haentjens ne met aucunement en place une rhétorique de la transgression des frontières entre les genres ; elle mise au contraire sur l'aspect conventionnel de la lecture afin de produire une impression autobiographique.

J'ai souligné, au sujet du « récit » contemporain, l'importance de la première personne. Or, le « je » est également au cœur de la poésie lyrique. Hamburger voit d'ailleurs entre le récit à la première personne et la poésie lyrique des « relations structurales

---

[45] Dominique Combe, *Poésie et récit : une rhétorique des genres*, Paris, José Corti, 1989, 201 p.

[46] Dans *Traité du rythme : des vers et des proses*, Paris, Dunod, coll. « Lettres supérieures », 1998, p. 68, Gérard Dessons et Henri Meschonnic constatent l'identification de la poésie au vers.

[47] Antonio Rodriguez, *Le pacte lyrique : configuration discursive et interaction affective*, Sprimont, Mardaga, coll. « Philosophie et langage », 2003, p. 11.

[48] Mathieu Arseneault, *Le lyrisme à l'époque de son retour*, Québec, Nota Bene, 2007, p. 43.

analogues[49] ». Néanmoins, alors que le « je » du récit à la première personne se présente comme un « Je historique », celui de la poésie est structuré comme un « Je lyrique » admettant les « formes de l'énonciation lyrique[50] ». Le « je » de *Blanchie* se situe précisément à la frontière entre ces deux déictiques, le « je » historique et le « je » lyrique :

> Je subis l'affront vautrée dans la honte
> Inerte et gelée
> Ou bien soulagée ? (*B*, 159)

À la page suivante, le lecteur se retrouve devant une feuille presque blanche, sur laquelle il peut voir ces trois mots :

> Lâche
> Et soulagée (*B*, 160)

La forme d'énonciation, ici, est lyrique : il y a, bien entendu, les blancs poétiques, mais également le rythme des vers, qui permet de reproduire les émotions de la narratrice et de les transmettre au lecteur. Le lyrisme ne vient cependant pas briser l'effet autobiographique. À l'inverse, le lyrique et l'historique se recoupent, les sentiments véhiculés par la forme poétique pouvant apparaître comme un gage de l'authenticité des événements vécus – et donc des émotions ressenties – par la narratrice de *Blanchie*.

Traditionnellement, le « je » lyrique était directement associé à la personne du poète. On peut penser à Madame de Staël déclarant au début du XIXe siècle que « la poésie lyrique s'exprime au nom de l'auteur même » : « ce n'est plus dans un personnage qu'il [l'auteur] se transporte, c'est en lui-même qu'il trouve les divers mouvements dont il est animé[51] ». Aujourd'hui, les critiques ont plutôt tendance à voir le « je » lyrique comme une fiction, au même titre qu'un personnage de roman. Selon Hamburger, ces deux positions

---

[49] Käte Hamburger, *op. cit.*, p. 275.
[50] *Ibid.*
[51] Madame de Staël, *Œuvres complètes de Madame la Baronne de Staël-Holstein*, vol. 2, Paris, Firmin Didot Frères, 1836, p. 60. Dominique Combe (*op. cit.*, p. 161) cite également cet extrait et s'en sert pour critiquer la position de Hamburger au sujet du « je » lyrique.

antagonistes relèvent cependant du même «biographisme illégitime»:

> Il n'y a pas de critère, ni logique ni esthétique, ni interne ni externe, qui nous autoriserait à dire si le sujet d'énonciation du poème peut être ou non identifié avec le poète. Nous n'avons la possibilité, et donc le droit, ni de soutenir que le poète présente ce qu'énonce le poème – que ce soit ou non sous la forme d'un Je – comme étant sa propre expérience, ni d'affirmer le contraire[52].

Hamburger poursuit en affirmant que le lecteur *ressent* le poème lyrique «comme étant le champ d'expérience du sujet d'énonciation[53]». En ce sens, la perspective de Hamburger, loin d'être essentialiste, rejoint celle des théoriciens de l'effet. Mais il n'est pas certain que l'effet produit par le «je» lyrique soit inévitablement autobiographique. Aussi Dominique Combe a-t-il raison de critiquer Hamburger en soulignant que l'énonciation lyrique est «foncièrement ambivalente» et que le «je» qui en ressort constitue «un mixte indécidable d'autobiographie et de fiction[54]», un peu comme celui du récit contemporain, d'ailleurs.

Toutefois, dans *Blanchie*, c'est l'effet autobiographique du «je» lyrique qui se trouve mis à l'avant-plan, accentué par l'anonymat de la narratrice.

> C'est par le nom propre que la figure représentée accède au statut fictionnel de «personnage» à part entière, et que le texte, par là même, devient fiction: le nom propre est un procédé de fictionnalisation du poème lyrique puisqu'il dégage résolument le langage de sa visée référentielle en créant un être absolument distinct de l'auteur. Car, en l'absence de nom, le personnage, lorsqu'il s'énonce à la première personne, demeure foncièrement ambigu, et l'on ne peut discerner la visée référentielle de la visée fictionnelle[55].

---

[52] Käte Hamburger, *op. cit.*, p. 240.
[53] *Ibid.*
[54] Dominique Combe, *op. cit.*, p. 162.
[55] *Ibid.*, p. 163.

Tout cela sans compter qu'un certain courant de la poésie contemporaine tente d'accéder à un «langage vrai[56]», renouvelant ainsi l'horizon d'attente du lecteur en associant le «je» dans un texte en vers à un «je» lyrique non fictif. Cette «rhétorique de la sincérité[57]», comme l'appelle Nicholas Manning, peut notamment passer par l'emploi, en poésie, d'un langage direct se détournant du symbolique pour privilégier le référentiel.

> **Le corps rétréci comme un petit caillou**
> **Un calcul biliaire durci et pétrifié**
> **Sans larme sans chagrin sans cœur**
> **Engluée dans l'absence le trou familial**
> **Impossible à combler** (*B*, 20)

Conformément au «langage vrai» et à la «rhétorique de la sincérité», l'écriture de *Blanchie* est minimaliste et les images qui s'y retrouvent sont concrètes. Le corps est comparé à un «petit caillou». La narratrice est «engluée» dans l'absence de son frère. Le «trou» laissé par la mort du frère ne peut pas être comblé, et par conséquent c'est l'ensemble du récit-poème qui est «troué», comme l'indique la mention présente en début d'ouvrage. Ce passage est le premier du livre à être en caractères gras, le premier à présenter autant d'images poétiques et également le premier à porter une marque du genre sexuel de la narratrice, qui est «engluée». Quelques lignes plus tôt, la narratrice déclare : «Quelqu'un d'étranger parlait avec ma voix» (*B*, 17). Cette impossibilité de correspondre à soi-même semble être résolue provisoirement grâce à l'emploi d'images poétiques qui rappellent la poésie lyrique et qui autorisent tout à coup le lecteur à établir un lien entre le sexe du «je» et celui de l'écrivaine. Mais le récit est «troué», et non «poétique». La poésie lyrique est sans doute, dans *Blanchie*, un discours jamais véritablement établi, qui porte la promesse de sublimer le deuil et de libérer la narratrice en la faisant de nouveau correspondre avec elle-même.

---

[56] Nicholas Manning, *Rhétorique de la sincérité. La poésie moderne en quête d'un langage vrai*, Paris, Honoré Champion, coll. «Bibliothèque de la littérature générale et comparée», 2013, 488 p.
[57] *Ibid.*

La photographie contre la fiction
Daniel Grojnowski écrit que,

> [j]usqu'aux environs des années 2000, les photographies étaient relativement peu fréquentes dans les ouvrages de fiction à prétention «littéraire», ce qui leur valait une certaine étrangeté relevant à la fois de l'effet rétro et de l'audace avant-gardiste[58].

L'intermédialité entre la littérature et la photographie est désormais plus fréquente. Sa montée semble d'ailleurs correspondre avec celle des écritures transgénériques. Or, comme le «je» du récit et le «je» de la poésie lyrique, l'image photographique s'avère ambiguë, rapprochant la fiction et la réalité :

> Marquant le silence de la narration, [la photographie] apparaît comme une *ekphrasis* parfaite qui donne à voir ce dont il est question dans la fiction, mais aussi ce qui existe dans la réalité. L'image assure le va-et-vient entre l'une et l'autre. En ce sens, elle n'est jamais redondante, elle apporte la caution d'un référent qu'elle met à la portée du lecteur[59].

La photographie aurait-elle ainsi une spécificité ontologique qui la distinguerait des autres techniques, comme la peinture et la musique? La réflexion française sur la photographie élaborée dans les années 1980 s'est penchée sur cette question[60]. La recherche d'une spécificité ontologique de la technique photographique a été critiquée dans les années 1990[61], mais comme l'écrivait récemment le photographe et théoricien Arnaud Claass, «si l'on ne peut plus parler aujourd'hui d'une essence de la photographie, l'ère du refus catégorique des spécificités médiales est elle aussi révolue». Dans cette perspective, parler d'une «spécificité différentielle[62]»

---

[58] Daniel Grojnowski, *Usages de la photographie : vérité et croyance : documents, reportages, fictions*, Paris, José Corti, coll. «Essais», 2011, p. 91.

[59] *Ibid.*, p. 93.

[60] Je pense notamment à Roland Barthes, *La chambre claire : note sur la photographie*, Paris, *Cahiers du cinéma*, 1980, 192 p. et Jean-Marie Schaeffer, *L'image précaire : du dispositif photographique*, Paris, Seuil, coll. «Poétique», 217 p.

[61] Régis Durand, *Le temps de l'image. Essai sur les conditions d'une histoire des formes photographiques*, Paris, La Différence, 1995, 202 p.

[62] Arnaud Claass, *Le réel de la photographie*, Trézélan, Filigranes, 2012, p. 10.

de la photographie par rapport aux autres techniques demeure d'actualité.

Pour Barthes, le « noème » de la photographie – sa spécificité si on veut – se résume par l'expression « *ça-a-été*[63] ». D'après lui, « toute photo est en quelque sorte co-naturelle à son référent[64] » ; de ce fait, elle « [atteste] que cela que je vois, a bien été[65] ». Cette contiguïté de la photographie au réel dont elle atteste la distinguerait d'autres techniques, et notamment du langage :

> [...] le langage est, par nature, fictionnel ; pour essayer de rendre le langage infictionnel, il faut un énorme dispositif de mesures : on convoque la logique, ou, à défaut, le serment ; mais la Photographie, elle, est indifférente à tout relais : elle n'invente pas ; elle est l'authentification même[66].

La conception de la photographie de Barthes rejoint à certains égards celle de Grojnowski, qui attribue à cette technique un pouvoir de défictionnalisation. Selon ce dernier, « les photos tendent à défictionnaliser le récit » et « leur porosité les doue du pouvoir perverti d'authentifier la fiction[67] ». Comme le note Jean Lauzon, la photographie, seule technique semble-t-il à maintenir le réel dans son processus même d'apparition, aurait ainsi pu voyager « à contre-courant de la modernité, non point techniquement, mais bel et bien à travers le type d'économie imaginale qu'[elle] met en place et impose de nouveau[68] ».

La dimension défictionnalisante de la photographie constitue sans doute l'une de ses « spécificités différentielles ». Il faut cependant admettre que cette technique peut également servir à la

---

[63] Roland Barthes, *op. cit.*, p. 119.
[64] *Ibid.*
[65] *Ibid.*, p. 129.
[66] *Ibid.*, p. 134-135.
[67] Daniel Grojnowski, « Le roman illustré par la photographie », dans Liliane Louvel et Henri Scepi (dir.), *Texte/image. Nouveaux problèmes*, Rennes, Presses universitaires de Rennes, 2005, p. 176-177. Il affirme par ailleurs que, inversement, le récit rend les images « quelque peu fabuleuses » (p. 176).
[68] Jean Lauzon, *La photographie malgré l'image*, Ottawa, Presses de l'Université d'Ottawa, 2002, p. 235. Lauzon s'appuie ici sur Jean-Claude Lemagny (avec André Rouillé), *Histoire de la photographie*, Paris, Bordas, 1986, p. 188 : « la photographie n'est-elle pas désormais la seule [...] à maintenir [...] la présence du réel ? »

création de trames narratives entièrement fictives. Dans son article sur *Blanchie*, David Bélanger refuse justement de mettre l'accent sur le pouvoir de défictionnalisation de la photographie :

> D'aucuns se seraient d'ailleurs empressés de souligner l'enjeu biographique du livre, un enjeu que nous avons d'ores et déjà récusé mais qui reste, convenons-en, bien présent. Le noème photographique – « ça a été » – appelle cette réflexion et rien ne la décourage au fil du texte, au contraire. Pourtant, nous l'avons évitée. Les raisons semblent évidentes et ont trait directement au projet à l'œuvre : la tentation eut été trop forte de retourner au statut cognitif des supports, de résumer la photographie à cette preuve référentielle et le texte, à cette fiction authentifiée[69].

Je souhaite, quant à moi, insister sur le pouvoir de défictionnalisation de la photographie afin de voir comment il participe – aux côtés du « je » du récit et de celui de la poésie lyrique – à créer un effet autobiographique conduisant naturellement le lecteur à voir le texte « comme » une autobiographie.

Le lecteur attentif au paratexte constatera que les nombreuses photos insérées dans *Blanchie* ne sont pas de l'écrivaine, mais du photographe Angelo Barsetti. Toutefois, la première de couverture de *Blanchie* mentionne uniquement Haentjens, et la participation de Barsetti n'est signalée que de façon discrète, à l'endos de cette couverture. Cette discrétion permet de maintenir l'effet autobiographique, un lecteur un peu moins attentif pouvant croire que l'écrivaine est l'auteure des clichés. Par ailleurs, le texte laisse entendre que les images sont celles que la narratrice a prises. Le lecteur apprend dès les premières pages que la narratrice est photographe, même si, au moment où se déroule le récit, elle a momentanément cessé de pratiquer cet art, ne pouvant plus désormais « travailler ni / Écrire ni penser ni surtout / Photographier » (*B*, 11). Cet effet est d'autant plus marquant dans *Blanchie* que les photographies apparaissent comme une « fausse preuve » attestant (à tort semble-t-il) de la réalité des événements racontés. Ainsi, le lit défait (*B*, 69) pourrait être celui où la narratrice dort avec son amant et

---

[69] David Bélanger, *op. cit.*, p. 41.

les images d'un jeune homme recroquevillé (*B*, 66-67) pourraient être celles que la narratrice a prises de son frère avant l'accident[70].

En revanche, le texte ne confirme pas qu'il s'agit bien de *ce* lit ou qu'il s'agit véritablement du frère de la narratrice. C'est ce qui permet à Bélanger de dire qu'il n'y a pas vraiment d'*ekphrasis* dans *Blanchie*. Il est vrai que, mis à part certains clichés comme ceux du lit ou du jeune homme recroquevillé, le *ça-a-été* de l'image atteste moins de l'existence d'un temps et d'un espace que d'une émotion causée par un événement. À un moment du récit, le personnage de « M » suggère d'ailleurs à la narratrice de se servir de la mort de son frère et de sa relation tumultueuse avec son amant afin d'alimenter sa pratique photographique :

> *Sers-toi de tout ça pour tes photos* me suggère M
> *Aujourd'hui c'est la grande mode l'autofiction allez hop le grand déballage!*
> Et elle part d'un grand rire (*B*, 150)

Le plus souvent, les photographies de *Blanchie* ne se contentent pas de dénoter le réel ; elles le symbolisent également. Cette tournure artistique de la photographie ne crée toutefois aucune entorse à l'effet autobiographique. À l'inverse, elle solidifie cet effet. En illustrant artistiquement les émotions de la narratrice, elle certifie la sincérité de celles-ci. Par exemple, l'une des photographies du livre présente le bas d'un corps qui « flotte » dans une forêt (*B*, 57). On pourrait certainement considérer la photo en elle-même, indépendamment du texte, mais il me semble plus intéressant de la considérer dans sa relation au récit, puisqu'après tout elle y est intégrée. Le montage photographique peut alors se voir attribuer un certain nombre de significations touchant le texte : symbole de la solitude, image surréaliste du frère mort volant dans la forêt ou encore mise à nu (littéralement) de la narratrice, qui se découvre au lecteur, lui révélant ses émotions. De nombreux autres clichés, moins surréalistes toutefois, symbolisent la mort du frère (on peut penser aux multiples photos de paysage hivernal) ou encore illustrent les

---

[70] « Mon frère au cœur de mes photographies / Sujet docile de l'œuvre / Soumis à la mise en scène » (*B*, 62).

propos de la narratrice : c'est le cas, par exemple, des photographies d'une statue d'ange qui appuient la métaphore selon laquelle « L'alcool rôdait autour comme un ange/malfaisant » (*B*, 25).

Certes, du point de vue de David Bélanger, l'apparition de la photographie « constitue une transgression de la frontière fictionnelle ; il y a métalepse en ce sens que le perçu par la narratrice est perçu mimétiquement par le lecteur[71] ». Mais on peut également voir l'emploi de cette technique autrement. De prime abord, si le texte, dans son parcours de lecture et dans son effet, n'est pas lu « comme » une fiction mais « comme » une autobiographie, alors il ne s'agit pas d'une métalepse. La photographie comme métalepse, procédé de transgression, devient la photographie comme *artefact* attestant de la véracité du récit. À cet égard, l'interprétation de Bélanger diffère de la mienne, mais sans doute uniquement parce qu'il s'intéresse aux enjeux narratifs et fictionnels de la photographie, alors que j'ai mis l'accent sur la transgénéricité et ses effets de lecture.

Conclusion

« Le » récit, « la » poésie et « la » photographie, voilà des notions qui peuvent être conceptualisées de manières diverses et des « genres » ou des « techniques » qui dépassent souvent leurs propres limites et se prêtent donc mal à quelque définition fixe. Il n'en reste pas moins que leur alliage transgénérique dans *Blanchie* fait apparaître certains de leurs points de convergence plutôt que leurs différences.

En effet, ce que ces genres et ces techniques ont en commun, c'est leur potentiel autobiographique. Dans le récit comme dans la poésie, on trouve un « je » ambivalent, qui ouvre la voie à une lecture biographique, de même qu'une certaine rhétorique de la sincérité, qui renforce l'impression autobiographique. La photographie, elle, donne aussi une telle impression en montrant des paysages réels et en illustrant les émotions de la narratrice.

Ensemble, le récit, la poésie et la photographie échafaudent un parcours de lecture autobiographique. Ce parcours n'est pas un « leurre » : il ne « trompe » pas le lecteur en lui « faisant croire » que

---

[71] David Bélanger, *op. cit.* p. 37.

le texte est une véritable autobiographie. L'effet autobiographique conduit le lecteur à lire l'œuvre de Haentjens «comme» une autobiographie, c'est-à-dire avec la même intensité émotive que s'il s'agissait d'une «histoire vraie». L'effet autobiographique est en ce sens une version contemporaine ou du moins un proche parent de l'«effet de réel» décrit par Barthes – mais un effet qui, comme je l'ai montré, plonge paradoxalement dans la tradition romantique plutôt que dans la tradition réaliste.

Mais pourquoi cet effet autobiographique dans *Blanchie*? En quoi participe-t-il au projet d'ensemble de l'œuvre? Le texte de Haentjens ne se résume certainement pas à une simple version contemporaine et romantique de l'effet de réel. L'ensemble des composantes de l'effet autobiographique s'y trouve thématisé. La *feintise* du «je» du récit fait écho à celle de la narratrice: «Je faisais semblant de désirer la rudesse de / nos échanges» (*B*, 61), affirme-t-elle à propos de ses relations avec son amant. La puissance d'évocation de la poésie lui permet de retrouver sa voix, alors qu'autrefois «[q]uelqu'un d'étranger parlait avec [sa] voix» (*B*, 17). Les photos, elles, montrent que la narratrice, qui a abandonné *au moment du récit* sa pratique de la photographie artistique, l'a retrouvée *au moment de la rédaction du texte*. La présence d'un effet autobiographique dans *Blanchie* est donc redevable aux exigences internes du texte. Il rend compte de la quête de la narratrice de se retrouver, de recommencer à vivre après le deuil et de reprendre le contrôle de son existence afin de pouvoir de nouveau dire «je».

DIALOGUES RECHERCHÉS ET INTERROMPUS. LA « CRISE DE L'ADRESSE » CHEZ LOUIS PATRICK LEROUX

Nicole Nolette
Université Harvard

L'arrivée de Patrick Leroux sur la scène théâtrale franco-ontarienne dans les années 1990 s'est faite à coups d'interpellations, d'invectives, de ruptures et de grands pieds de nez. Elle s'est aussi faite dans une recherche incessante du dialogue avec plusieurs interlocuteurs du milieu artistique et social franco-ontarien. En 1998, le jeune auteur quitte la direction du Théâtre la Catapulte et la communauté franco-ontarienne. En 2013, celui qui signe désormais Louis Patrick Leroux s'explique à propos de son départ vers Montréal, en passant par Québec, Vancouver et Paris, qu'il décrit comme un « exil volontaire et heureux au Québec[1] ». Il est paradoxal de décrire un exil comme heureux, alors que le terme « exil » évoque d'abord « l'expulsion de quelqu'un hors de sa patrie, avec défense d'y rentrer » ou, par extension, dans un usage plus littéraire, l'« obligation de séjourner hors d'un lieu, loin d'une personne qu'on regrette[2] ». Parler d'exil, c'est habituellement convoquer la nostalgie, ou le désir du retour impossible. Il est

---

[1] Louis Patrick Leroux, *Dialogues fantasques pour causeurs éperdus*, Sudbury, Éd. Prise de parole, 2012, p. 7. Désormais *DF*, suivi du folio.
[2] *Le Petit Robert*, Paris, Le Robert, 2012, p. 977.

également paradoxal que le rapport entre l'Ontario français et le Québec ne soit pas, chez Leroux, gravitationnel, c'est-à-dire pensé en termes de périphérie et de centre, mais repensé en termes de « milieu nourricier » (*DF*, 7) et de terre d'accueil. Malgré le bonheur exprimé à l'égard de son déplacement dans les espaces géographique et littéraire, Leroux relevait une conséquence négative majeure sur son écriture théâtrale :

> une crise profonde de l'adresse. Étant fondamentalement un homme de théâtre, je ne pouvais concevoir l'écriture qu'en fonction d'un public précis, d'un horizon d'attente bien défini. Le déplacement de l'adresse civique avait entraîné avec lui une perte de repères discursifs (*DF*, 7).

Dans cet article, je prends cette posture de l'écrivain exilique comme clé de lecture de l'œuvre théâtrale de Louis Patrick Leroux depuis 1998. Je situerai d'abord l'auteur dans le milieu franco-ontarien des années 1990, puis j'aborderai la crise de l'« adresse » provoquée par son départ. Mon hypothèse veut que celle-ci corresponde autant à la multiplication des pratiques d'écritures de l'auteur depuis 1998 (création théâtrale, adaptation, traduction, critique savante) qu'à l'inscription formelle du dialogue interrompu (faux dialogues, cohabitation des monologues, non-bouclage des répliques) et à la thématique, installée progressivement, de la double énonciation théâtrale (celle de l'auteur et celle des personnages) doublement non reçue (par les personnages et par les spectateurs) dans son œuvre.

« Assumer la place qui nous revient »

Moderne ou avant-gardiste : voilà comment Leroux a cherché à s'instituer, par l'interpellation, en rupture avec son milieu franco-ontarien. La quête de Leroux pour s'affirmer et se faire entendre, bref pour prendre sa place, a d'abord pris forme dans un dossier intitulé « Notre place : tasse-toé » paru en 1993 dans la revue culturelle *Liaison*. Leroux y signe deux manifestes plutôt qu'un, donnant suite à un avertissement publié dans la revue *L'Obscur* l'année précédente. Il intitule « Manifeste de la génération manifeste » la première invective, lancée au milieu artistique franco-ontarien

– le public cible de la revue à l'époque – en y apposant côte à côte des réponses de quelques artistes de ce milieu, dont Robert Dickson et Robert Marinier. Le « Manifeste de la génération manifeste » confirme le conflit générationnel et esthétique autour de trois grands principes : « contrer la médiocrité » intellectuelle et artistique ambiante, « établir des paramètres » sociaux et formels pour la création et « se donner les moyens d'assumer la place qui nous revient[3] », c'est-à-dire assurer une place pour les jeunes dans l'institution théâtrale franco-ontarienne. Évoquant pour semer la zizanie des avant-gardes célèbres, dont les travaux polémiques d'Antonin Artaud (« Contre tout ce qui chie et prêche / la résignation éternelle / et contre tout ce qui fait caca et pipi / et tra la la et gai lon laire[4] ») et de F. T. Marinetti (« force nous est de ventiler rudement les lentes fumeries de nos sceptiques contemporains[5] »), Leroux se revendique d'un mouvement de rupture générationnelle pour prôner le travail formel et le jeu intellectuel des modernes[6]. La rupture artistique correspond à une rupture critique : Leroux entre dans l'Art alors que les critiques de la littérature franco-ontarienne commencent à s'intéresser aux enjeux esthétiques à peu près au même moment[7].

Deux générations répondent au manifeste dans les pages de *Liaison* : des jeunes, Dominique Saint-Pierre, Yolande Jimenez, Stefan Psenak, Tanya Sulatyski ; des baby-boomers, François-Xavier Chamberland, Claudette Jaiko, Robert Marinier et Robert Dickson. Dans ce grand débat intergénérationnel, certains écoutent Leroux et l'appuient, comme Sulatyski : « La révolution n'est pas finie ; elle se passe simplement à un autre niveau. […]

---

[3] Patrick Leroux, « Manifeste de la génération manifeste », *Liaison*, n° 74, 1993, p. 22 et 23.

[4] Antonin Artaud, *Le théâtre et son double*, Paris, Gallimard, 1964, p. 129. Cité dans Patrick Leroux, « Manifeste… », *op. cit.*, p. 22.

[5] Filippo Tommaso Marinetti, *Le futurisme*, Lausanne, L'Âge d'Homme, 1980, p. 77. Cité dans Patrick Leroux, « Manifeste… », *op. cit.*, p. 23.

[6] On voit certainement dans la posture pamphlétaire de Leroux les qualités associées par les critiques aux modernes et à leur « méchanceté » : l'agressivité, la conscience de soi exacerbée, le penchant prophétique (Douglas Mao et Rebecca L. Walkowitz, « Introduction : Modernisms Bad and New », *Bad Modernisms*, Durham, Duke University Press, 2006, p. 2-3).

[7] Lucie Hotte et François Ouellet (dir.), *La littérature franco-ontarienne : enjeux esthétiques*, Ottawa, Le Nordir, 1996.

L'ancien, c'est le statu quo, la stagnation. Le nouveau, c'est simplement l'évolution[8].» Mais aussi Psenak:

> Leroux ne fait pas que s'apitoyer sur notre sort; il propose des solutions qui, si elles semblent quelque peu utopiques, n'en demeurent pas moins réalisables. Nous devons nous surpasser pour réussir et pour cela nous devons remercier nos aînés. Se surpasser pour créer un renouveau artistique qui soit percutant, total, et qui laisse dans la poussière le manque d'imagination des baby-boomers. C'est notre seul moyen de contrer la médiocrité dont Leroux les accuse[9].

D'autres changent de camp pour revendiquer le dialogue consensuel plutôt que le conflit: «Que de défaitisme, que d'insécurité et d'anxiété[10]», formulent Jaiko et Jimenez.

Les réponses les plus virulentes viennent des deux représentants les plus établis des artistes baby-boomers. Marinier tourne au ridicule les ambitions savantes du manifeste et refuse de dialoguer:

> Pour ce que j'ai pu comprendre de ce manifeste – qui, si j'ai bien compris, est une réaction à l'hégémonie (moi aussi je connais des grands mots) des baby-boomers – tout ce que je peux dire, c'est que «plus ça change, plus c'est pareil». [...] Pour le reste, je n'ai rien compris ou, du moins, j'ai essayé de mon mieux de ne pas comprendre[11].

Dickson aussi trouve difficile la dissension en milieu franco-ontarien:

> Cet exercice, je le trouve pénible, presque futile. Patrick Leroux et ses contemporains, du moins ce «nous» anonyme, peuvent bien aborder la création comme bon leur semble: les voies de la création, comme celles de la vie, sont nombreuses. [...] J'ai de la misère, effectivement, à concevoir qu'un jeune artiste ne se sente pas en soli-

---

[8] Tanya Sulatyski, «Une raison d'être qui dépasse tout désir matérialiste», *Liaison*, n° 74, 1993, p. 31.
[9] Stefan Psenak, «Du coup de pied au cul considéré comme l'une des solutions», *Liaison*, n° 74, 1993, p. 29.
[10] Claudette Jaiko et Yolande Jimenez, «Paradigmes qui paralysent... et qui empêchent de créer», *Liaison*, n° 74, 1993, p. 26.
[11] Robert Marinier, «Pis, après?», *Liaison*, n° 74, 1993, p. 28.

darité avec ses frères et sœurs artistes, qu'ils aient l'âge de Marie-Thé Morin, de Clément Bérini ou de Robert Bellefeuille[12].

Leroux clôt le dossier avec sa propre réponse, «Je ne rêve pas de despotisme», pour préciser: «Je travaille à la LÉGITIMATION artistique et sociale de ce "nouveau prolétariat générationnel". Nous devons tous faire en sorte que les revendications ne soient pas vaines. Seul, je n'y peux rien, sauf écrire[13].» Il avertit aussi ses lecteurs que «le texte théorique ne précède pas l'œuvre, il l'accompagne, lui fait la cour, la symbiose[14]», et qu'on pourrait voir l'œuvre artistique faire ses preuves sous peu.

Faire la cour au destinataire franco-ontarien... ou le blesser

Au-delà du discours pamphlétaire, Leroux avait déjà amorcé ses interpellations artistiques en 1992, invectivant Jean Marc Dalpé et le Théâtre de la Vieille 17 depuis la Cour des arts, avec une reprise du recueil poétique totémique *Les murs de nos villages* et de la pièce du même nom créée en 1979. Signant «Les murs de nos w.-c.» et jouant la pièce culottes baissées sur la cuvette, métaphore d'Artaud oblige, Leroux déclamait: «Les murs de nos w.-c. se souviennent, se rappellent, mais personne ne les écoute, personne ne veut savoir[15].» Il rompait ainsi avec le thème du village franco-ontarien orienté vers le passé[16], évacuant par l'acte théâtral l'écoute mandatée aux jeunes. Il allait aussi rompre avec la parlure franco-ontarienne, style du théâtre d'André Paiement et de Jean Marc

---

[12] Robert Dickson, «Le "politically correct" dépend de qui a le pouvoir de définir», *Liaison*, n° 74, 1993, p. 30.

[13] Patrick Leroux, «Je ne rêve pas de despotisme», *Liaison*, n° 74, 1993, p. 32.

[14] *Ibid.*

[15] Patrick Leroux, «Les murs de nos w.-c.», tapuscrit inédit, créé à la Nuit cité à la Cour des arts, Ottawa, 1992, n.p., cité dans Louis Patrick Leroux, «L'influence de Dalpé (ou Comment la lecture fautive de l'œuvre de Dalpé a motivé un jeune auteur chiant à écrire contre lui)», dans Stéphanie Nutting et François Paré (dir.), *Jean Marc Dalpé: ouvrier d'un dire*, Sudbury, Éd. Prise de parole, 2007, p. 298.

[16] Au sujet de cette thématique chez André Paiement, Jean Marc Dalpé et Michel Ouellette, voir Lucie Hotte, «En quête de l'espace: les figures de l'enfermement dans *Lavalléville*, *Le chien* et *French Town*», dans Lucie Hotte et Johanne Melançon (dir.), *Thèmes et variations: regards sur la littérature franco-ontarienne*, Sudbury, Éd. Prise de parole, coll. «Agora», 2005, p. 41-57.

Dalpé, pour favoriser «ou bien le français, ou bien l'anglais[17]». Si les spectateurs franco-ontariens se sont reconnus dans ce spectacle, c'est bien par analogie plutôt que par identification directe. Du réalisme sous l'avatar du misérabilisme de ses prédécesseurs, Leroux passait à l'exploration formaliste.

Son arrivée sur la scène franco-ontarienne correspond ainsi au début d'une deuxième phase suivant laquelle Pascale Casanova définit l'existence des petites littératures. Pendant la première phase, les représentations réalistes à fonction sociale sont privilégiées, tandis que la seconde phase s'amorce lorsque les artistes décident de se défaire des conventions du réalisme précédent et de s'intéresser davantage aux innovations formelles[18]. C'est ainsi que Jane Moss caractérise l'œuvre de Leroux, stipulant qu'il effectue une rupture définitive par rapport au théâtre identitaire[19].

Mais pour Joël Beddows, Michel Ouellette et Patrick Leroux lui-même, le véritable procès de la stylistique franco-ontarienne, la véritable rupture générationnelle que calque Leroux sur les modernes s'exécute par la violence envers le père irresponsable de *Rappel*[20], suite de *La litière*. Dans les mots de l'auteur:

> Blesser le père en donnant à son fils les outils nécessaires pour se livrer à un suicide pamphlétaire, hystérique, délibéré, embarrassant, tel était mon but. Le procès du père ne devait pas l'absoudre de ses responsabilités en le condamnant à mort, mais plutôt en le condamnant à la vie, *sans progéniture*[21].

---

[17] Louis Patrick Leroux, «L'influence de Dalpé…», *op. cit.*, p. 299.

[18] Pascale Casanova, *La république mondiale des lettres*, Paris, Seuil, 2008, p. 286.

[19] Jane Moss, «Le Théâtre franco-ontarien: Dramatic Spectacles of Linguistic Otherness», *University of Toronto Quarterly*, vol. 69, 2000, p. 603. Aussi: «*Reading or seeing a Leroux play is an insight into the contemporary culture of Ontario's young, educated, urban francophones, surprisingly post-identitary and postmodern*» (Jane Moss, «Foreword», dans Louis Patrick Leroux, *Ludwig & Mae*, trad. du français par Shelley Tepperman et Ellen Warkentin, Vancouver, Talonbooks, 2009, p. 13.)

[20] Joël Beddows décrit *Rappel (ou L'Apocalypse selon ce Ludwig comme il s'en est vu – un cérémonial)*, texte d'abord monté en 1995, comme «un moment charnière pour l'institution franco-ontarienne» parce qu'il permet aux «artistes francophones de l'Ontario» de «proclam[er] leur autonomie face aux contraintes d'une identité nationaliste quelconque» («Mutualisme esthétique et institutionnel: la dramaturgie franco-ontarienne après 1990», dans Lucie Hotte (dir.), *La littérature franco-ontarienne: voies nouvelles, nouvelles voix*, Ottawa, Le Nordir, 2002, p. 62). Voir aussi Michel Ouellette, «Préface "Faudra-t-il se taire alors"», dans Louis Patrick Leroux, *Se taire*, Sudbury, Éd. Prise de parole, 2010, p. 7.

[21] Louis Patrick Leroux, «L'influence de Dalpé…», *op. cit.*, p. 301.

Le père subit son humiliation dans une série de faux dialogues avec son fils, laissant des messages sur le répondeur de Ludwig. Et ce dernier lui répond enfin au moment du dénouement du spectacle, rétablissant ainsi un dialogue intergénérationnel pendant que le sang gicle de ses veines :

> Se tuer. Rendre utile notre mort. Tuer l'indifférence. Tuer l'indifférence. (*Il se tranche l'artère du poignet gauche* […])
>
> (*Ludwig décroche le téléphone avec sa manette de contrôle.*)
>
> PÈRE
> Ludwig ?
>
> (*Silence.*)
>
> PÈRE
> Parle-moi, Ludwig…
>
> LUDWIG (*faiblement*)
> Popa.
>
> PÈRE (*empli de terreur*) Qu'est-ce qui va pas ?
>
> LUDWIG (*moribond*)
> Je voudrais réapprendre à vivre, moi aussi[22].

Les répliques s'enchaînent dans une série de bouclages parfaits ; les personnages s'apostrophent et le fils répond à la question du père. En somme, Leroux met brutalement en scène, par ses personnages, par l'incitation au dialogue et son interruption, les propos de son « Manifeste de la génération manifeste ». Ludwig s'attaque à son père comme Patrick Leroux s'attaquait à la génération précédente du milieu artistique franco-ontarien dans *Liaison*. Dans les deux cas, spectateurs et lecteurs agissent comme témoins, ou deuxièmes destinataires, des invectives dialoguées.

---

[22] Patrick Leroux, *Implosions. Dialogues. La litière. Rappel*, Ottawa, Le Nordir, 1996, p. 216-218.

Leroux revient sur les enjeux de la transmission intergénérationnelle en 1996 dans *Tom Pouce version fin de siècle*, présenté à Cumberland et dédicacé «*Aux troupes de théâtre communautaires d'ici*[23]». En guise d'avant-propos, il rend explicite le rapport entre ce conte et le débat qu'il mène, entre autres, dans les pages de *Liaison*:

> Les enfants retrouveront leur chemin à plusieurs reprises grâce à leur débrouillardise et à leur désir de survie dans ce monde d'adultes qui n'assument pas leur rôle. Admettons que les comparaisons s'imposaient[24].

Et ici aussi, les enfants se suicident «par désespoir. Ils ont compris que leurs parents les aimaient moins qu'ils aiment l'argent et leur propre confort[25].» Plus encore, ils sont «découragés» de l'absence d'un dialogue possible entre leurs parents, et avec eux: «vous ne pouviez pas vous entendre entre vous et avec eux. Vous devriez avoir honte[26]!» Parallèlement au procès sanglant de *Rappel* et à celui de la honte de *Tom Pouce*, Leroux crée un espace de vie pour dialoguer avec sa propre génération et expérimenter différentes esthétiques théâtrales. Il y a l'«anti-opéra cybernétique» du *Rêve totalitaire de dieu l'amibe* en 1995-1996, le conte réinventé de *Tom Pouce version fin de siècle*, mais surtout la suite d'explorations du dialogue entre un homme et une femme, contenue dans le recueil *Implosions* publié en 1996, et dans lequel figurent *Dialogue (ou le Traité du flirt sadomasochiste: version épurée de tout acte violent)*, *La litière* et *Rappel*.

Dans *Dialogue*, créé en 1992 à Ottawa puis revisité en 1993 à Sudbury, Leroux explore explicitement les limites de la double adresse du dialogue théâtral. Deux spectateurs, un homme et une femme, «*entretiennent cette courtoise politesse propre à tout public théâtral qui se respecte. Ils se prêtent au jeu de l'amour et font du théâtre sans le vouloir. Les dialogues n'ont rien à voir avec ce qui se dit*

---

[23] Patrick Leroux, *Tom Pouce version fin de siècle*, Ottawa, Le Nordir, 1997, coll. «Théâtre», p. 7 (l'auteur souligne).
[24] *Ibid.*, p. 10.
[25] *Ibid.*, p. 159.
[26] *Ibid.*

vraiment[27] ». Ils se rendent vite compte qu'ils sont la cible du regard du public :

LUI
Nous devons donc discuter entre nous...

ELLE
Je pourrais t'ignorer.

LUI
Oui, en effet, tu pourrais... mais tu te sentirais obligée de dire quelque chose après un certain temps. Il y a un public à distraire[28].

Les paroles de chacun visent d'abord l'autre personnage, mais elles s'adressent doublement au « public à distraire ». Et ce public dicte le besoin de parler des personnages, les oblige à dire quelque chose, à se parler et à flirter. De manière semblable, le dialogue alimente l'action de *La litière*, créée à Ottawa en 1995, où Ludwig et Mae entretiennent une conversation autodestructive dont la fin coïnciderait avec la fin de leur relation.

Dans *Le beau Prince d'Orange*, présenté en 1993 à Ottawa, Leroux s'intéresse moins à la double énonciation du dialogue théâtral qu'aux possibilités d'énonciation en deux langues dans un même dialogue.

> (*Le couple se retrouve seul au lit, au centre de l'espace scénique. Silence immonde. Ils n'osent se regarder. Mal à l'aise, ils se déshabillent le plus lentement possible. [...] Guillaume doit posséder Mary Stuart. Elle résiste, le repousse.*)
>
> GUILLAUME :
> Quoi ! Suis-je si repoussant ?
>
> (*Silence.*)
>
> MARY :
> I would like to sleep.

---

[27] Patrick Leroux, *Implosions. Dialogues. La litière. Rappel, op. cit.*, p. 10.
[28] *Ibid.*, p. 17.

GUILLAUME :
Pardon ?

MARY :
I want to sleep.

GUILLAUME : (*tendre et inquiet*)
Sleep... Dormir. Vous voulez dormir ?

MARY :
What did you say ?

GUILLAUME : (*perplexe*)
Vous ne comprenez donc pas la langue courtoise.

(*Un long silence.*)

GUILLAUME : (*s'étend, comme pour dormir*)
Bonne nuit, ma femme.

(*Temps.*)

MARY : (*avec effort*)
Bôn-ne noui.

(*Noir.*)[29]

Pour boucler les répliques, et ainsi pallier la non-réception des paroles dans une ou l'autre des langues, certains mots (*sleep*, bonne nuit) sont répétés par les personnages, puis traduits ou tout simplement redits « avec effort ». Ce pacte du dialogue place les spectateurs bilingues (et probablement franco-ontariens), deuxièmes destinataires de ces répliques, aux premières loges des débuts de l'amour des personnages unilingues.

Enfin, si le discours de Leroux dans les pages de *Liaison* accompagne l'œuvre artistique, lui « fait la cour », l'auteur programme

---

[29] Patrick Leroux, *Le beau Prince d'Orange*, Ottawa, Le Nordir, 1994, p. 69-70.

aussi, dans son œuvre artistique, un discours sur le dialogue qui doit être en symbiose avec ses manifestes.

Paradoxal refus d'exil

Un an après avoir laissé la direction du Théâtre la Catapulte en 1998, Leroux quitte Ottawa et s'installe à Paris, où il poursuit des études supérieures et continue d'écrire. Un rapport sur les tendances du théâtre franco-ontarien, qu'il publie en 1998 à la veille de son départ, critique l'«exode continue [sic] d'interprètes et de créateurs» vers Montréal:

> Ils cherchent à combler des lacunes en formation ou sont en quête de milieux plus ouverts à leurs démarches ou plus ouverts, point. Pourquoi nos créateurs s'exilent-ils à l'époque où le théâtre est on ne peux [sic] plus consolidé[30].

On remarquera le glissement de l'exode (ou émigration massive) à l'exil (plus individuel), que Leroux hésitera à faire sien pendant quelques années encore.

Pendant cette période transitoire, en effet, l'auteur dirige les initiatives des contes urbains ottaviens et franco-canadiens et signe deux récits, «Ottawa-les-bains sens dessus-dessous» et «Alain Lalonde, barbier». En menant ces projets de contes, il fait une spectaculaire volte-face quant à son refus préalable d'évoquer dans son œuvre «le terme Franco-Ontarien» ou «aucun lieu traditionnellement reconnu comme franco-ontarien[31]». «Alain Lalonde, barbier» permet à Leroux (et au narrateur du conte) de retrouver le livreur de mets chinois de *La litière* à Vancouver, c'est-à-dire loin d'Ottawa, d'où proviennent à la fois le narrateur et le personnage éponyme. Mais le discours sur la migration de ces deux êtres relève d'une critique du lieu d'origine. Alain Lalonde, le barbier du narrateur, raconte l'histoire de sa jeunesse ottavienne, pendant laquelle, éduqué et branché sur les réunions communautaires, il était devenu «bénévole à temps plein de la jeunesse[32]». Le

---

[30] Patrick Leroux, «Théâtre franco-ontarien et tendances», *Liaison*, n° 98, 1998, p. 21.
[31] Louis Patrick Leroux, «L'influence de Dalpé…», *op. cit.*, p. 299.
[32] Patrick Leroux, «Alain Lalonde, barbier», dans Patrick Leroux (dir.), *Contes d'appartenance*, Sudbury, Éd. Prise de parole, 1999, p. 57.

narrateur du conte, à qui Alain Lalonde raconte le récit de son exil favorable («Fini les batailles sans fin, les revendications, les jalousies. Je m'occupe de moi et de ma famille; je suis enfin heureux[33]») – et, comme Leroux, auteur et metteur en scène –, est obligé de se repositionner quant à son choix de rester à Ottawa:

> Alain Lalonde m'a ouvert les yeux.
> [...]
> Alain Lalonde a fait le choix conscient de ne plus être
> minoritaire.
> Le choix contraire de celui que j'ai fait moi, à l'adolescence.
> J'aurais pu choisir de partir pour le Québec,
> ou de m'assimiler à la majorité anglophone,
> mais je ne prends plus mon choix pour acquis.
>
> Tous les vingt et un de chaque mois,
> je me rends chez Roma Barber Shop,
> rue Elgin à Ottawa.
> Je pèse les *pour* et les *contre*,
> je remets tout en cause.
> À date, c'est le *pour* qui l'a emporté,
> et j'en suis bien aise.[34]

Si Leroux incorpore explicitement un lieu franco-ontarien dans son œuvre, c'est en mode autofictif, pour interroger le choix de partir (et de vivre un exil heureux) ou de rester dans des conditions communautaires de plus en plus étouffantes. Entre les deux antipodes, Leroux laisse à son conteur les soins d'annoncer qu'il a choisi de rester, et qu'il est heureux par rapport à ce choix.

Leroux continue par ailleurs d'écrire dans les pages de la revue *Liaison*, où il conserve son rôle de commentateur provocateur du théâtre franco-ontarien, trimbalant son calepin et ses lecteurs dans la chronique «Le carnet parisien d'étudiant et de spectateur de Patrick Leroux[35]». Ce parcours d'accompagnateur en voyage se

---

[33] *Ibid.*, p. 58-59.
[34] *Ibid.*, p. 59.
[35] Voir «Le carnet d'étudiant et de spectateur parisien» de Patrick Leroux paru en cinq livraisons dans *Liaison*: n° 109, hiver 2000-2001, p. 34-35; n° 110, printemps 2001, p. 29-30; n° 111, été 2001, p. 33-34; n° 112, automne 2001, p. 40-41; n° 114, printemps 2002, p. 39-40.

trouve en outre dans *Antoinette et les humains ou La vache d'Antoine*. Cette pièce, rédigée entre 1999 et 2002, a d'abord été présentée en lecture publique à Ottawa (Théâtre français du Centre national des Arts et des 15 jours de la dramaturgie des régions) en 1999, puis en laboratoire public à Montréal (aux Laboratoires de l'Association québécoise des auteurs dramatiques [AQAD] par le Théâtre de la Démesure relative et l'École nationale de théâtre du Canada) en 2002. Trois fonctionnaires dans la trentaine et une étudiante en photographie dans la vingtaine s'occupent, dans un condominium d'Ottawa, de la vache Antoinette héritée d'un certain oncle Antoine. Délaissant tout pour entretenir Antoinette, les personnages finissent par partir pour lui faire prendre de l'air, voyageant avec elle dans un conteneur vers la Hollande, terre d'origine de la vache, puis autour du monde.

>ÉRICA, *temps de l'action*
>Adieu le ministère. Adieu Ottawa!
>
>RICHARD, *idem*
>Adieu l'hiver!
>
>JACK
>Le monde est à nous!
>
>RICHARD
>Prépare-toi à voir le monde, Antoinette!
>
>MARIE, *temps de la narration*
>Et elle voyagea, la vache. Elle voyagea.
>
>ÉRICA, *idem*
>La traversée de l'Atlantique fut une véritable partie de plaisir.
>
>RICHARD
>Un temps de recueillement, de récapitulation et d'échanges.
>
>[...]

JACK
Et la vache nous suivait partout : en train, entre Rotterdam et Delft, entre Delft et La Haye, entre La Haye et Amsterdam. [...] Elle visita, à La Haye, le musée *Mauritshuis* /

ÉRICA
Appréciant, comme nous d'ailleurs, les Bruegel, Holbein, Rubens, Vermeer et Rembrandt / [36]

L'emprise de la vache et le ridicule de la situation finissent par prendre le dessus jusqu'à ce que, bouleversée par une expérience de l'art du peintre animalier Paulus Potter, la vache se mette à parler et à faire des progrès linguistiques exceptionnels. Les personnages doivent abattre Antoinette et la consommer pour rétablir le rapport entre humanité et animalité, avant de s'établir à la campagne néo-zélandaise... avec des moutons. Autrement dit, ils choisissent de s'installer dans un lieu lointain sans la vache qui les a accompagnés.

En outre, malgré l'obsession bovine des personnages, et les capacités linguistiques phénoménales qu'ils attribuent à Antoinette, ils ne cèdent jamais de place dans leur dialogue pour que cette dernière prenne elle-même la parole. L'auteur ne lui accorde aucune réplique pendant le spectacle. De même, le carnet du spectateur parisien de Leroux ne laisse pas de place pour que le lecteur franco-ontarien entre en dialogue avec son auteur. Et l'exil s'inscrit de manière de moins en moins paradoxale dans cette parole d'auteur assumée, dans le choix de partir, qui s'oppose à celui du conteur d'« Alain Lalonde, barbier ».

Partir, revenir pour retrouver son adresse

À la suite du choix de partir exprimé dans « Antoinette et les humains ou La vache d'Antoine » et de l'interruption des chroniques dans les pages de *Liaison*, l'écriture prolifique de Leroux suspend son flot et se fait plus saccadée. L'auteur indique qu'il va, à ce moment, « réapprendre à écrire non plus en fonction des autres,

---

[36] Louis Patrick Leroux, « Antoinette et les humains ou La vache d'Antoine », Montréal, Auteurs dramatiques, 2004 ; [en ligne] http://www.adelinc.qc.ca/, p. 41-43, consulté le 12 janvier 2015.

d'un milieu et des réactions qu'['il] pourrai[t] provoquer [...] mais plutôt en fonction d'une démarche plus personnelle, plus essentielle » (*DF*, 8). À l'urgence de l'écriture se substitue la mouvance plus lente du questionnement, du retour et de la réécriture. Le texte inédit « Ce corps / Doubt », rebaptisé « *We'll Always Hate Paris* » et travaillé en atelier dans l'état de New York et à Montréal en 2004, reprend le dialogue bilingue du *Beau Prince d'Orange*, mais auprès d'un couple composé d'un auteur américain dans la soixantaine et d'une intellectuelle québécoise dans la vingtaine. Le personnage masculin est incapable de se remettre à l'écriture (« *Come on shithead, you can conjure up words, do something with them*[37] ») et de gérer son exil à Paris : « *The longer I stay, the more I get to know the city and the people, the more I'm convinced that I'll always be a foreigner here, an* étranger *– a stranger. An expat, nothing more, nothing less*[38]. » L'impuissance de l'écrivain est ramenée à l'intimité du rapport amoureux, à une difficulté de positionnement et d'adresse :

HE
What do you want from me?

ELLE
Et toi, qu'est-ce que tu me veux?

HE
All right, let's go at this from another angle : what do we want from each other?

ELLE
Each other, non?

HE
What is that in French?

ELLE
L'un l'autre. *One and the other – each other.*

---

[37] Louis Patrick Leroux, « We'll Always Hate Paris », tapuscrit inédit, Pointe-Claire, 2004, p. 4.
[38] *Ibid.*, p. 15.

HE
In what capacity? What role? Who am I to you? What are you to me[39]?

L'écrivain reprend sa plume lorsque la femme, qui s'était remise à consommer de la nourriture (comme les personnages humains d'« Antoinette »!), recommence ses menstruations : en écrivant l'histoire de ses sangs à elle, l'homme disparaît de sa vie.

Un dialogue sanglant marque également la pièce que Leroux définit comme *sa* pièce franco-ontarienne : *Se taire*[40]. Cette pièce, commandée par le Théâtre du Nouvel-Ontario en 2005 et retravaillée cinq fois en atelier entre 2006 et 2008[41], n'a pas encore été produite sur scène, mais a fait l'objet d'une publication que l'auteur dédie « *À ceux qui restent, qui se souviennent et qui témoignent avec délectation*[42] ». Comme le note Michel Ouellette dans la préface, cette pièce devait signaler pour Leroux « son retour sur les scènes de l'Ontario français[43] », mais n'a abouti qu'à un objet-livre aux éditions sudburoises Prise de parole. Cette adresse aux lecteurs franco-ontariens se trame dans la forme dramatique adoptée pour le récit de la migration qu'est *Se taire*. Comme l'a souligné Ouellette, la facture thématique de la pièce la rapproche étrangement du trio dramatique franco-ontarien composé par *Lavalléville* de Paiement, *Le chien* de Dalpé et *French Town* de Ouellette – ces trois œuvres correspondent précisément aux figures paternelles que Leroux avait tant contestées au cours des années 1990 – en traitant du « rapport entre partir et rester[44] ». Ariane Brun del Re a cependant montré que le « lien intertextuel[45] » manifeste entre ces

---

[39] *Ibid.*, p. 6.
[40] Louis Patrick Leroux, entretien inédit évoqué dans Ariane Brun del Re, « *Se taire* de Louis Patrick Leroux : une suite à *Lavalléville*, *Le chien* et *French Town*? », *Voix Plurielles*, vol. 9, n° 1, 2012, p. 31.
[41] « Cassandre aphone », Sudbury, 2006; « Le silence d'Alexandre/Le regard d'X », Cambridge (Mass.) et Montréal, 2006; « Se taire », Sudbury, 2007; « Se taire », Montréal, 2008.
[42] Louis Patrick Leroux, *Se taire*, Sudbury, Éd. Prise de parole, 2010, p. 5 (l'auteur souligne). Désormais *ST*, suivi du folio.
[43] Michel Ouellette, « Préface. "Faudra-t-il se taire alors?" », *Se taire*, *op. cit.*, p. 10.
[44] *Ibid.*, p. 11.
[45] Ariane Brun del Re, « *Se taire* de Patrick Leroux », *op. cit.*, p. 31.

œuvres est déployé par Leroux, puis détourné par son traitement décontextualisé des référents spatiaux et linguistiques.

Se pourrait-il, néanmoins, que *Se taire* soit autant de l'ordre d'une représentation nostalgique du retour, de la négociation toujours ambivalente de l'exil, que d'une réinscription (si détournée soit-elle) dans le milieu littéraire franco-ontarien? La pièce se lit certainement comme un récit de la migration. La longueur de ses didascalies relève davantage du texte destiné à être lu que du texte adapté pour la scène; très peu de l'action dramatique transparaît à l'extérieur de ce qui est narré dans d'interminables passages attribués à Christine, dite Alex en l'honneur de l'exilée Alexandra, et à Marguerite, dite La Prédicatrice. Dans ce qui devraient être des dialogues entre ces personnages et l'exilée Alexandra, le mutisme de cette dernière fait en sorte que les répliques faussement dialoguées ressemblent davantage à des monologues. Comme dans un récit, les didascalies permettent d'entrer dans la psychologie du personnage d'Alexandra, l'exilée, et, de ce fait, de lui accorder le mutisme de la page: «*Après s'être réfugiée dans le silence, elle s'y est trouvée étrangement bien. L'idée ne lui vient même plus de parler*» (*ST*, 16; l'auteur souligne). Cette forme du récit, qui habite l'œuvre dramatique, aurait pu contribuer à sa non-production scénique en Ontario français, tout autant, du moins, que la raison invoquée par Ouellette, soit «la représentation de l'incapacité des structures théâtrales à intégrer la voix autonome d'un de ses dramaturges et l'expression du désenchantement d'un créateur face à son milieu[46]».

Dans sa représentation de la dialectique entre partir et rester, *Se taire* donne, depuis seize ans, libre cours à la rumeur du départ. Leroux y donne d'abord la voix à celles qui restent – Christine, Marguerite et le chœur des Silencieuses. Pour l'adolescente, l'exil a fait d'Alexandra une figure mythique. Pour la Prédicatrice, il a fait d'elle une raison d'écrire:

> Tu sais que je n'ai jamais voyagé. [...] J'écrivais un récit.
> Tu le savais?
> Bien sûr que tu le savais. J'ai été bloquée pendant quelques années.

---

[46] Michel Ouellette, «Préface...», *op. cit.*, p. 12.

> Une phrase, puis plus rien. Une réplique, non, un mot vraiment : *partir*. La phrase au complet ? Tu veux l'entendre au complet ? Eh bien, elle est toute simple mais tout s'y trouve :
> « Partir, dit-elle. »
> Tu le savais que j'écrivais. À quoi bon, d'ailleurs, puisque personne n'attendait quoi que ce soit de cet exercice. J'écrivais en pure perte, pour remplir des pages et ce vide qui m'habitait. Je nommais ce que je ne savais ni n'osais faire : partir. Je suis restée. Et je n'ai rien vu. Alors que toi, toi, tu as eu le courage de partir. Tu as parcouru le monde. Raconte ! Laisse-moi lire dans tes yeux le récit de tes voyages. (*ST*, 51)

Ce n'est que lorsque les Silencieuses menacent d'extirper la langue d'Alex qu'Alexandra donnera la réplique : « Tu rêvais de partir. Tu rêvais d'être enfin quelqu'un ailleurs. Tu as récupéré mon exil » (*ST*, 74). L'exilée constate également, dans la scène intitulée « Paratopie », la fugacité de son retour : « Mon exil a été terrible puisque imposé. / Mon retour est pire encore : je vous ai ramené les horreurs que je voulais vous éviter. / Ce retour m'enlève ce qui me distinguait » (*ST*, 74). Elle repart avec Alex et Marguerite (« Moi, je ne sais plus faire autre chose », *ST*, 75), laissant derrière elle le village et ses Silencieuses qui « *manieront la parole avec délectation et raconteront, chacune à sa façon, le récit des trois éclopées errant sur les routes, ne sachant plus revenir, seulement partir* » (*ST*, 75). Pour l'énonciateur de ces didascalies, le rôle de celles qui restent est de témoigner, d'écouter, pour faire entrer les exilées dans la mémoire collective et assurer la pérennité de leur présence mythique dans le village.

Ouellette et Brun del Re ont retrouvé une part autobiographique dans *Se taire* : les seize ans d'exil d'Alexandra pour les quinze ans qui séparent *Rappel* de *Se taire*[47], le prénom d'Alexandra pour le village où Leroux a grandi, Alexandria[48]. Hormis la part de fiction, où le dialogue des personnages finit par s'installer entre ceux qui partent et ceux qui restent, la double destination du texte dramatique permet également à Leroux de tenter une reprise de parole pour s'adresser à ceux qui restent en Ontario. La posture paratopique explicitée

---

[47] *Ibid.*, p. 7.
[48] Ariane Brun del Re, « *Se taire...* », *op. cit.*, p. 25.

dans la dernière scène de *Se taire* lui réserve un espace en rupture avec ce milieu littéraire et cède la place au discours savant.

Là où *Se taire* travaille laborieusement le thème d'une reprise du dialogue avec ceux qui restent, le recueil *Dialogues fantasques pour causeurs éperdus* illustre un tiraillement avec la matière formelle du dialogue. Reprenant la piécette *Dialogue (ou le Traité du flirt sado-masochiste : version épurée de tout acte violent)*, dont la première version date de 1990, le recueil sous-titré « Récit en dialogues, scènes muettes et textes intimes » intègre des personnages féminin et masculin, qui pourraient aussi être Ludwig et Mae. « Pourquoi revenir à ces personnages, à cette dynamique malsaine ? », se demande Leroux dans la partie « L'autofiction et moi ». « Sans doute à cause de la disparition soudaine et inexpliquée de cette muse. La muse disparue, j'ai rédigé une oraison disjointe, polymorphe : journal intime, dialogue socratique, texte dramatique injouable, dont le caractère antithéâtral ne me préoccupait pas puisqu'il n'était pas destiné à être joué » (*DF*, 9).

La crise de la parole et de l'écoute chez Leroux aboutit donc à un retour au dialogue fantasque, où Lui et Elle se fardent, se poudrent, se costument en Marie-Antoinette et en Napoléon bicorné et ajoutent strate sur strate à leur jeu comme à leurs répliques[49]. Tantôt pour se repousser, tantôt pour s'attirer ou pour donner lieu à des rencontres, à des désagrégations, à des poursuites éperdues, à des tentatives de communication à tâtons, les figures féminine et masculine s'adonnent au dialogue puis s'écoutent respirer et se hument. Le dialogue n'aura jamais été aussi incertain ni les causeurs aussi égarés, exaltés. La série de « ratages » à la fin de l'ouvrage en témoigne : Lui a beau tenter d'éviter la disparition de sa muse transformée en revenante, évoquer une parade d'animaux, de majorettes, de muffins géants pour la convertir en vers, puis en reliquaire, il ne retrouve l'interlocutrice que dans l'« intense luminosité » (*DF*, 111) de la scène. « Comment veux-tu que je dialogue tout seul ? » (*DF*, 104), demande-t-il. Le dialogue ne devient-il pas, dans ce cas, un triste monologue, le soliloque de celui qu'on n'écoute plus ?

---

[49] Une première version de ce paragraphe est déjà parue dans ma critique de l'ouvrage. Voir Nicole Nolette, « Reprise de parole », *Liaison*, n° 159, 2013, p. 46.

Il s'agit certainement là d'une hypothèse formulée par Leroux au sujet du milieu théâtral québécois où, faute de débouchés véritables, les auteurs dramatiques s'installent en solitude paratopique et écrivent des textes qui n'auront pas de public.

> Reste un seul lecteur privilégié et une seule adresse qui soit essentielle : l'adresse à soi-même, pour soi-même. L'adresse à soi pour se convaincre d'exister, car sans public l'auteur dramatique n'est que simulacre[50].

On pourrait aussi dire que, par ces propos provocateurs, Leroux fait la cour à ses lecteurs éventuels, les invitant dans sa salle de spectacle.

Faute de dialogue, la résonance

Devant l'impasse du soliloque au Québec, et plutôt que de *se taire*, Leroux multiplie les formes d'adresse : des écrits savants de plus en plus nombreux sur le théâtre franco-ontarien, sur le théâtre québécois et sur l'autofiction visant les chercheurs en théâtre ; l'inauguration discursive des études de la dramaturgie circassienne[51] ; des traductions signées de sa plume[52], mais aussi de certaines de ses pièces précédentes[53]. Dans ses rapports avec la fiction dramatique, Leroux persévère avec une forme de dialogue évoquée dans ses textes précédents : les dialogues muets avec les animaux. Un chien « se met invariablement à japper et à grogner dès que je travaille sur les dialogues de *la Litière*[54] ». Des vaches apparaissent dans *Rappel*, dans *Tom Pouce* et dans *Antoinette et les humains*. Tout un bestiaire habite *Dialogues fantasques pour causeurs éperdus*. « Dans

---

[50] Louis Patrick Leroux, « Condition de l'auteur dramatique dans l'espace théâtral contemporain : des textes en trop ? », *L'Annuaire théâtral*, n°s 50-51, 2011-2012, p. 45.

[51] Voir, entre autres, son entretien avec Carlos Alexis Cruz, « Contemporary Circus Dramaturgy: An Interview with Louis Patrick Leroux », *Theatre Topics*, vol. 24, n° 3, septembre 2014, p. 269-273.

[52] *Flotsam*, traduction d'*Écume* d'Anne-Marie White, mais aussi les textes suivants en autotraduction : *False Starts* (« *A Subterfuge of Excellent Wit* »), traduction de *Dialogues fantasques pour causeurs éperdus*; *Milford Haven, triptych*, traduction de *Milford Haven*, avec Alexander St-Laurent ; *Antoine's Cow: Everything is True!*

[53] Des traductions en anglais (Shelley Tepperman), en allemand (Julie LeGal et Maike Krause) et en espagnol (Tiatro) de *La litière*, par exemple.

[54] Louis Patrick Leroux, « Dialogues muets avec les animaux », *Jeu*, n° 130, 2009, p. 113.

[l'univers de Chagall] tout est possible : les animaux et les humains dialoguent, les points de fuite sont nombreux et aléatoires[55] », mais les animaux de Leroux restent muets. Ils se taisent.

Une dernière forme de dialogue, dont on peut aussi douter de la capacité de répondre, hante Leroux depuis 2005 : le « dialogue avec les morts ». Sur le site Web de son laboratoire de recherche-création autour de la résonance, il explique ce terme que certains usages pourraient renvoyer à l'interdiscursivité ou à la remise en circulation du dialogue :

> *Why Resonance?*
> *For its responsiveness and for its deep-rooted echo of an original impulse. These projects engage in a resonant response to imperfect and sometimes frustrating source works, allowing for a fundamental reading of the work, a dialogue with it – if only to play up misreadings, playful appropriations, and deconstructions.*
>
> *Creation is an act of reading and opportune misreading. No work of art is truly original; it is always tributary to an earlier sequence of earlier works. As a playwright, director, artist, and very much as a teacher of literature and of creative writing, I'm especially interested in engaging in a series of resonant responses to source texts – exploring intertextuality, intratextuality, citation, pastiche, emulation, deconstruction. If theatre is, indeed, a dialogue with the dead as Antoine Vitez and Tadeusz Kantor would both have it, the dialogue I am drawn to spans many lives and many more deaths to be replicated in as many variations as can be explored, from straight theatre to circus, through installation and performance*[56].

Des personnages de celles qui restent dans *Se taire* à la revenante dans *Dialogues fantasques pour causeurs éperdus*, le théâtre de Leroux contient aussi ses êtres disparus qui continuent à parler ou qui refusent de se taire. Que l'auteur s'en inspire, qu'il y inscrive le retour ou qu'il y réponde, la résonance prolonge le dialogue formel. Elle convoque un destinataire du passé pour pallier l'absence de tout autre destinataire. Elle prend la source comme fin et désamorce le temps d'un écho la crise de l'adresse.

---

[55] *Ibid.*, p. 116.
[56] Louis Patrick Leroux (2012), « Why Resonance », *Resonance : A Portal for Research-Creation* ; [en ligne] http://resonance.hexagram.ca, consulté le 12 janvier 2015.

THÉMATIQUES

EXORCISER LE PÈRE DANS L'ŒUVRE DE CLAUDE GUILMAIN

Isabelle Dakin
Université du Québec à Chicoutimi

> *Lui, il veut parler de choses pertinentes.*
> *Il a besoin d'être pertinent.*
> *Il veut avoir rapport à la question.*
> *Il veut se rapporter au fond même de la cause.*
> *Est-ce que ça serait lui, le problème, et pas les autres ?*
> Claude Guilmain[1]

La question du Père est l'une des plus fondamentales que pose la littérature. Intimement reliée au parcours du héros, elle oriente chacun des choix de ce dernier. L'articulation de la métaphore paternelle au sein de l'œuvre littéraire, et par laquelle s'inscrit la progression du fils au rang de Père, se donne à lire par le biais de certaines notions récurrentes, dont la culpabilité et le parricide. Comme le souligne François Ouellet, cette mise à mort symbolique ou reniement de la figure paternelle

> [...] génère un intense sentiment de culpabilité. Or, plus l'individu conçoit une *image* supérieure du père, plus ce sentiment de culpabilité est intense, et par conséquent, plus la réparation exigée pour obtenir

---

[1] Claude Guilmain, *Comment on dit ça, « t'es mort », en anglais?*, Ottawa, Éd. L'Interligne, 2012, p. 83. Désormais *C*, suivi du folio.

l'innocence et devenir soi-même père est grande. Le rachat du meurtre du père est proportionnel à l'intériorisation de la grandeur de la figure du père par le fils et à la culpabilité qui s'y rattache.[2]

En d'autres mots, une image symbolique paternelle forte est susceptible d'engendrer chez le fils une volonté de dépasser, de réécrire son rapport au père, de devenir « cet autre père[3] ». Dans nos sociétés occidentales, « la raréfaction du père[4] » vient mettre en échec ce désir d'accéder à la paternité. Enfermés dans une structure œdipienne, les fils en manque de père ne peuvent produire que du non-sens, fils à leur tour de leur propre fils. C'est cette dialectique dépaternalisée que nous sommes en mesure d'observer dans l'œuvre de Claude Guilmain et sans doute, plus largement, dans la littérature depuis plus d'un siècle : elle exploite inlassablement le point de vue du fils dépourvu de figure paternelle forte à laquelle s'identifier.

Puisque « [l]e destin de tout père est d'être assassiné par le fils, ou plutôt d'*accepter* d'être un jour assassiné[5] », qu'en est-il lorsque l'image de la figure paternelle est ternie par de multiples défaillances ? Le fils choisira-t-il de subvertir les bases sur lesquelles repose sa définition identitaire pour se différencier de ce « Il » à tout prix ? Trouvera-t-il le salut en s'affirmant en marge de cette structure aliénante ou, au contraire, prendra-t-il la voie de la « dédifférenciation[6] » en devenant le double de ce père ? Deviendra-t-il le « fils manqué » ou choisira-t-il de devenir un homme, au risque d'être orphelin ? Voici quelques questions que soulève la lecture de l'œuvre de Claude Guilmain. En fait, les écrits de l'auteur, cinéaste, metteur en scène et cofondateur du théâtre La Tangente ne manquent pas de références à la figure paternelle. C'est avec

---

[2] François Ouellet, *Passer au rang de père. Identité sociohistorique et littéraire au Québec*, Québec, Nota Bene, 2014 [2002], p. 23.
[3] *Ibid.*
[4] Pierre Legendre, *Le crime du caporal Lortie. Traité sur le père*, Paris, Flammarion, coll. «Champs», 2000 [1989], p. 211.
[5] François Ouellet, *op. cit.*, p. 22.
[6] Pierre Legendre parle de «l'impératif de la différenciation» pour illustrer ce qui, «dans la dialectique père-fils, doit se perdre, faute de quoi père et fils seraient le double l'un de l'autre et l'un pour l'autre» (*op. cit.*, p. 84), ou, autrement dit, dédifférenciés.

L'égoïste, texte dramatique créé en 1997 au Theatre Factory de Toronto et publié en 1999 aux éditions Prise de parole, qu'il augurait le déboulonnement du mythe du père tout-puissant. Adultère, irresponsable et financièrement non solvable, la figure paternelle dont il est question dans ce premier texte tracera la route aux différentes représentations de la loi et du pouvoir dans l'œuvre de l'auteur, comme nous pouvons le voir dans *La passagère* (2002) et dans *Requiem pour un trompettiste* (2005).

Qu'elle donne dans le théâtre ou la poésie, l'écriture de Guilmain exploite inlassablement le point de vue du fils lésé dans sa filiation masculine. Associée au père, la fonction filiative recèle une importance toute particulière quant à la transmission de l'identité paternelle. Bien que ce que nous pourrions désigner comme le «devenir-homme» constituerait l'élément central de la réalisation de l'identité masculine, le «devenir-père» serait, pour sa part, l'aboutissement de la fonction filiative. Le rôle des parents ne consiste pas seulement à transmettre une identité à leurs enfants; ils doivent également leur donner les outils nécessaires pour qu'ils soient à leur tour capables d'être parents et de transmettre la fonction parentale. Traditionnellement, et comme le note l'ethnopsychiatre Marika Moisseeff dans un article au sujet de la transmission intergénérationnelle, il s'agit là du «meilleur moyen de déjouer les risques incestueux[7]». C'est en cela que l'écriture de Guilmain en est une de «règlements de comptes». Elle a en effet beaucoup de comptes à régler avec le passé et, par le fait même, avec le père qui a abandonné la fonction filiative essentielle à la transmission intergénérationnelle, essentielle à la vie. Cette écriture cherche à communiquer, à parler des «choses pertinentes», quitte à devoir affronter la solitude.

Pour actualiser ce désir, le fils doit passer non seulement par la mise à mort du père à l'aide du processus d'écriture, mais également par celle de son double. Cette croisade vers l'appropriation d'une subjectivité assumée se donne à lire en deux temps: la mort du père d'abord illustrée dans *L'égoïste* et reprise une seconde fois

---

[7] Marika Moisseeff, «Une perspective anthropologique sur les rôles parentaux», dans Catherine Dolto-Tolitch (dir.), *Le féminin. Filiations, etc. Actes des journées d'étude Françoise Dolto 2003 et 2004*, Paris, Gallimard, 2005, p. 138.

dans *Comment on dit ça, «t'es mort», en anglais?*, puis celle du frère, à la fois double et rival de la figure paternelle. Nous pourrions ainsi aborder le texte comme une forme d'exorcisme par le biais de la création. Lourd de sens, le rapport défaillant entre le fils (ou les fils devrait-on dire) et celui qui tient lieu ici de figure paternelle peut être éclairé par cette phrase de François Ouellet dans son article «*Se faire* père. L'œuvre de Daniel Poliquin»:

> L'enjeu, en regard de la relation du héros au père, consistera dans l'inscription du sujet entre les conditions de la marginalité et de la communalité: plus il accorde de crédibilité au père, plus il saura s'intégrer à la société qu'il recherche; en revanche, une dévaluation (meurtre symbolique) du père s'accompagne d'un désir irrépressible de marginalisation, d'une affirmation identitaire en marge des lois sociales[8].

C'est effectivement ce désir de marginalisation, ou plutôt de différenciation, qui prend forme dans le récit poétique de Guilmain. Comparativement au fils aîné qui suit la voie du père dans *L'égoïste* pour finalement sombrer dans la névrose identitaire et la mort, le cadet, dans *Comment on dit ça, «t'es mort», en anglais?*, tente à tout prix de se différencier de cette figure paternelle toxique. La «subversion identitaire» du héros s'opérera de façon rétrospective. En effet, c'est en effectuant un retour sur les différents épisodes de son existence, au sein desquels les défaillances paternelles ont été les plus significatives, qu'il arrive à faire le deuil de ce père absent. Comme il est possible de le constater dans *L'égoïste*, c'est aussi et surtout avec l'aide de son frère aîné, double du père et éternel rival, que cette désacralisation de l'image paternelle s'actualise. La mort de ce frère dans *Comment on dit ça, «t'es mort», en anglais?* vient d'ailleurs sceller sa définition identitaire non plus à travers ses liens de filiation, mais comme homme désormais tourné vers l'avenir, comme sujet autonome.

La raison pour laquelle notre réflexion s'oriente majoritairement autour de ces deux textes est claire: malgré leurs disparités

---

[8] François Ouellet, «*Se faire* père. L'œuvre de Daniel Poliquin», dans Lucie Hotte et François Ouellet (dir.), *La littérature franco-ontarienne: enjeux esthétiques*, Ottawa, Le Nordir, 1996, p. 91.

formelles, ils entretiennent des liens de parenté évidents en raison d'éléments biographiques. D'abord intitulée *Portrait d'un parfait inconnu*, la pièce *L'égoïste* doit sa création à une visite de l'auteur à l'appartement vétuste de son père. Comme le dévoile Guilmain dans son introduction au texte dramatique, «*sans savoir pourquoi, il fallait que j'essaie de décrire ce que je percevais être le bordel qu'était devenue la vie de mon père*[9]». C'est dans ce «bordel» paternel, où se retrouvent les deux frères, que s'ouvre la pièce. Pour sa part, le récit poétique *Comment on dit ça, «t'es mort», en anglais?* fait écho aux décès du père et du frère aîné (André senior et André junior) de l'auteur, survenus à moins d'un mois d'intervalle en septembre 2005, comme nous le révèle dans sa postface la directrice artistique du théâtre Tangente et conjointe de l'auteur, Louise Naubert. Ces événements seront intégrés dans le second tableau du récit intitulé «Japonais» : «Le père est mort, le frère est mort trois semaines plus tard. Si la tendance se maintient, il ne lui reste plus longtemps à vivre.» (*C*, 15) Teintés par l'absence et l'incommunicabilité, les rapports qu'a entretenus l'auteur avec ces hommes seront sans cesse repris dans ses différents textes, parfois en sourdine, mais brillant toujours par leurs multiples dysfonctions. Père manquant, frère manqué, aurait-on envie de dire à la suite de la lecture de cette «mise en abyme» littéraire, pour reprendre le terme utilisé par Naubert. En outre, et comme nous serons en mesure de l'observer ici, l'exposition des défaillances de cette figure paternelle adultère et totalement désinvestie de son rôle auprès de ses fils constitue l'élément central de l'écriture de Guilmain.

❖

> Y m'a tout pris, l'enfant d'chienne.
> Y a toujours tout pris. (*É*, 89)

Il ne fait aucun doute que *L'égoïste* est une œuvre de fils. Les différentes scènes qui composent cette pièce nous ramènent sans cesse à l'absence de figure paternelle structurante. Les fils dont il

---

[9] Claude Guilmain, *L'égoïste*, Sudbury, Éd. Prise de Parole, 1999, p. 11. Désormais *É*, suivi du folio.

est ici question entretiennent entre eux un rapport essentiellement basé sur la rivalité; l'agressivité et les railleries qui ponctuent leurs échanges le démontrent de façon évidente. En outre, nous apprenons à la fin de la pièce que ce rapport conflictuel caractérise la relation entre le père et l'aîné des frères.

Cette pièce est composée de huit scènes reparties en deux lieux: l'hôpital, où se retrouvent les deux fils et leur mère, et l'appartement poussiéreux délaissé par le père à la suite de son décès, où se rencontrent les mêmes personnages. Dans un souci de cohérence et au bénéfice de notre analyse, nous devons d'abord nous intéresser aux scènes de l'hôpital dans lesquelles le drame prend racine. Nous y retrouvons Marc (le cadet à l'allure rebelle), Yves (l'aîné, homme d'affaires de 40 ans élégamment vêtu) et leur mère au chevet du père hospitalisé à la suite d'un grave accident de voiture. Stéphane, le demi-frère de 12 ans, qui était avec le père lors du drame, se trouve entre la vie et la mort. Aux deux frères, le docteur Kitchener explique la situation:

> He suffered severe trauma to the head, fortunately all of his internal organs are intact. Your brother could be a donor for your father, or someone else. We have several patients in the cardiac ward. We have patients on other wards as well who could benefit from your brother's... organs. I have to ask you as next-of-kin since your father has not regained consciousness. (*É*, 29)

Ce sont ces trois mots prononcés par le médecin, «or someone else», qui seront à l'origine de la mise à mort symbolique du père par ses fils, exécution qui se soldera par sa mort réelle. Comme Yves l'explique à Marc: «Le médecin m'a dit qu'y a une petite fille ici à l'hôpital qui a besoin d'une greffe, pis euh, ben puisque Stéphane est...» (*É*, 31). Les deux fils font donc face à un lourd dilemme moral et doivent très rapidement faire un choix déchirant: autoriser la transplantation cardiaque pour leur père ou le priver de ce cœur susceptible de prolonger son existence au profit de la fillette, dont l'état est particulièrement urgent.

Ce qui nous interpelle à mesure que nous progressons dans la lecture de cette pièce, c'est le revirement de situation qui transforme l'enjeu initial (autoriser la transplantation pour le père ou donner le cœur à la fillette) en une lutte morale entre les deux fils, lutte qui est porteuse d'un intense sentiment de culpabilité, car il y a chez eux une forte volonté parricide, plus particulièrement chez Yves. L'impression de Marc n'est d'ailleurs pas étrangère à cette volonté : « J'me sens comme si on était en train de le condamner. Qu'est-ce qui arrive si son état se détériore ? » (*É*, 64) En fait, la tension générée par cet événement entraîne le dévoilement, par les deux frères, des multiples erreurs de ce père négligent et irresponsable qui a probablement provoqué la mort de son jeune fils, comme le mentionne d'ailleurs Yves : « Le médecin pense que Stéphane était pas attaché. C'est pour ça qu'y'est allé r'voler à travers le windshield. » (*É*, 47) Après avoir mis en lumière la responsabilité de son père dans le drame en soulevant le fait qu'il « [n']a jamais porté de maudites ceintures », il viendra poser le verdict suivant : « C'est plate à dire, mais y'a probablement causé la mort du petit. » (*É*, 47)

Malgré le fait qu'elle ait divorcé une vingtaine d'années plus tôt, la mère cherche à influencer la décision de ses fils en faveur du père, tentant de raisonner Yves :

> Tu diras ce que tu voudras. Mais la petite machin chouette a' l'aura pas le cœur de Stéphane ! T'as-tu compris ? Ça-tu de l'allure ? Pour l'amour du bon Dieu, Yves ! C'est ton père qui risque de mourir. T'en rends-tu compte ? (*É*, 71)

Ce à quoi Yves répondra : « Ok, ok ! C'est que j'arrive pas à comprendre pourquoi t'arrêtes pas de t'accrocher au cou de c'te vieux bâtard-là ! » (*É*, 72) Ce n'est pas l'homme d'affaires prospère de 40 ans, lui-même père d'une fillette, qui s'exprime ici, mais bien le fils qui tente de se libérer de l'emprise paternelle qui le maintient dans une position aliénante. Pour sa part, Marc se range plutôt du côté de sa mère. Celui qui a « sauvé » ce père de la faillite à plusieurs reprises en lui prêtant de l'argent tente encore une fois de lui venir en aide, ce que lui reproche d'ailleurs Yves : « Coudon, t'as-tu peur qu'y t'en veuille ? Ou ben c'est parce que tu veux lui dire que c'est toi qui lui as sauvé la vie ? » (*É*, 65) La position de Marc est plutôt ambivalente : bien qu'il ait beaucoup souffert de l'attitude du père envers lui, il paraît incapable d'assumer le fardeau de la culpabilité qui accompagne la concrétisation de ce parricide symbolique souhaité par son frère: « Eh maudite marde! C'est pas notre responsabilité ça! Pourquoi ce serait à nous autres de décider une affaire de même? » (É, 64) Prendre la décision de tuer le père impliquerait, pour le fils cadet, de devenir un homme pour éventuellement passer au rang de père. Cependant, comment pourrait-il endosser ce rôle si sa relation à la figure paternelle a toujours été marquée par l'abandon? Pour ce fils ayant évolué dans une structure « dépaternalisée », il ne fait aucun doute que cette tâche apparaît vide de sens.

Race de Caïn, race d'Abel

Bien que l'essentiel de l'action se concentre à l'hôpital, quatre scènes de la pièce se déroulent à Toronto, dans l'appartement miteux du père où se rencontrent ses deux fils et leur mère. C'est d'ailleurs dans ce lieu que s'ouvre et se referme le drame. Cette incursion dans l'univers poussiéreux du père amène Marc à prendre conscience du peu d'espace qu'il a occupé dans son existence, ce qui provoque un malaise chez lui: « Depuis que j'suis rentré ici, j'me sens drôle » (É, 19). Comme il le fait observer à son frère, le père n'a pas gardé grand-chose de sa vie passée. En fait, il a conservé un seul vestige de son passé familial: la table de cuisine. Cette pièce de l'ameublement permet à Marc d'établir un lien entre les places jadis occupées par chacun des membres de la famille et la position hiérarchique qu'ils occupaient auprès du père. L'observation faite par le cadet à son frère nous permet de remonter à la source de leur rivalité:

>YVES
>Qu'est-ce que t'as à me regarder de même?
>
>MARC
>Tu t'es assis à ta place.
>
>YVES
>Comment ça, à ma place?

> MARC
> Ben! La chaise de maman au bout... Moi là, contre le mur, pis ici, la chaise de pôpa... Pis toi, à côté de pôpa... à la droite du père. (*É*, 17)

Selon la perception de Marc, il apparaît clairement que cette position occupée par Yves, «à la droite du père», renvoie à une forme de reconnaissance paternelle et qu'elle relègue, par le fait même, le fils cadet dans un «no man's land» identitaire. La place de l'aîné auprès du père met en lumière la posture de fils rejeté ou orphelin, pourrait-on dire, adoptée par Marc.

Dans la deuxième scène de l'appartement, le fils cadet tente encore une fois de trouver sa place dans sa filiation masculine en effectuant une recherche dans les effets personnels du père. Plutôt décevant, le résultat de cette fouille l'amènera à dire ceci: «Où est-ce qu'on est, nous autres, là-dedans?» (*É*, 20) En regard des éléments soulevés précédemment, cette réplique devrait plutôt se lire ainsi: «Où est-ce que j'suis, moi, là-dedans?» La suite de cette scène vient confirmer notre lecture et nous éclaire davantage sur le sentiment d'abandon éprouvé par le cadet:

> MARC
> Oui, mais si ce qu'il a gardé c'est ce qui lui tenait à cœur, si tout ce qu'il a gardé représente les moments mémorables de sa vie, ça te fait rien qu'il ait rien gardé de nous autres, de quand on était ensemble, en famille?
>
> YVES
> Tu voulais peut-être qu'il garde tes bottines de bébé?
>
> MARC
> Il a aucun souvenir de moi. Y'a rien ici pour lui rappeler que j'ai fait partie de sa vie. (*É*, 21)

Nous pourrions qualifier Marc « d'apatride[10] » en regard de son absence de place dans la Maison du Père. Quant à Yves, il reproche à ce père le désinvestissement de son rôle. Voyons comment cette relation rivale plutôt que filiale entre l'aîné et son père contribue à l'instauration de ce que Françoise Héritier nomme « l'inceste de second type[11] ».

La confusion au sein des rôles

Alors que l'inceste de premier type implique la copulation entre apparentés, celui dont il s'agit dans ce texte repose plutôt sur la rivalité que l'accomplissement de l'acte sexuel instaure au sein de la relation père-fils. D'abord implicitement dévoilé dans le discours du fils, ce rapport malsain se donne à lire ainsi :

> Le jour où j'ai appris que Sally était enceinte, je l'ai appelé. Je voulais lui dire qu'y'allait être grand-père. J'étais tout fier de lui annoncer que j'allais être père. [...] Pis là, juste quand j'suis venu pour lui dire, y m'a annoncé que Lorraine [la nouvelle femme du père après son divorce] était enceinte. J'ai même pas eu le temps de lui dire ma nouvelle. Pis à part de ça y'a commencé à me faire chier parce que ça faisait plus longtemps que lui que j'étais marié pis comment ça que ma femme était pas encore enceinte alors que lui à son âge… J'ai pas eu le courage de lui dire. (*É*, 58)

Même si elle peut sembler de prime abord anecdotique, cette annonce ratée de la paternité d'Yves nous révèle l'impossibilité pour ce fils d'être reconnu dans son aptitude à procréer et, par le fait même, à endosser lui-même l'identité paternelle. En fait, le père vient semer le désordre dans les rôles au sein de la filiation en prenant la place de son fils au moment où celui-ci doit à son tour passer au rang de père. Le retour sur cet événement fera dire ceci à Yves : « Parce qu'y faut dire qu'y'a pas joué le rôle de père ben, ben souvent avec nous autres ! » (*É*, 58)

---

[10] Nous utilisons ici le terme d'apatride d'un point de vue purement identitaire en regard du personnage de Marc. En effet, l'indétermination de la place qu'il occupe auprès de celui qui lui tient lieu de figure paternelle le prive des liens de filiation essentiels à sa définition identitaire masculine et, en l'occurrence, de sa capacité à passer lui-même au rang de père.

[11] Françoise Héritier, *Les deux sœurs et leur mère. Anthropologie de l'inceste*, Paris, Odile Jacob, 1994.

Le dénouement de la pièce nous dévoile l'ampleur des dommages perpétrés par la confusion des places au sein de la relation père-fils. Et c'est autour de la table de cuisine, symbole de la cellule familiale, que Marc et Yves mettront fin au règne de ce père despote. Dans cette dernière scène, qui se situe à l'appartement, Marc fait jouer une vidéo dans laquelle apparaissent Angèle, l'ex-copine d'Yves, et le père : « Y'est en train de la tripoter ! A' pas l'air d'haïr ça ! Hé ! Y'a sa main dans culotte d'Angèle ! Y'est en train de plotter ta blonde devant toi, pis tu t'en rends même pas compte ! » (*É*, 77), observe Marc. Nous apprenons plus loin qu'Yves fut témoin d'un ébat entre sa blonde de l'époque et son père, événement à l'origine de la rivalité sexuelle entre le père et le fils. La vive amertume toujours ressentie par l'aîné à la suite de cette trahison paternelle est ainsi exprimée :

> Je l'aimais Angèle. Tu te rappelles comme je l'aimais Angèle, hein môman ? On passait des veillées à table ensemble toi pis moi, pis j'te parlais d'elle. Mais y me l'a enlevée ! Je l'aimais ! [...] J'voulais l'tuer, l'enfant d'chienne ! (*É*, 86)

Françoise Héritier définit l'inceste de second type dont il est ici question comme une « affaire de "collusion illicite" entre des humeurs identiques[12] ». Selon l'anthropologue,

> [c]'est parce qu'il y a plus de substance, d'identité communes entre un père et son fils qu'entre un père et sa fille que l'union corporelle d'un homme avec la femme de son père ou celle de son fils peut être traitée comme plus dommageable que le rapport sexuel d'un père et de sa fille dans certaines sociétés, parce que la substance du père touche celle du fils et réciproquement à travers la partenaire commune[13].

Ce mélange « d'identité commune » par le biais de l'acte sexuel entraîne la « dédifférenciation » du père et de son fils et la confusion des rôles au sein de la filiation masculine.

Dans la pièce de Guilmain, la vengeance orchestrée par le fils

---

[12] *Ibid.*, p 364.
[13] *Ibid.*, p. 14-15.

aîné fait sans doute partie de cette dynamique incestueuse. En effet, quelques années plus tard, Yves profitera de l'absence du père pour copuler avec Lorraine :

> J'suis arrêté à la maison, à un moment donné. Le père était parti pour la fin de semaine. Lorraine était là, toute seule. Ça faisait drôle de la voir dans ta cuisine m'man. [...] Je l'ai baisée ici sur la table de la salle à manger, là, le cul dans l'assiette du père. (*É*, 87)

Nous avons ici une belle illustration de l'application de la loi du talion : le fils se venge en mélangeant sa propre substance à celle du père ; Lorraine n'est en fait que le réceptacle, la matrice dans laquelle s'installe le germe de l'inceste. Cet échange de fluides corporels entre semblables vient mettre en échec « l'impératif de la différenciation[14] » indispensable à la reproduction généalogique. Comme le souligne Pierre Legendre, le destin de l'espèce humaine est intimement lié à « la fonction de la limite ». Cette limite (l'interdit du meurtre et de l'inceste) a pour but de « mettre en œuvre la logique de l'altérité, traiter l'enjeu du semblable et de l'autre[15] ». Dans le texte de Guilmain, plusieurs éléments nous portent à croire qu'Yves est en fait le double de son père, le fils et lui allant jusqu'à partager leur rôle auprès des femmes. Cet échange de rôles au sein de la dialectique père-fils atteint son point culminant à la fin de la pièce, lorsque qu'Yves annonce à son frère et à sa mère que Stéphane était en fait le fruit de sa copulation avec la deuxième femme de son père, Lorraine :

> Vous trouvez pas ça drôle ? Y m'a tellement fait chier avec son fils ! Toi aussi d'ailleurs, Marc, ça t'a écœuré que Stéphane prenne ta place. L'attention que tu as toujours voulue de ton père, ben c'est un p'tit morveux qui l'a eue. Ça t'a fait chier pendant douze ans. T'as pas à t'en faire, hein, le p'tit frère ! Au bout de la ligne, c'était même pas son fils à lui. Ha ! Ha ! C'est le docteur qui me l'a dit. Y m'a dit que le sang de Stéphane matchait pas celui du père. (*Il rit.*) (*É*, 88)

---

[14] Pierre Legendre, *op. cit.*, p. 84.
[15] *Ibid.*, p. 154.

« Y m'a dit que le sang de Stéphane matchait pas celui du père. »
Cette phrase d'Yves vient mettre en relief la transgression des deux
interdits : l'inceste et le meurtre. Bien que la mort du père ne soit
pas directement attribuable à un parricide dans son sens strict, il
n'en demeure pas moins que la responsabilité de ce décès repose
sur les épaules du fils. En ce sens, nous pourrions presque parler
de « parricide de second type » en regard de la relation de rivaux
dédifférenciés instaurée entre ce père et son fils aîné. En prenant
en compte cet élément, il apparaît assez clairement que la quête de
paternité d'Yves est un échec, puisqu'elle n'aura servi qu'à mettre
en lumière l'impossibilité pour ce fils de se séparer de l'image de
son père dont il est devenu le double. Pour sa part, Marc est, à
la fin, dans la même position adoptée en début de texte : celle de
l'orphelin.

✧

> Le frère le méprise.
> Quoi de neuf ?
> Le frère ne lui a jamais pardonné d'avoir écrit
> une histoire semi-autobiographique.
> À ne pas confondre avec semi-automatique.
> Kalachnikov. (*C*, 81)

Pour autant qu'il nous soit possible de le faire, inspirons-nous
de l'écriture de Guilmain dans son récit poétique et tentons encore
une fois de prendre nos distances quant aux considérations biographiques susceptibles de brouiller notre analyse. En fait, ce qui
attire d'abord notre attention à la lecture de *Comment on dit ça,
« t'es mort », en anglais ?*, c'est justement cette distance qu'établit le
narrateur vis-à-vis de ses sujets : nous pourrions d'ailleurs comparer son rôle à celui d'un caméraman perché sur une plateforme
au-dessus d'un plateau de tournage, ou peut-être aussi à celui d'un
marionnettiste, dont les seuls liens qui l'unissent à ses sujets
seraient composés de fils de soie. *Exit* la narration à la première
personne, *exit* le je-me-moi. Il y a bien présence d'un « il », de deux
« le » et d'un « la » plus effacé (pour *le* frère, *le* père et *la* mère), mais
aucune trace de « je ». Cette absence totale d'implication du

narrateur dans le récit nous ramène inévitablement au sujet de la présente analyse : l'exorcisation des défaillances paternelles. C'est d'ailleurs un passage du tableau « Héritage » qui a orienté notre réflexion autour de l'éclatement des liens de filiation :

> Il regarde une photo de son grand-père, un homme qu'il n'a jamais connu, un homme que le père n'a jamais vraiment connu.
> De toute évidence, les liens dans cette famille ne sont pas très forts.
> Comme si l'absence se passait de père en fils.
> Comme si l'absence était un talent qu'on transmet à nos enfants. (*C*, 49)

Cette absence plane dans chacun des tableaux qui composent le récit poétique de Guilmain. Une absence physique, mais aussi l'absence des liens essentiels à la transmission. D'ailleurs, concernant la façon de vivre « dans l'immédiat » du père, le narrateur dira : « Pas de passé et, semble-t-il, pas d'avenir. » (*C*, 42)

« Personne. Sauf le chien noir. »

Plusieurs symboles reviennent tout au long de ce récit morcelé, seuls éléments qui semblent liés les uns aux autres. C'est le cas du terrain vague qui rappelle le vert sur lequel le frère cadet passait jadis ses journées dans le rôle de caddy pour son père, obnubilé par « la figure de la jolie Écossaise, emblème de la compagnie Macdonald Tobacco » (*C*, 9). Nous retrouvons aussi le cheval et l'épée, qui le ramènent aux guerres incessantes qu'il livrait à son frère aîné, chevalier perdant sur toute la ligne au service d'une reine-mère « emprisonnée dans la tour de son impuissance » (*C*, 27). Il paiera d'ailleurs très cher le sauvetage symbolique de cette figure maternelle trahie par un mari adultère :

> Le frère et le père n'accepteront jamais que la mère soit partie. Quand le frère et le père vont comprendre que c'est lui qui a désenchaîné la mère, ce sera le début d'un combat qui durera jusqu'à la mort. (*C*, 28)

Parmi les symboles récurrents, nous retrouvons également le « beu », métaphore de l'autorité défaillante, et le chien noir, observateur passif qui prend place dans plusieurs tableaux et qui siège également dans le titre de l'épilogue. Bien qu'elles puissent sembler au premier abord accessoires, les fréquentes apparitions de l'animal solitaire méritent que l'on y consacre quelques lignes.

Faisant le pont entre l'enfance et l'âge adulte du frère cadet, le chien noir figure dans les tableaux où s'effritent les rapports familiaux, par exemple lorsque le frère aîné, au cours d'un jeu de rôle tumultueux, s'est violemment fait gifler par son père devant la visite ; défaite humiliante qui marquera d'ailleurs la transformation de ce qui n'était qu'une simple rivalité fraternelle en une guerre intestine devant se solder par la mort de l'un ou l'autre des protagonistes : « L'humiliation d'avoir gobé les fleurs du tapis de salon depuis des années lui donne la force de battre le frère à mort s'il le faut. » (*C*, 26)[16] Observateur extérieur des événements qui se déroulent dans le foyer familial, l'animal sera témoin de l'humiliation de l'aîné avant de s'éclipser : « Le chien noir laisse la trace de son museau sur la fenêtre avant de disparaître. » (*C*, 24) Par sa présence distante, le chien rappelle la posture adoptée par le narrateur tout au long du récit : l'espace qu'il occupe est externe au récit, son implication dans le texte se limitant à celle d'un observateur. Jusqu'à un certain point, nous pourrions également établir un parallèle entre le rôle de l'animal et celui joué par le frère cadet auprès de son père et de son frère aîné ; l'impossibilité d'établir une communication avec eux le relègue dans le rôle de figurant. Un passage du tableau « Téléphone » illustre bien l'incommunicabilité qui caractérise la relation entre les trois hommes, les liens de filiation étant insuffisants à combler le vide laissé par l'absence de véritables rapports entre eux :

> Chez le frère, ils vont sûrement se parler.
> Trois hommes, ensemble.
> Trois personnes relativement intelligentes.
> Ils sont tous des adultes, après tout.

---

[16] Dans *L'égoïste*, Marc revient sur cet événement humiliant qui semble également avoir marqué le commencement de la rivalité entre le père et l'aîné : « Oui, oui ! pis trois fois à part de ça ! Trois fois "Tape-moi pus pôpa, tape-moi pus" ! Pis PACLOW ! encore une fois. J'me rappellerai toujours du son de sa grosse main sur ta joue pleine de larmes. » (p. 34)

> Ils vont s'asseoir les trois hommes ensemble et ils vont sûrement se parler et trouver une solution.
>
> Ils soupent en silence puis ils regardent le base-ball.
> Pas un crisse de mot su'a *game*. (*C*, 44)

Dans cet univers exclusivement masculin où tout tend à s'effacer pour faire place au silence et à l'absence, l'animal réapparaît, métaphore de la « bête noire » dont le cadet devra se défaire pour enfin trouver son espace d'expression : « Le dernier mur tombe. Un nuage de poussière recouvre tout d'une poudre blanche. Tout, sauf le chien noir. » (*C*, 54)

Le chien noir disparaîtra à la fin du récit, dans l'épilogue servant à relater l'enterrement du frère aîné peu de temps après la mort du père. Ce départ peut faire référence au salut du frère cadet, désormais libéré des liens qui le maintenaient enchaîné dans les limites aliénantes de l'absence. Enfin, l'échange entre le père et le frère cadet qui marque la fin du récit peut être lu comme la mort de son statut de fils, et donc sa renaissance en tant que sujet autonome :

> – Papa... Comment on dit ça, « t'es mort », en anglais ?
> – *You're dead.* (C, 89)

Se fera-t-il lui-même père ? Il nous faudra probablement attendre la suite de l'œuvre de Guilmain pour trouver réponse à cette question. Dans tous les cas, l'exorcisme de la figure paternelle semble bel et bien effectif.

Conclusion

Tous deux inspirés de faits réels – le naufrage du Titanic et la tragédie causée par l'eau contaminée à Walkerton –, *La passagère* et *Requiem pour un trompettiste* mettent encore en scène des figures de l'autorité défaillante : d'une part, un architecte naval richissime dont l'ambition l'amène à trahir les rêves de sa jeune épouse et, d'autre part, un maire et son adjoint corrompus jusqu'à la moelle qui cultivent la désinformation dans le but de camoufler une négligence aux conséquences mortelles pour la population. Situées chronologiquement entre *L'égoïste* et *Comment on dit ça, « t'es mort », en anglais ?*, ces deux œuvres dramatiques aux accents musicaux servent, en quelque sorte, de parenthèse dans la quête du fils que l'on a pu observer dans les deux textes à l'étude. Bien que nous soyons d'abord frappés par les nombreuses disparités thématiques et formelles que présentent ces textes, certains éléments récurrents viennent tout de même lier l'ensemble de l'œuvre. Parmi ceux-ci, nous retrouvons à l'avant-plan la présence de personnages en position d'autorité qui usent de leur pouvoir comme arme de trahison massive, trompant leurs femmes, leurs fils, leurs électeurs. Au bout du compte, la mort du père dans *L'égoïste* n'aura peut-être servi qu'à en ressusciter les tares les plus saillantes. Dans le récit poétique, le retour du fils dans un style à la fois intimiste et distant permet toutefois à l'auteur de boucler la boucle de l'histoire familiale. La « seconde mort » du père sera peut-être, cette fois-ci, la bonne. Il aura fallu à l'auteur faire de bien grands détours pour finalement arriver à exorciser les défaillances de la figure paternelle. Peut-on dire que son œuvre contribue à la rédemption du père ? Peut-être. Une chose est certaine, le fils semble y avoir trouvé le salut. Tous les comptes sont maintenant réglés ; la dette est à zéro. Reste la vie, devant, et la littérature…

LES MOTIFS DE L'ALTÉRITÉ DANS L'ŒUVRE POÉTIQUE DE MICHEL DALLAIRE

Johanne Melançon
Université Laurentienne

Romancier, nouvelliste et poète, Michel Dallaire a publié son premier recueil de poésie, *Regards dans l'eau*, dans la collection « Perce-Neige » des éditions Prise de parole en 1981, la même année que *L'homme invisible* de Patrice Desbiens et que *Gens d'ici* de Jean Marc Dalpé et trois ans après *Une bonne trentaine* de Robert Dickson. Pourtant, Dallaire n'a jamais été identifié comme étant le « quatrième "D" », et pour cause, puisque pour Desbiens, Dalpé, Dickson, la poésie a été fortement associée à une posture identitaire proprement franco-ontarienne, ancrée dans le Nord et dans la langue. Si son univers est celui de l'intime, tout comme celui de Dickson, l'un de ses thèmes de prédilection est la rencontre de l'Autre qui se module avec le voyage, l'ailleurs, le dépaysement et la traversée des frontières. Mais cette altérité, c'est aussi la rencontre de soi, alors qu'une « espèce de schizophrénie de l'intime [...] structure depuis toujours l'univers poétique de l'écrivain[1] ». Dans sa poésie, on note aussi une sensibilité à la musique, aux sonorités et au rythme – dans les thèmes et les images, mais également dans son choix de produire des disques audionumériques pour certains de ses

---

[1] François Paré, « Michel Dallaire, *À l'écart du troupeau* », *Liaison*, n° 123, 2004, p. 51.

recueils[2], où la parole récitée est accompagnée d'un paysage sonore. Dallaire, comme les autres poètes qui ont commencé à publier dans les années 1970 et au début des années 1980, en particulier les trois « D » – et c'est là peut-être leur point commun –, est sensible à la parole récitée, à celle qui passe par la voix, par le corps. Cependant, il se distingue par « son désir exaspéré de rompre avec un passé contraignant[3] » en allant résolument vers l'Autre et l'ailleurs, et ce, par la rencontre amoureuse et par l'écriture.

C'est ce dont témoigne la trajectoire poétique de Michel Dallaire. J'examinerai ici, plus particulièrement, comment le thème de l'altérité permet de tisser un fil de lecture à travers les différents recueils de Dallaire, depuis *Ponts brûlés et appartenances* (1998) jusqu'à *Dégainer* (2013), en m'attardant sur *Pendant que l'Autre en moi t'écoute* (2010), dont le titre énonce clairement le thème. Ce dernier recueil met en scène l'écriture comme un dédoublement de soi et la rencontre avec l'Autre de façon particulière, puisqu'il a été écrit dans un cahier entre l'Afrique (le Bénin) et le Canada, et que l'écriture même est liée à la rencontre de l'Autre, laissant parfois, littéralement, la parole à l'Autre. Ce parcours de lecture du recueil empruntera à la critique thématique alors que l'altérité, sous son double visage de l'Autre et de l'Autre en soi, en sera le thème privilégié et développera les motifs du dédoublement de soi (« l'Autre en moi »), de la présence à l'Autre sous forme d'écoute, ce qui implique de voir la poésie comme une *parole*, comme un *dire* qui ne prend son sens que dans la relation à l'Autre, celui qui la reçoit, qui la perçoit, qui en construit le sens, dans un mouvement vers l'Autre qui passe par la voix et le rythme.

Une trajectoire marquée par l'altérité

Toute l'œuvre poétique de Michel Dallaire est marquée par l'altérité, teintée par l'ailleurs et l'intime, qu'il s'agisse de la rencontre avec l'Autre ou de l'Autre en soi, et ce, dès les premiers recueils. Si *Regards dans l'eau* (1981) explore l'univers intérieur où l'ailleurs est à l'intérieur de soi, la suite de poèmes d'*En terre sans frontières* (1983)

---

[2] *(Le pays intime)* (1999), *À l'écart du troupeau* (2003) et *L'écho des ombres* (2005).
[3] François Paré, *op. cit.*, p. 51.

déploie l'idée de l'ailleurs dans la rencontre amoureuse, une des facettes de la rencontre de l'Autre privilégiée chez Dallaire, alors que *Cinéma muet* (1989) s'interroge sur l'ici en rapport avec l'ailleurs et que les voyages au Maroc (Afrique) et au Pérou (l'autre Amérique?) suscitent chez le poète une interrogation sur «ses appartenances».

Poursuivant la réflexion des trois premiers recueils, *Ponts brûlés et appartenances*, dès l'exergue d'Henry Miller tiré de *Tropique du Capricorne*, invite à un dédoublement de soi sous forme de voyage: «Il n'est au monde qu'une seule aventure: la marche vers soi-même, en direction du dedans, où l'espace et le temps et les actes perdent toute leur importance.» Cette altérité de l'intime, pourrions-nous dire, est marquée dans le texte même par la mise en scène d'un «*il*» (souligné dans le texte), comme une mise à distance de soi dès le poème liminaire («Tourisme[4] littéraire»): «Sans mise en scène, *il* ramasse les débris de son époque, plonge au fond de lui-même faire la plus urgente des révolutions[5]», et le recours aux italiques et aux guillemets permet de distinguer la voix de l'Autre s'immisçant dans le texte. Dans la deuxième section du recueil, celle des «appartenances», c'est la rencontre amoureuse qui met en scène l'altérité:

> toujours cette urgence de l'Autre
> dans tous les pays
> tous les corps
> toutes les langues
>
> [...]
>
> l'impression que nous nous cherchons
> depuis longtemps
>
> je traverse le pont de ses yeux
> nous devine semblables
> quelque part et pour toujours. (*PB*, 61)

---

[4] Ce titre confirme bien l'idée d'un voyage, soulignant ici l'aspect du plaisir ou du désir de découverte lié à une migration que l'on choisit de faire.

[5] Michel Dallaire, *Ponts brûlés et appartenances*, Ottawa, Le Nordir, 1998, p. 9. Désormais *PB*, suivi du folio.

Comme le note François Paré, dans la section «Appartenances», «la quête poétique s'ouvre encore une fois sur le déplacement difficile et nécessaire vers l'Autre[6]».

Dans *(Le pays intime)* (1999), l'expérience de l'altérité explore de nouvelles avenues et se déploie dans de nouveaux motifs. D'une part, ce recueil inaugure une série de trois recueils de poèmes qui seront publiés avec un disque audionumérique, un choix artistique qui correspond à une exploration de la rencontre entre deux langages, l'un linguistique (les mots), l'autre non linguistique (les sons, la musique). Déjà, on sent une sensibilité à l'écoute, forme privilégiée du rapport à l'Autre dans la poésie qui s'incarne dans une voix, puisque l'on doit «demeurer à l'écoute/ des voyelles torturées/ des consonnes épicées/ des musiques vraies[7]». Mais c'est surtout la «Finale», dernière section du recueil, qui explore un nouveau motif de l'altérité en proposant une réflexion sur l'écriture dans une mise en scène d'un autre que soi, mais qui est soi, alors que le «je» s'adresse à lui-même dans l'expérience de l'écriture et que les territoires deviennent imaginaires – signe de la plongée en soi qu'annonçait le «tourisme littéraire» entrepris dans le recueil précédent:

> Au fil des nuits, ma vie dans la tienne, on a vécu les hauts et les bas de ta fiction, celle que tu réinventes sans cesse, enfermé dans ton enceinte aux teintes sombres parce que dis-tu, «ça fait plus intime», parce que tu te sens bien dans ce décor que tu as si soigneusement créé. Que je n'oublierai pas. (*PI*, 84)

Cet effet de miroir permet au poète l'expérience de l'Autre en soi:

> «Au début, il y a toi face à ces démons que tu comprends à peine, à ces amours qui t'échappent, à ce cinéma qui semble venir de nulle part et qui, parfois, te donne un visage qui trahit le pays intime qui t'habite.» (*PI*, 85)

Dans *(Le pays intime)*, on voit bien, comme le souligne Stefan Psenak, que «[l]oin de la question minoritaire, l'exploration de

---

[6] François Paré, «Place à la conscience méthodique», *Liaison*, n° 96, 1998, p. 42.
[7] Michel Dallaire, *(Le pays intime)*, Sudbury, Éd. Prise de parole, 1999, p. 39. Désormais *PI*, suivi du folio.

Dallaire est d'abord et avant tout celle du territoire intérieur – le plus difficile à habiter – comme l'exprime si clairement le titre[8] ».

Dans *À l'écart du troupeau* (2003), Dallaire poursuit l'expérimentation de la rencontre de deux moyens d'expression ; comme l'analyse François Paré, la voix du poète et le paysage sonore du musicien Daniel Bédard semblent dialoguer :

> L'environnement musical et sonore, conçu par Daniel Bédard, est indissociable de la lecture du livre de Michel Dallaire. Il s'agit à la fois de deux versions distinctes de la même œuvre (en fait, certains textes ne figurent pas sur le CD) et d'une seule œuvre, soutenue et enrichie par l'entrelacement de ses divers modes d'expression. La musique et les échos électroniques viennent troubler l'assurance de la voix[9].

De même, le sous-titre du recueil – « blues poétique pour voix éraillée » – vient souligner l'importance de cette rencontre entre poésie et musique (paysage sonore). Le recueil, aux accents autobiographiques, met en scène un poète à la recherche de ses « appartenances dispersées[10] » – des appartenances toujours plurielles –, conscient de la distance (« à l'écart ») qui le sépare des autres et de leurs préoccupations (« à l'écart (I) ») et qui retourne sur les lieux de son enfance (Manitouwadge) pour renouer avec lui-même (« à l'écart (II) ») : « je roule sur la 17 ouest / dans le nord de l'Ontario / à plusieurs années de moi-même » (*ET*, 45). Le territoire n'est plus seulement imaginaire ici. Mais si le lieu et les repères géographiques sont réels, plus rien n'est comme avant, le poète-voyageur (ou pèlerin ?) devient un autre – « je deviens chanteur *western* » (*ET*, 51) –, il est un autre : « je me rends compte que / […] / que je n'ai plus de nom / d'étiquette d'identité / que je ne suis / qu'un grand singe / flottant dans une baie / sur quelques bouts de bois » (*ET*, 76). La dernière section (« à l'écart (III) »), sorte d'épilogue (en prose), répond au premier poème qui annonçait « l'éclatement singulier ». Ainsi, après avoir rencontré Miss Paris (« à l'écart (II) »)

---

[8] Stefan Psenak, « Mouvements du corps et de l'écriture », *Liaison*, n° 105, 2000, p. 29.
[9] François Paré, « Michel Dallaire, *À l'écart du troupeau* », *op. cit.*, p. 51.
[10] Michel Dallaire, *À l'écart du troupeau*, Ottawa, Éd. L'Interligne, 2003, p. 15. Désormais *ET*, suivi du folio.

– à qui est dédicacé le recueil –, le «*je* a quitté les lieux de l'enfance» en sa compagnie, alors qu'elle «[...] est sur le point d'accoucher d'un éclatement des plus singuliers». (*ET*, 89) Quant au poète, «il lui arrive encore d'écrire des textes mélancoliques» (*ET*, 89). La conclusion du recueil développe ainsi un nouveau motif de l'altérité: après une plongée dans son monde intérieur provenant du passé, le poète peut opérer une mise à distance de soi, en se dédoublant («le "je" a quitté»), tout en soulignant le point de rencontre entre soi et l'Autre en soi qui est l'écriture.

Avec *L'écho des ombres* (2004), Dallaire fait un pas de plus dans l'exploration de l'altérité, tant dans son écriture que dans la thématique. D'une part, il poursuit le dialogue entre la voix du poète et le paysage sonore, tout en ajoutant une dimension visuelle, puisque six dessins de Michel Galipeau ponctuent *L'écho des ombres*. D'autre part, sur le disque audionumérique, on peut entendre non seulement la voix du poète, mais aussi une *autre* voix, celle de Blandine Agohi-oka, avec ses poèmes en baoulé qui se retrouvent d'ailleurs aussi dans le recueil (avec une traduction en français, pour faire le pont entre les deux langues), le poète donnant ainsi littéralement la parole à l'Autre. Le recueil *L'écho des ombres* est donc le produit de la rencontre de trois créateurs, Michel Dallaire remerciant d'ailleurs «[s]es deux principaux collaborateurs, celle et celui qui [l]'ont aidé à donner un corps et une âme à ce recueil[11]». Ainsi donc, l'altérité – ici la rencontre de l'Autre par l'abolition des frontières[12] – s'avère le point de départ de l'écriture, alors qu'«effacer les frontières» (*EO*, 21), voire les traverser (*EO*, 25, 83), en constitue le projet. D'ailleurs le recueil a été écrit «entre Abidjan et Sudbury[13]». De plus, la rencontre amoureuse comme pur mouvement, ainsi qu'en témoigne la métaphore de la danse qui fait se correspondre (en écho?) le texte de Dallaire et les dessins de Galipeau, mais surtout comme véritable fusion dans un *nous*

---

[11] Michel Dallaire, *L'écho des ombres*, Ottawa, Éd. L'Interligne, 2004, p. 7. Désormais *EO*, suivi du folio.

[12] On pourra lire à ce sujet l'analyse de Lucie Hotte et Johanne Melançon, «La poétique des frontières dans *Famien (sa voix dans le brouillard)* et *L'écho des ombres* de Michel Dallaire», dans Samira Belyazid (dir.), *Littérature francophone contemporaine. Essais sur le dialogue et les frontières*, New York, The Edwin Mellen Press, 2009, p. 159-182.

[13] Selon le communiqué de presse des Éd. L'Interligne annonçant sa parution.

« traçant la carte des frontières abolies » (*EO*, 69), est dominante dans le recueil. Enfin, celui-ci est parsemé de la présence de l'Autre, de ses mots par l'emploi du discours direct et du discours indirect ; l'autre voix est dès lors toujours présente, toujours tissée dans le texte.

Si *L'écho des ombres* privilégiait la rencontre amoureuse fusionnelle, le récit poétique *L'anarchie des innocences* (2007) nous plonge résolument dans l'univers intérieur d'un poète / écrivain / narrateur qui parle de lui à la troisième personne, dédoublement de soi en tant qu'écrivain. Dans ce récit, le personnage principal, le « bon gars », ressent « le besoin d'une rupture » ; en lui s'immisce de plus en plus « une idée de résistance[14] », thématique qu'annonçait *Ponts brûlés et appartenances*. Il décide de s'isoler pour écrire, et cette introspection – cette plongée en lui-même – déclenche sa métamorphose, « sa révolution ». En fait, il est aux prises avec ses personnages : le journaliste qui incarne sa réflexion sur l'altérité, la dame aux crevettes écrivant et récitant des poèmes de révolte en anglais et l'incitant à écrire ou à recommencer et qui représente son inconscient, la mouche Gertrude qui figure ce qu'il n'arrive pas à saisir (son inspiration ?) ou à canaliser (son « anarchie ») (*AI*, 73), ainsi que les autres créateurs qu'il rencontre, soit son voisin musicien, dont les inventions sonores l'inspirent, et le peintre Coleslaw, qui incarne la critique sociale et le rejet du collectif. Dans ce récit, l'altérité est associée directement à l'expérience d'écriture, liée au dédoublement nécessaire de soi, et elle nourrit, de plus en plus, toute une dimension éthique – la critique sociale représentée par l'idée d'une « révolution intérieure » effectuée par le « bon gars », « qui résiste au projet collectif, tente d'ouvrir la voie d'une révolution intérieure » (*AI*, troisième de couverture).

La trajectoire de Michel Dallaire a pris une direction toute particulière à la suite du décès de l'artiste Michel Galipeau, qui a illustré plusieurs de ses recueils et avec qui il a collaboré à d'autres projets. Le recueil *L'éternité derrière* (2008) en témoigne – ce que confirme le sous-titre « poèmes inspirés de la vie de Michel

---

[14] Michel Dallaire, *L'anarchie des innocences*, Ottawa, Éd. L'Interligne, 2007, p. 57. Désormais *AI*, suivi du folio.

Galipeau » –, tout en offrant une série de poèmes inspirés par différents croquis inédits de Galipeau, et donc qui se pose en relation avec l'Autre. Peut-être même s'agit-il d'une lecture, en quelque sorte, de l'Autre, comme le suggèrent les propos qu'on peut lire dans la préface de l'auteur à son recueil : « Aujourd'hui, je ne sais plus si je me trouve en situation d'écriture ou en situation d'amitié. Car ces poèmes sont le fruit d'une rencontre avec l'homme et avec son œuvre[15]. » C'est dire que *L'éternité derrière* doit être lu comme un dialogue non seulement avec l'Autre, mais aussi avec une autre forme de création artistique. Et ce dialogue n'est pas seulement celui qu'instaure le poète avec les œuvres de l'artiste visuel, mais bien aussi celui du « lecteur » potentiel. Ainsi que nous le dit le poète : « J'espère néanmoins que ces textes possèdent une dimension "autre" que tout un chacun pourra partager […]. » (*ED*, 13) L'altérité s'exprime donc ici sous une forme bien particulière : il s'agit d'une incursion dans l'intimité du poète, qui se donne comme ouvertement biographique, en même temps que d'un dialogue, d'un échange avec un artiste qui pratique une forme d'art différente – mais devenue, avec les années, complémentaire, puisque les deux créateurs ont souvent collaboré ensemble. Ici, c'est le désir de proximité, de se rapprocher au plus près de l'Autre, disparu, mais toujours présent à travers ses œuvres, qui nourrit l'écriture.

Altérité et écriture dans *Pendant que l'Autre en moi t'écoute*

Dans son huitième recueil, *Pendant que l'Autre en moi t'écoute* (2010), Michel Dallaire poursuit l'exploration de ce mouvement vers l'Autre, tout en offrant un commentaire critique sur cette expérience. Écrit entre l'Afrique (le Bénin) et le Canada, le recueil développe une poétique de la rencontre de l'Autre en lui laissant parfois la parole – comme dans le cas de *L'écho des ombres*, aussi écrit entre l'Afrique (la Côte d'Ivoire) et le Canada –, mais en s'interrogeant également sur le dédoublement de soi dans le processus

---

[15] Michel Dallaire, *L'éternité derrière*, Ottawa, Éd. L'Interligne, 2008, p. 12. Désormais *ED*, suivi du folio.

d'écriture et de lecture, de même que sur le travail d'interprétation de l'Autre.

Ces motifs de l'altérité, à la suggestion du titre, peuvent nourrir le parcours de lecture de ce recueil de Dallaire. L'altérité, sous son double visage de l'Autre et de l'Autre en soi, constitue ainsi le thème en tant que « principe concret d'organisation, un schème ou un objet fixe autour duquel aurait tendance à se constituer et à se déployer un monde[16] ». Ce fil d'Ariane permet de construire une lecture au sens où l'entend Jean-Pierre Richard, c'est-à-dire comme « parcours personnel[s] visant au dégagement de certaines structures et au dévoilement progressif d'un sens[17] ».

Ainsi, l'expérience de l'altérité se vit, dans ce *Pendant que l'Autre en moi t'écoute*, d'une façon particulière : d'abord dans un dédoublement de soi (« l'Autre en moi ») et dans une présence à l'Autre sous forme d'écoute, ce qui implique de voir la poésie comme *parole*, comme un *dire* qui ne prend son sens que dans la relation à l'Autre, celui qui la reçoit, qui la perçoit, qui en construit le sens. L'écoute, c'est aussi l'accueil de l'Autre et le mouvement vers lui dans cette idée de « prêter son attention à » ou d'« accueillir avec faveur (ce que dit quelqu'un), jusqu'à apporter son adhésion, sa confiance[18] ».

Ainsi, tout au long de *Pendant que l'Autre en moi t'écoute*, la rencontre de l'Autre se fait à travers la poésie, tant dans son écriture que dans son *écoute* – la poésie prenant ainsi toute sa matérialité dans la / les voix qui la porte(nt) –, puisque les poèmes sont récités devant public, le recueil s'inscrivant, comme le précise l'auteur, dans son écriture et dans son propos, dans le contexte du Salon international des poètes francophones du Bénin. Avant même d'être un thème, l'altérité y est le principe de l'expérience d'écriture, comme en témoigne le poète : « un chapelet de mots tente de décrire cet univers qui se construit en moi. Malgré moi[19]. » Écrire

---

[16] Jean-Pierre Richard, *L'univers imaginaire de Mallarmé*, Paris, Seuil, coll. « Pierres vives », 1961, p. 24.

[17] Jean-Pierre Richard, *Onze études sur la poésie moderne*, Paris, Seuil, coll. « Pierres vives », 1964, p. 7.

[18] « Écouter » dans Paul Robert, *Le Robert I*, Paris, Éd. *Le Robert*, 1988, p. 601-602.

[19] Michel Dallaire, *Pendant que l'Autre en moi t'écoute*, Ottawa, Éd. L'Interligne, 2010, p. 16-17. Désormais *P*, suivi du folio.

ou écouter la poésie, c'est accepter de perdre pied, d'où ce nécessaire abandon de soi. Cette expérience d'écriture/lecture – que Dallaire associe à une improvisation (*P*, 16) – passe par la voix, les sonorités et les rythmes, modes d'expressions que le texte convoque dans sa matérialité même et qui deviennent les motifs qui permettent d'exprimer la double altérité, celle de soi à soi et celle de soi à l'Autre :

> Je pense à l'Autre. Celui qui se trouve en moi et qui décode mes comportements et mes réactions comme bon lui semble.
>
> Je pense à celui ou celle qui m'attend. Ses préoccupations, sa culture, ses mots, sa voix, ses gestes... (*P*, 12)

C'est du moins ce que l'avant-propos de Michel Dallaire, intitulé « Histoire d'un petit livre », nous permet de saisir, alors qu'il y explique que sa démarche, cette nouvelle expérience d'écriture, a été déclenchée par l'Autre, l'ami qui lui a donné le livre aux pages blanches et à la couverture de cuir pour ce voyage, cette traversée des frontières bien concrète qui l'amènera de Sudbury, où il pellette de la neige à moins 20°C, jusqu'à Cotonou au Bénin, où il fait plus 35°C (*P*, 14). Ce livre *à venir*, pourrait-on dire, est une promesse, un lieu de rencontres possibles : « À l'intérieur, pas un mot. Le blanc et le silence des pages et des découvertes à venir. » (*P*, 11) La poésie, comme écriture de l'intime, est indissociable de ce voyage et devient à la fois l'expérience de soi comme autre que soi – il est dépaysé dans tous les sens du terme –, et le lieu de la rencontre de l'Autre, non seulement dans la situation d'écoute, mais allant jusqu'à s'effacer pour laisser la parole à l'Autre dans le texte même, ce que confirment graphiquement les guillemets qui apparaissent dans le texte. Cette parole poétique est surtout un partage, comme en témoigne la dédicace : « Je partage ce recueil avec... » (*P*, 7) et son voyage vers l'Autre, une expérience de métissage « comme un bonheur qui s'invente aussi follement que l'absence de frontières » (*P*, 15).

Écrire, c'est donc « [d]emeurer à l'écoute et [s]e laisser envahir par les rythmes et les images d'un spectacle que l'on reprend quotidiennement, depuis des lustres » (*P*, 12), nous dit Dallaire dans l'avant-propos. C'est aussi s'abandonner – autrement dit, oublier « ses appartenances » –, se nourrir de l'expérience de la rencontre de l'Autre :

> Comme tous les autres, je m'abandonne au jeu de ce « laboratoire de sensations ». Comme tous les autres, j'oublie qui j'étais, hier. J'oublie celui qui était aux prises avec une tempête de neige et, dans la nuit chaude de Cotonou, j'écoute. J'emmagasine. (*P*, 16)

Et plus loin :

> [J]'entends la « musique » émise par d'autres voix, j'entends les mots, je les reçois. Je retiens surtout les rythmes, les sonorités, les formes de ces réalités autres.
>
> Je demeure à l'écoute. Et je réagis instinctivement. (*P*, 17-18)

Dans ce contexte, l'écoute appelée par la voix cristallise la matérialité de la poésie et de la rencontre poétique qu'on ne peut dissocier du désir.

Par ailleurs, écrire, dans ce contexte, c'est se nourrir de cette rencontre. Cette réflexion sur soi amène Dallaire à s'interroger sur son rapport à ses propres textes et sur le rapport de l'Autre à ses textes :

> Dans ce métissage de points de vue et d'influences, de contenus et de contenants, je me questionne plus que jamais sur mon rapport à mes textes (l'émetteur et le récepteur), sur mon rapport à l'Autre (le récepteur individuel et pluriel... à plusieurs niveaux) et sur le rapport entre le récepteur que je suis et des émetteurs tributaires de cultures souvent très différentes. // […] // Dans le cadre de ce salon de « poésie-réalité » […] force est de constater que le texte est souvent lui-même et autre chose. (*P*, 18)

Autre forme de rencontre peut-être, écrire, c'est penser à être « décodé », c'est écrire avec la conscience de la lecture par l'Autre, c'est s'inscrire dans la tension d'une écoute, où il faut accepter de perdre pied, d'être en situation de vulnérabilité par rapport à l'Autre :

> Au moment de la création [...] je tentais [...] de demeurer à l'écoute de tout ce qui m'envahissait, m'habitait, m'habite et m'habitera toujours... conscient du fait que tous les sentiers intertextuels qui parcourent ces vers ne sont pas toujours décodés de la même manière (avec les mêmes outils) par l'être inachevé qui leur a permis de voir le jour et l'Autre pluriel qui les reçoit. (*P*, 19)

Il n'est donc pas étonnant alors que la première section du recueil s'ouvre avec le titre « Dès le premier mot » et qu'immédiatement l'on soit en présence de l'Autre : « dès le premier mot / tu es là / belle / [...] / essentielle / ouverte aux pulsions » (*P*, 25). Dès ce premier mot, la rencontre est de l'ordre du désir, devenant à la page suivante : « dès le premier vers / tu es là / imaginant le feu / la passion / [...] / dans un tango de sonorités / dans un rodéo de métaphores / ton poème / un laboratoire du désir / rebelle » (*P*, 26). La poésie devenue parole (« sonorités ») et rythme (« tango ») est associée au désir (et au corps) et à l'expérimentation (« laboratoire ») qui invitent à l'abandon de soi et au mouvement vers l'inconnu, s'accordant au rythme et à l'univers de l'Autre : « dès la première note / la nuit d'une guitare / accordée aux rythmes / de griots qui se bousculent / dans le grenier des rêves / berçant la cadence des mots » (*P*, 27).

Chez Dallaire, ce mouvement vers l'Autre dans l'écriture s'effectue ici (comme dans d'autres textes d'ailleurs) dans une plongée, alors qu'« aller vers », c'est « s'enfoncer / la tête vers les fonds / les bras déployés / accueillant / les mondes / que dévore / l'encre chaude de / l'obscurité grandissante » (*P*, 72) – rappel, peut-être, des « Noces » d'Alain Grandbois. Pour y arriver, il faut aussi accepter d'aller vers l'inconnu : « (/ je plonge dans ton poème / sans mode d'emploi / comme dans la vie /) » (*P*, 36).

Cette plongée, tout comme l'écriture, implique, de part et d'autre, qu'il faille accepter non seulement de perdre pied, mais également de se couper de ses origines, autre forme d'un abandon de soi : « soudain atteinte de bégaiements / tu t'enfonces / pars à la rencontre / de l'Autre pluriel / qui t'invite à couper / le cordon ombilical de / l'Appartenance » (*P*, 123). En ce sens, la plongée implique une perte de soi : « et tes mots me dansent / m'ensorcellent / me désarticulent » (*P*, 136). Cette perte de soi est également un partage et une invitation: «tu partages un coin de ton jardin/m'invites à me perdre/dans le labyrinthe de métaphores» (*P*, 117).

«Dès le premier mot», il y a donc rencontre, désir et, encore une fois, abandon de soi: «(je n'ai rien dit, mais ce soir/j'ai envie que ta langue/suive ma parole dépaysée/dans ses corridors essentiels//je n'ai rien dit, mais avec toi/je ne sais pas toujours/dans quel état je suis)» (*P*, 54). Et la rencontre, bien que «poétique», s'inscrit, très concrètement, dans la matérialité du corps:

>   comme au cinéma
>   rajuster le regard de nos masques
>
>   inviter les corps des mots des sons
>   à s'entrechoquer
>   en liens inconnus
>   au rythme des désirs muets
>
>   [...]
>
>   trouver le vers qui coule
>   qui coulera
>   dans les poumons
>   de celui ou celle
>   qui ose s'y noyer (*P*, 68)

S'y noyer, c'est bien s'y perdre. En fait, c'est comme si la poésie elle-même cherchait à s'incarner: «minuit//sa soif de chair//dans les balbutiements/d'un verbe au corps transparent/[...]/minuit/sa soif de chair/dans le tremblement des mots/qui s'improvisent et s'espèrent» (*P*, 60-61). L'idée d'un «nous», matérialisation de la rencontre, surgit ici et là: «encore et encore/l'idée de nous/dans un rêve liquide//plonger/dans un temps carnivore/plus grand que l'insomnie» (*P*, 67). Ici la métaphore de la plongée ne se fait plus dans «l'encre chaude», mais dans un «temps carnivore», titre de la quatrième section du recueil où le poète explore l'importance de la temporalité dans la rencontre de l'Autre. Ce «temps carnivore», c'est bien sûr celui qui nous gruge, qui nous engloutit; et il prend la forme du passé qu'il faut exorciser, dont il faut se couper parce qu'il constitue une barrière ou une frontière entre soi et l'Autre et même entre soi et soi. Il faut

> l e n t e m e n t
> traverser les époques
> une folie de cris
> dans les abattis de la conscience
>
> l e n t e m e n t
> chercher un temps
> qui ne saura jamais
> se soumettre
> aux saisons du grand sablier (*P*, 79)

Manifestement, chez Dallaire, l'espace tout autant que le temps peuvent constituer un obstacle à la rencontre de l'Autre :

> r e s p i r e r l'espace
> d'un océan d'étoiles
> sentir une dentelle de souvenances
> balayées par un vent de hoquets
> prêts à faire voler en éclat
> [...]
> l'éternité qui recule
> dans l'immense transparence
> des temps carnivores (*P*, 72)

La rencontre peut donc avoir lieu grâce à la poésie qui est accueil, «une poésie à cœur ouvert / pour récolter la lumière / dans la poitrine de l'Autre» (*P*, 113). Cette rencontre a lieu dans une sorte de feu, une passion, une intensité – dans sa dimension affective et musicale, rythmique surtout – qui n'est pas sans conséquence ni pour soi ni pour l'autre : «le désir / conjugué / au craquement / de nos os / aux poèmes déchirés / de nos corps / au tourbillon des fièvres / aux caresses brûlantes / des sanglots qui / légifèrent les bonheurs» (*P*, 156), pour finalement arriver à un véritable partage : «je trébuche sur le sable brûlant / de notre poème métis» (*P*, 159).

La poésie ainsi incarnée échappe donc (ou doit échapper) au

temps tout autant qu'à l'espace: «les mots corps à corps/ton poème/sans frontières/hors temps» (*P*, 124), en même temps qu'elle échappe au poète qui la crée: «comme dans les vrais films/je voyage en *travelling*/balayé de vents contraires/crache le texte/comme s'il venait d'un autre» (*P*, 91). «[P]endant que l'Autre en moi t'écoute» (*P*, 140) revient donc à dire qu'il faut se perdre, non seulement pour écrire, mais aussi pour pouvoir être à l'écoute: «ce soir/ton corps me cloue au sol/pendant que l'Autre en moi te boit/dans un aller sans retour» (*P*, 138).

La présence de l'Autre se fait de plus en plus importante à mesure que progresse le recueil, allant jusqu'à inclure ses paroles dans la septième section de ce recueil qui en compte neuf: "ce soir/je récite à l'oreille/un peu plus timide/un peu plus toi et moi/pour confondre l'ivresse des dieux" » (*P*, 138). Dans cette section intitulée justement «pour confondre l'ivresse des dieux», l'écriture poétique se présente alors, par moments, comme un dialogue qui juxtapose la poésie de l'Autre et la lecture qu'en fait celui qui l'écoute: «"je vois deux tribus/évoluant l'une dans l'autre/leurs destins opposés s'annulant..."//je vois deux peuples/des cieux nouveaux/une terre nouvelle/les yeux d'une enfant de demain/et le royaume de celles/qui lui ressemblent/l'œil clair/ouvert» (*P*, 139).

L'expérience poétique, ainsi conçue, est une expérience qui nous dépasse; l'idée de l'ivresse – autre forme de perte de soi – et la présence des dieux ne renverraient-elles pas à quelques dionysies où l'intensité des émotions a peine à être contenue, où le rythme – le *ruthmos* –, principe d'organisation de la matière sonore, devient principe de liberté et d'expression du corps dans la poésie à travers les mots et la voix qui les porte? C'est à cette condition que l'on peut échapper à l'espace et au temps, dans «un vrai spectacle de poésie-réalité/diffusé sur toutes les chaînes *underground*/[...]//ici ou ailleurs/maintenant ou autrefois/tes voix/le désir en exil/qui chaque nuit t'improvise/accompagné des musiciens [...] » (*P*, 34).

Ainsi, *Pendant que l'Autre en moi t'écoute* tente de rendre compte non seulement d'une expérience d'écriture qui se nourrit de la rencontre de l'Autre, mais aussi d'une expérience de lecture – d'un échange – qui passe par la voix et le rythme – et donc par le corps.

La métaphore de la plongée renvoie au nécessaire détachement – abandon ou perte – de soi pour pouvoir véritablement être à l'écoute de l'Autre, de sa parole, pour s'en nourrir et pour créer. Alors peu à peu, une voix autre peut surgir et le dialogue qu'elle inaugure suggère peut-être une leçon d'écriture et de lecture : tant pour écrire que pour lire/écouter l'Autre, il faut lâcher prise, accepter de se perdre dans ses mots, sa voix, ses rythmes ; sortir du temps et de l'espace ; sortir de soi. Bref, il faut abandonner ses mots à l'Autre, accepter qu'il les modèle ou les module à sa façon. C'est ce que Dallaire exprime en conclusion de son avant-propos :

> J'ai décidé de partager ces textes hybrides [...] avec des lecteurs et des lectrices (de partout) chez qui ils deviendront sans doute « re-création », chez qui ils se gonfleront de sens nouveaux, deviendront autre chose que j'avais senti ou imaginé au départ. (*P*, 19-20)

Une exploration qui se poursuit

Le dernier recueil de Michel Dallaire, *Dégainer* (2013)[20], comme son titre le suggère, est un véritable cri de colère, viscéral, mais qui se perd, semble-t-il, dans l'indifférence :

> dans ta cage
> tu dégaines
> en dégueulant
> l'instant d'avant
> la rage
> où tu te prends
> pour le fou d'un village
> qui n'existe qu'en toi
> ailleurs on s'en fout[21].

Ce cri est celui d'un « combattant épuisé » (*D*, 129), bien qu'il y ait quelquefois « un grain d'espoir » (*D*, 125). C'est aussi le cri de la

---

[20] On peut entendre quelques extraits récités sur fond sonore, [en ligne] http://www.soundsculpturessonores.com/soundsculpturessonores/Degainer.html, consulté le 29 avril 2015.

[21] Michel Dallaire, *Dégainer*, Ottawa, Éd. L'Interligne, 2013, p. 48. Désormais *D*, suivi du folio.

désillusion, des promesses non tenues : « une plaie béante / et une nouvelle lecture / aux quatre vents / d'un avenir fragile[22] » (*D*, 115). L'altérité, dans *Dégainer*, se joue dans la mise en scène du texte : d'une part par deux sections en prose (« Les jeux sont faits (1) » et « Les jeux sont faits (2) ») qui encadrent les sections en vers ; d'autre part par l'utilisation d'une narration à la deuxième personne du singulier dès l'incipit : « D'abord, la possibilité que ton histoire [...] » (*D*, 11). De plus, cette altérité s'inscrit d'emblée dans l'écriture même, prenant alors le visage d'un (possible) dédoublement de celui qui (s')écrit / (se) lit et (se) commente : « Au départ, ton vieux cahier récupéré au fond de la poubelle d'un terminus et les pages plissées, feuilletées au hasard » (*D*, 11), alors que la suite du texte offre au lecteur des extraits de ce cahier, feuilleté page par page, comme en témoigne soit le commentaire ou le sommaire du contenu de la page en question – « Page 8. Un souvenir où tu décris le paysage fatigué d'une ville minière » (*D*, 11) –, soit la citation directe, pouvant inclure ou non un commentaire de celui qui lit le texte et s'adresse au « tu » qui aurait écrit ces pages :

> Page 26. Une cigarette au bec, ton inconnu se dirige vers une voie ferrée [...] « Un simple citoyen. On le voit dans ses yeux, dans sa grimace. Un simple citoyen arrêté en pleine rue pour désobéissance civile, parce que... » D'une phrase à l'autre, tu multiplies les points de suspension, te perds dans des descriptions balzaciennes des lieux. (*D*, 13)

La dernière section du recueil vient boucler la boucle, donnant à lire ce texte – « cris récupérés au fond d'une poubelle de l'oubli » (*D*, 145) – cité intégralement (la présence des guillemets en fait foi) sans qu'il y subsiste de commentaires.

Conclusion

Ce parcours de lecture, depuis *Ponts brûlés et appartenances* jusqu'à *Dégainer*, et insistant sur *Pendant que l'Autre en moi t'écoute*, confirme que le thème de l'altérité est bel et bien au cœur de

---

[22] On pourra ici bien sûr lire une intertextualité avec le poème-affiche de Robert Dickson, « Au nord de notre vie ».

l'œuvre de Michel Dallaire, mais permet également d'en cerner les motifs et les variations. Cette lecture révèle aussi à quel point Dallaire continue d'explorer les possibilités qu'offre la poésie pour poursuivre son projet d'écriture.

Il est clair que l'introspection – où l'Autre devient l'Autre en soi – est le motif privilégié qu'emprunte le thème de l'altérité : dans l'œuvre poétique de Dallaire, l'Autre, c'est toujours (aussi) l'Autre en soi, sauf dans *L'éternité derrière* et dans *L'écho des ombres*, où d'autres motifs sont privilégiés. Ce motif de l'Autre en soi – ou du dédoublement – est toujours aussi lié à un deuxième : la mise en scène de l'écriture. Mais chaque recueil explorant l'Autre en soi, en mettant en scène celui qui écrit, le fait de façon différente. Si cette mise en scène de l'écriture n'est qu'esquissée dans *Ponts brûlés et appartenances*, elle permet néanmoins clairement la plongée dans le passé nécessaire à la révolution intérieure annoncée. La démarche est plus manifeste dans *(Le pays intime)* et *À l'écart du troupeau*, car ces deux recueils marquent le retour au pays de l'enfance. En fait, dans ce dernier recueil, il appert que cette plongée dans son passé est nécessaire pour réaliser une mise à distance de soi/de son passé, condition qui rend l'écriture possible. Le passé presque liquidé, le recueil suivant, *L'anarchie des innocences*, peut développer les motifs de l'Autre en soi et de l'écriture profondément imbriqués l'un dans l'autre en s'attardant au processus d'écriture lui-même, alors que les différents personnages du narrateur – un « je » qui se désigne à la troisième personne – sont autant de facettes de cet Autre en soi qui habite tout écrivain. Quant à *Dégainer*, il met en scène un « tu », suggérant le dédoublement assumé de soi, bien que la voix du narrateur reste incertaine.

Un troisième motif, la rencontre amoureuse, est présent dans presque tous les recueils – sauf dans *Dégainer*, qui se pose résolument *contre* l'Autre (social). Ce motif est surtout développé dans *L'écho des ombres*, où c'est entre autres par la métaphore de la danse que la rencontre fusionnelle s'opère. En fait, dans ce recueil, ce motif est dominant, lié cependant à un quatrième, celui de la rencontre avec d'autres créateurs, donc avec d'autres formes d'expression artistique, et d'un dialogue entre eux marqué par une nécessaire attitude d'écoute. La relation à l'Autre devient alors dynamique. Ce dialogue avec l'Autre apparaît d'abord de manière formelle dans la réalisation de disques audionumériques sur lesquels la voix du poète est accompagnée d'un paysage sonore. Mais avec *L'écho des ombres*, il prend une couleur toute particulière puisque la voix de l'Autre (la poète Blandine Agohi-oka) s'ajoute à celle du poète. Dans ce recueil également, l'aspect visuel (les œuvres de Michel Galipeau) vient instaurer un nouveau dialogue, expérience qui constitue le principal motif de *L'éternité derrière*. Cette interaction plus marquée avec l'Autre s'incarne aussi dans le motif de l'écriture de ces deux recueils puisque ce dialogue – la rencontre de l'Autre dans l'amitié ou dans l'amour – leur est essentiel, constituant un aspect du projet d'écriture même.

Ce motif du dialogue avec l'Autre se précise dans *Pendant que l'autre en moi t'écoute*, le titre même insistant sur le thème de l'altérité et sur les deux dimensions qu'il prend, soit l'Autre en soi et l'Autre vers lequel on va, mais un Autre qui sort de l'univers intime, prédominant dans la poésie de Dallaire. C'est comme si, dans ce recueil, Dallaire était allé au bout de ces quatre motifs.

Enfin, on peut distinguer un cinquième motif associé à l'altérité, soit un aspect éthique qui prend forme dans un propos qui formule une critique sociale, projette une révolte, laquelle semble seulement possible dans le cadre de cette introspection nécessaire de l'écriture, de cette plongée en soi qui permet de faire la «révolution intérieure» (en réaction au «collectif») – il semble bien d'ailleurs, si l'on se fie au dernier recueil de Dallaire, que ce soit le motif qu'il veuille désormais privilégier. Dans *Ponts brûlés et appartenances*, déjà, les deux motifs apparaissent intimement liés à un aspect éthique. Celui-ci apparaît aussi nettement dans *L'anarchie des innocences*, mais c'est dans *Dégainer* qu'il est prédominant.

La relecture de l'œuvre poétique de Michel Dallaire à la lumière du thème de l'altérité vient confirmer sa profondeur, mais surtout son originalité, et l'on comprend mieux pourquoi il n'a jamais été le «quatrième "D"».

LES LIEUX DU FEU DANS L'ŒUVRE ROMANESQUE DE DANIEL CASTILLO DURANTE[1]

Julie Delorme
Université de Montréal / Université d'Ottawa

> *Notre destin [...] n'est pas effrayant parce qu'il est irréel ; il est effrayant parce qu'il est irréversible, parce qu'il est de fer. Le temps est la substance dont je suis fait. Le temps est un fleuve qui m'entraîne, mais je suis le temps ; c'est un tigre qui me déchire, mais je suis le tigre ; c'est un feu qui me consume, mais je suis le feu.*
> Jorge Luis Borges[2]

> *Les vagues d'émigrants se succèdent et ne se ressemblent pas. [...]. Notre mémoire porte la marque de la brûlure d'un enfer d'où nous nous sommes échappés. Et depuis, projetés dans un monde de chaos, nous sommes voués à l'errance, formant ainsi un troupeau de Bédouins qui ne connaissent pas d'autres lois que le respect, l'échange et la complicité des sentiments.*
> Émile Ollivier[3]

Issu d'une combustion provoquée par la friction de deux ou plusieurs corps qui s'entrechoquent, le feu prend tout, sauf lui-même. D'où le paradoxe qui sous-tend cet élément découvert dans la profondeur des grottes et des cavernes. Comme le tabou, le feu

---

[1] Cet article s'inscrit dans le cadre d'un projet de recherche subventionné par le CRSH qui s'intitule « L'exil comme métaphore de la prison : la parole migrante en Ontario français ».
[2] Jorge Luis Borges, « Nouvelle réfutation du temps », *Autres inquisitions, Œuvres complètes*, éd. établie, présentée et annotée par Jean Pierre Bernès, trad. par Paul Bénichou, Paris, Gallimard, coll. « Bibliothèque de la Pléiade », 2010 [1952], vol. 1, p. 816.
[3] Émile Ollivier, *La brûlerie*, Montréal, Boréal, 2004, p. 70-71.

fascine et effraie tout à la fois. S'il suscite tantôt l'inquiétude et le danger, il possède tantôt une valeur sacrée qui lui confère son caractère symbolique dans les domaines religieux et artistiques. Le feu, c'est ce qui nous réchauffe et nous éclaire, mais qu'il ne faut surtout pas *toucher* au risque de nous brûler. Comme le postule Gaston Bachelard, le feu « est vraiment le seul [phénomène] qui puisse recevoir aussi nettement les deux valorisations contraires : le bien et le mal. Il brille au Paradis. Il brûle à l'Enfer[4]. » Ainsi est-ce à la lumière d'une torche que l'homme de Lascaux est parvenu à rompre l'obscurité de l'espace cavernicole pour représenter, et surtout exorciser, l'objet de sa peur, conférant ainsi au feu ses lettres de noblesse. En dessinant sur les parois de la grotte les animaux présentant une véritable menace pour sa survie, l'homme de Lascaux affronte le feu – en tant qu'interdit majeur – pour chasser ses *démons*, ce qui est paradoxal quand on songe au caractère éminemment « sauvage », « indomptable », de cet élément. Bien qu'il ne soit pas domestiqué ni domesticable parce qu'il se renouvelle sans cesse, le feu s'est avéré l'élément grâce auquel l'homme des cavernes est sorti de l'ombre. En faisant du feu, celui-ci a été en mesure d'éclairer l'espace cavernicole (à l'abri de la lumière solaire) pour représenter l'objet de sa peur. Il a ensuite trouvé dans l'expression du geste un moyen d'exorciser ses angoisses les plus viscérales, donnant ainsi lieu, pour la première fois, à l'expression d'une parole artistique, voire littéraire avant la lettre. En ce sens, le feu a doublement permis à l'homme de *sortir* de sa caverne.

Quoique nos sociétés occidentales contemporaines aient troqué la torche pour la diode électroluminescente (DEL) comme mode d'éclairage, elles continuent, de façon implicite, à avoir recours au feu comme mode d'expression. Les écritures migrantes, ces paroles qui émergent de l'expérience de l'exil et qui s'efforcent de la représenter, illustrent d'ailleurs avec pertinence le rapport étroit qui subsiste entre le feu et la parole littéraire. Dans le cadre de la littérature migrante, un processus de purification – sorte d'exorcisme –, semblable à bien des égards au projet esthétique entrepris

---

[4] Gaston Bachelard, *La psychanalyse du feu*, Paris, Gallimard, coll. « Folio essais », 1949, p. 19.

par l'homme du Paléolithique, semblerait se mettre en branle. Lorsque l'exilé prend la plume ou son clavier – comme l'homme des cavernes son silex –, il fait appel au feu pour vaincre une intensité qui le ronge et qui l'obsède tout à la fois. On pourrait dire que sa parole relève de quelque chose qui est de l'ordre d'une *pyrographie*, c'est-à-dire d'une écriture du feu par le feu, voire d'une *pyrotopologie*, d'une écriture du feu et de ses lieux, car il s'agit non seulement d'une écriture animée par un feu ardent – existe-t-il une écriture sans désir ? –, mais d'une parole qui représente la figure du feu dans des perspectives à la fois physique et métaphorique. Si pour Bachelard « le feu enfermé dans le foyer fut sans doute pour l'homme le premier sujet de rêverie, le symbole du repos, l'invitation au repos[5] », il est pour l'écrivain exilé à la fois objet et sujet d'écriture. La parole romanesque de Daniel Castillo Durante s'inscrit dans cette optique puisqu'elle porte en elle le projet d'écrire le feu avec le feu.

Dans le présent article, je montrerai comment le feu, en tant que phénomène susceptible d'éclairer les savoirs du monde, constitue un enjeu majeur dans les romans de l'écrivain franco-ontarien d'origine argentine : *La passion des nomades*, *Un café dans le Sud*, *Ce feu si lent de l'exil* et *Le silence obscène des miroirs*. Il s'agira d'établir une sorte de cartographie pyrographique ou encore mieux, de déterminer les différents foyers du feu à partir desquels se dégage une esthétique qui vise à entériner l'idée selon laquelle la rencontre des lieux et des cultures se révèle par le feu.

Les jeux (ou les feux) de l'amour et de la mort

D'un point de vue philosophique, le feu est un phénomène qui *prend* tout ce qui se trouve sur son passage. En ce sens, il est un peu comme une prison – les mots *prendre* et *prison* ont, au demeurant, une étymologie commune – puisqu'il altère le sujet qu'il touche au point de le rendre « autre ». Une fois brûlé, il n'y a pas de retour en arrière possible, car le feu ne rend jamais ce qu'il a pris. Dans les romans de Daniel Castillo Durante, l'amour et la mort constituent des hauts lieux d'intensité – discursifs, épistémiques et

---

[5] *Ibid.*, p. 32.

surtout esthétiques –, où le feu non seulement prend son souffle, mais s'embrase et se propage, pour dévorer, immoler puis altérer ceux et celles qui osent s'en approcher de trop près.

Dans *La passion des nomades*, la mort du père (Juan Carlos Olmos), comme celle du fils (Gabriel Olmos), est engendrée par un feu amoureux qui n'a pas su ou n'a pas pu s'éteindre avant que la mort y mette un terme. En effet, c'est d'abord dans la neige et le froid d'Ottawa qu'est ironiquement né le feu qui consume Ana Stein au point de faire d'elle une meurtrière, car c'est dans cette ville qu'elle fait la rencontre du consul argentin qui allume et enflamme son désir, mais qui lui est infidèle. Or, c'est cette «trahison [qui] [l]'a brûlée vive en provoquant une rage incontrôlable[6]», celle-là même qui, paradoxalement, la pousse à assassiner son amant, puis plus tard, le fils de ce dernier; un geste qui demeure pour elle incompréhensible: «Comment ai-je pu tuer l'homme dont le seul regard m'allumait comme une torche?» (*PN*, 35) Tout comme Juan Pablo Castel, le protagoniste du *Tunnel* d'Ernesto Sábato qui a tué Maria Iribarne Hunter, la femme qu'il a le plus aimée[7], Ana Stein ne peut céder à la tentation paradoxale de donner la mort aux deux hommes qui ont partagé son intimité charnelle. Ainsi donne-t-elle forme, à sa manière, à la philosophie de Georges Bataille, selon laquelle «le mouvement de l'amour, porté à l'extrême, est un mouvement de mort[8]». À force de se frotter à la pierre – le patronyme *Stein* signifie «pierre» en allemand – (*PN*, 37), Juan Carlos Olmos et Gabriel Olmos finissent par prendre feu; non seulement allument-ils le désir d'Ana, mais une fois qu'ils y sont parvenus, ils ne peuvent que l'alimenter. Quoique Juan Carlos et Gabriel semblent, *a priori*, disposer d'une marge de liberté leur permettant de franchir les frontières sans aucune retenue, ils ne peuvent échapper au charme – tendu comme une toile d'araignée – d'Ana Stein. Aussi surprenant que cela paraisse, aucun de ces deux personnages masculins ne cultive le moindre doute sur

---

[6] Daniel Castillo Durante, *La passion des nomades*, Montréal, XYZ, coll. «Romanichels», 2006, p. 40. Désormais *PN*, suivi du folio.

[7] «Il y a eu quelqu'un qui pouvait me comprendre. *Mais c'est, précisément, la personne que j'ai tuée.*» Ernesto Sábato, *Le tunnel*, trad. par Michel Bibard, Paris, Seuil, 1978, p. 15. C'est l'auteur qui souligne

[8] Georges Bataille, *L'érotisme*, Paris, Minuit, coll. «Arguments», 2001, p. 48.

les intentions criminelles d'Ana Stein et ne tente, par quelques moyens que ce soit, de s'en éloigner, de s'en détacher. En fait, cette « femme-araignée[9] » exerce une telle emprise sur eux qu'ils y restent *épris* comme des insectes dans le piège qui leur a été tendu. En ce sens, l'amour d'Ana Stein n'aura été pour eux qu'un leurre, une stratégie qui les aura conduits à leur propre perte. L'amour et la mort peuvent en ce sens être considérés comme des lieux du feu puisqu'ils relèvent de l'*agôn*, de cette logique qui est sous-tendue par le jeu et la lutte tout à la fois (agonistique). Le fait de *jouer* avec le feu entraîne et le consul et son fils à *lutter* en vain pour leur survie dans la mesure où ils se sont épris d'une « roche » qui, loin de s'avérer dure et froide comme le voudrait le stéréotype, accumule la chaleur au point de les brûler, de les calciner.

En outre, le feu est représenté dans une perspective métaphorique dans *La passion des nomades*, car il constitue non seulement l'élément déclencheur du comportement excessif d'Ana Stein, mais aussi le moyen vers lequel elle se tourne pour commettre ses deux meurtres. L'arme avec laquelle Ana tue Juan Carlos, puis son fils Gabriel, est un *fusil*: un instrument qui, selon la racine latine du mot, « produit du *feu* ». Ana Stein garde donc le *focus* (le foyer) et assassine le père et le fils de la même manière et au même endroit (mais à des moments différents), comme si elle s'était donné le projet de faire marcher le fils, à son corps défendant, dans les pas de feu son père. D'ailleurs, d'un point de vue étymologique, l'adjectif « feu », aboutissement du latin populaire *fatutus* signifiant « qui a telle destinée » ou « qui a accompli sa destinée », est dérivé du latin classique *fatum*, qui veut dire « destin » fatal. Dans ce contexte, le feu du père, qui brûle encore et peut-être davantage par-delà la mort, conduit à la fatalité du fils, comme si celui-ci était condamné à ne pouvoir se déprendre d'un père dont l'empreinte semblerait transcender les limites de la mort ; une dépouille que même le feu ne parvient pas complètement à consumer, car le désir d'Ana, lui, ne sait pas s'éteindre. En fait, c'est ce feu, cette

---

[9] Manuel Puig, *Le baiser de la femme-araignée*, trad. par Albert Bensoussan, Paris, Seuil, 1979.

passion pour le père et pour le fils, qui la pousse ironiquement à mettre – c'est le cas de le dire – le feu aux poudres :

> C'est donc moi, Ana Stein, qui ai donné la mort à l'homme qui m'était infidèle. Non, je biffe mon nom, *pierre parmi les pierres*, disait-il, et je corrige : *Moi ayant donné la mort*, voilà ma seule identité possible, lapidaire, irrévocable ; voilà aussi ma vraie prison. Je suis condamnée à être *celle qui a donné la mort à son amant*. Pour toujours. *Donner la mort*, drôle d'expression, du reste, pour un acte de pure soustraction. Comment peut-on « donner » la mort à quelqu'un ? La mort ne se *donne* pas, elle s'impose comme l'action la plus arbitraire et la plus cruelle. (*PN*, 39)[10]

Le feu (passionnel) conduit ainsi au feu (mortel) des amants d'Ana Stein.

Loin d'apaiser sa passion, ces assassinats ne font que l'exacerber puisqu'elle est hantée par une mémoire qui reproduit sans cesse l'instant du meurtre. Le souvenir des trois déflagrations ayant eu raison de Juan Carlos Olmos l'obsède à tel point qu'elle les entend sans cesse : « Rien n'effacera le bruit sec des balles dans ma tête, leur crépitement de feu qui n'écoute que lui-même. » (*PN*, 40) Ana est prisonnière d'un brasier mémoriel qui continue à la brûler malgré tout, comme si la mort, plutôt que de mettre un terme à sa relation avec le consul, venait au contraire y jeter de l'huile. Là réside sa véritable condamnation. C'est d'ailleurs l'impossibilité d'échapper au son du feu – sa parole en somme – qui la pousse à se tourner vers l'écriture diariste. Grâce à son journal, Ana tente de *panser* le passé en étouffant les feux – de l'amour, de la mort et de l'exil – qui sommeillent en elle et qui la brûlent en amortissant. Ana semblerait donc combattre le feu par le feu, parce qu'écrire, c'est allumer des feux. Cette mise en abyme de l'écriture du feu par le feu vient appuyer une esthétique fondée sur le principe de la brûlure, une esthétique axée sur la transformation pour le moins radicale du sujet qui la fait sienne.

Ce feu qui se refuse à mourir est aussi doublement impliqué dans la mort du fils, car il est à l'origine de son exil. En effet, c'est

---

[10] C'est l'auteur qui souligne.

la mort du père qui conduit le fils à franchir les frontières de son Argentine natale pour se rendre au Canada. Sans cette mort pour le moins suspecte, le fils n'aurait probablement jamais quitté le pays de la Terre de Feu[11], ce qui est paradoxal. Or, cet exil est motivé par un feu plus ardent encore que le désir charnel, un feu alimenté par la curiosité exacerbée du sujet à s'approcher d'un foyer (celui du père) qui finit par le réduire en cendres. En gagnant le Nord, le fils se perd en cherchant à récupérer les dépouilles que le *pater familias* a laissées derrière. Le feu filial, voire familial, apparaît dans cette perspective comme l'enjeu principal de la *quête* du père. C'est l'*enquête* sur la perte du père qui conduit le fils, à la manière du Christ, sur la voie de sa Passion de nomade. Le sentiment amoureux que Gabriel éprouve à l'égard d'Ana l'incite à emprunter un chemin qui n'est que «souffrance[12]». La Passion du Fils est donc tributaire d'un feu *inéteignable*, car le fils fuit avec le feu une patrie au-delà des frontières desquelles le fantôme du père ne cesse de frapper, le faisant ainsi passer de vie à trépas avant qu'il n'ait véritablement découvert le pot aux roses: le fait qu'Ana ait été à la fois la maîtresse et la meurtrière du père et du fils.

Dans *Ce feu si lent de l'exil*, le feu est encore une fois associé à l'exil des personnages principaux – tel qu'en témoigne le titre du roman – et étroitement lié aux rapports amoureux, quoique ceux-ci ne soient pas du même ordre que dans *La passion des nomades*. La rencontre avec Catherine Melançon à Paris est à l'origine du feu qui consume le narrateur, Frédéric Vidal-Roy. C'est comme si ce personnage, contrairement à Juan Carlos Olmos et à son fils Gabriel, ne pouvait se déprendre de quelqu'un qui le dépasse. Une fois qu'il finit par croire que Catherine s'intéresse véritablement à lui, Frédéric se débrouille pour qu'elle lui téléphone sans cesse:

> Aucune fille ne m'a jamais autant appelé au téléphone en une seule nuit. Jamais, oh non, au grand jamais, je n'ai senti comme aujourd'hui que j'existe pour quelqu'un. Et voilà que je renais de mes propres cendres. Si on m'appelait Phénix, je me retournerais pour

---

[11] La Patagonie est appelée «Terre de Feu» par le navigateur et explorateur Ferdinand de Magellan en 1520 à cause des nombreux phares allumés sur la côte extrême sud de l'Argentine visant à guider les marins.

[12] Le mot «passion» est dérivé du latin *passio*, qui signifie «souffrance».

> voir les flammes derrière moi, et je serais heureux et léger comme un enfant qui n'a pas encore de mémoire[13].

Ses manigances pour faire en sorte que Catherine cherche constamment à entrer en contact avec lui sont autant de charbons ardents que Frédéric, s'identifiant à Attila (*FLE*, 35), laisse sur son passage dans l'espoir que l'objet de son désir s'enflamme. Les appels répétés de Catherine, à toute heure du jour comme de la nuit, apparaissent donc pour Frédéric comme un gage de son existence, de son « être-pour-autrui[14] ». C'est comme si le personnage se disait : tant et aussi longtemps que les sonneries de mon téléphone retentissent, je brûle pour quelqu'un. Et, si je brûle, donc je suis.

Bien que Frédéric éprouve du désir pour Catherine tant « le charbon de ses yeux ne [semble] brûl[er] que pour [elle] » (*FLE*, 14) et que ce même « regard de pierrot ne p[eu]t que mettre le feu à [son] lit » (*FLE*, 21), l'amour tarde à être consommé, à être consumé. Ne pas céder à l'urgence du désir est la philosophie sous-jacente à l'attitude du personnage principal. Pour lui, il ne suffit pas de laisser le feu prendre tout ce qu'il désire, il importe plutôt de laisser prendre le feu. Aussi paradoxal que cela paraisse, ce personnage se « précipit[e] dans [l]a lenteur[15] ». Pour lui, rien ne presse, il n'y a pas le feu :

> Catherine semblait déconcertée de me voir traîner les pieds entre la cuisine et le salon plutôt que de sauter dans son lit comme tous les hommes qu'elle avait rencontrés jusque-là. Peu à peu, elle a dû se faire à l'idée que j'aimais ouvrir des parenthèses avant de mettre les points sur les *i*, et Dieu sait que des points, j'en avais tout un paquet. (*FLE*, 32-33)

Quoique le voyageur argentin éprouve du désir à l'égard de Catherine, il met du temps à faire corps avec elle, comme si l'exil dans la Ville Lumière avait refroidi ses ardeurs :

---

[13] Daniel Castillo Durante, *Ce feu si lent de l'exil*, Montréal, XYZ, coll. « Romanichels », 2009, p. 54. Désormais *FLE*, suivi du folio.

[14] Jean-Paul Sartre, *L'être et le néant : essai d'ontologie phénoménologique*, 2e éd., Paris, Gallimard, coll. « Tel », 1943, p. 404.

[15] Daniel Castillo Durante, *Fuir avec le feu*, Montréal, Lévesque éditeur, coll. « Réverbération », 2014, p. 19.

> Mes caresses exacerbaient peut-être à la longue le malaise de Catherine. Elle aurait sans doute préféré que, tout comme la voisine, je cède à l'urgence du désir, que je me découvre en somme, mais je continuais à dormir sur le canapé-lit du salon avec les rideaux ouverts, médusé chaque nuit par les éclats lointains de la tour Eiffel sur le ciel de Passy. C'est avec ce squelette métallique de vieille cocotte tout allumée que je dormais à vrai dire, fier de ne pas sombrer tout de suite comme les autres dans un lit dont je ne m'approchais qu'à pas de loup, sans me presser, sûr uniquement de la ferveur de mon attente. (*FLE*, 33-34)

Or, le retour dans sa terre natale, l'Argentine, semble allumer les feux au point que Frédéric se montre soudainement plus entreprenant que jamais, comme si la chaleur du Sud avait tout à coup déclenché ses foudres et éveillé sa fougue :

> [...] il m'avait réveillée pour me faire l'amour. Il sentait le whisky et le tabac. Sa voix éraillée à force d'avoir parlé cherchait à présent le silence de ma bouche. Il m'avait longuement caressée avant de me pénétrer, sa manière peut-être de se faire pardonner pour arriver en retard à notre première nuit dominicale à Buenos Aires. Doux et fougueux en même temps, hostile à toute forme de précipitation en amour, il m'avait fait jouir à deux reprises [...]. (*FLE*, 93)

Cependant, il ne s'agit que d'un feu de paille, puisque Frédéric assouvit l'objet de ses fantasmes avec d'autres femmes que sa conjointe. S'il a su faire croître le désir en se montrant bien chaste lors de son séjour en France, son retour dans le pays du tango l'enflamme si bien que, comme un don Juan invétéré, il s'empresse de se réduire lui-même en cendres en trompant Catherine. Ce personnage venu du Sud ne semble donc pouvoir s'allumer que lorsqu'il se tient à une certaine distance du « pays d'en bas ». Pour faire croître la flamme, il doit ironiquement se tenir à distance, non pas de l'objet de son désir, mais de la source même de combustion : l'Argentine. En fait, on dirait que ce personnage ne peut véritablement s'approcher du foyer au risque de se brûler et d'incendier tout sur son passage. Au fond, Frédéric semble incapable de faire corps avec le feu. Il ressemble en ce sens au protagoniste du *Silence obscène des miroirs*, Jean-Marie Castel, dans la mesure où son rapport à l'amour et à la sexualité repose sur un paradoxe : aussitôt qu'il s'approche de l'objet de son désir, celui-ci se dérobe[16].

Dans *Un café dans le Sud*, le rapport au feu est, comme dans *La passion des nomades*, intimement lié à la mort du père. Le protagoniste, Paul Escalante-Lambert, doit, à son corps défendant, quitter le Canada pour se rendre en Argentine afin de tenter de toucher l'héritage de feu son père qui va, en fin de compte, s'avérer être le feu du père. Ainsi, fait-il le voyage inverse de Gabriel Olmos dans *La passion des nomades*. Or, loin de mettre la main sur un legs qui relèverait d'une quelconque liquidité, le fils fait la rencontre d'une jeune femme, Poma, qui semble chargée d'assurer la surveillance d'une maison à flanc de colline – il s'agit là d'un motif récurrent dans l'œuvre du romancier –, occupée jadis par le père dans une province reculée du Nord de l'Argentine. Peu à peu, Paul se rend compte que Poma l'accueille avec des rituels qui reproduisent ceux qui définissaient son rapport au père. Dans ce contexte, le protagoniste se retrouve à la place du mort. Quoique le fils continue à entretenir un rapport conflictuel avec son défunt père, ce dernier «brille sur [s]on front [...] comme une torche[17] ». Dans *Un café dans le Sud* comme dans *La passion des nomades*, c'est à partir d'un feu qui a laissé des braises que s'allume le désir du fils. C'est comme si le fils ne pouvait assumer son identité, sa virilité, que lorsqu'il marche sur les charbons ardents du père. Paul s'aperçoit aussi progressivement que Poma est au service de la maison, comme si elle était la gardienne d'un feu que son arrivée à lui ne vient que consolider. Dans ce roman, le «café» constitue la métaphore d'un fils ayant trouvé un lieu entretenu par une jeune femme qui apparaît presque comme une esclave, mais dont le maître a disparu. Dans cette perspective, l'héritage demeure énigmatique pour le fils, car ce dernier ne peut que soupçonner le défunt de lui avoir légué une esclave ou, pis encore, les dépouilles de son propre désir :

---

[16] Ce rapport est aussi développé dans le recueil de nouvelles de Daniel Castillo Durante, *Fuir avec le feu* (*op. cit.*), en particulier dans «Le fugitif», mais, pour des raisons de cohérence et de cohésion, ce dernier ouvrage ne fait pas l'objet d'une analyse détaillée dans cet article.
[17] Daniel Castillo Durante, *Un café dans le Sud*, Montréal, XYZ, coll. «Romanichels», 2007, p. 139. Désormais *CS*, suivi du folio.

> Incapable de trancher, soulagé au moins de ne pas avoir trahi son désir, il regarda le volcan qui, à l'horizon, découpait ses crêtes taillées à la hache. On aurait dit un oiseau de proie prêt à renaître de ses cendres. (*CS*, 280)

Une fois Poma partie, Paul est épris d'un feu qui le pousse à se déprendre de l'objet le plus significatif de son rapport au Nord : son téléphone cellulaire. En jetant son portable du haut de la falaise, Paul Escalante-Lambert gagne le Sud en perdant le nord, car il devient littéralement irrécupérable pour ceux qu'il a laissés derrière, mais cette déprise peut aussi être lue comme une renaissance. Bien qu'il se soit brûlé au contact de Poma, Paul, comme le Phénix, renaît de ses propres cendres pour mieux porter à son tour le flambeau du père. Le personnage devient alors à l'image d'Héphaïstos chez les Grecs anciens : le gardien du feu, des forges et des volcans. Si Poma a longtemps veillé sur les désirs du père et du fils comme de leur maison à flanc de colline, en disparaissant, elle remet aux mains de l'héritier venu du Nord un feu qui, malgré la mort physique du *pater*, continue à brûler.

Dans *Le silence obscène des miroirs,* l'empreinte du père semble, par ailleurs, avoir disparu. Le narrateur, Jean-Marie Castel, poursuit une quête identitaire, mais celle-ci n'est pas liée à la figure paternelle. Le protagoniste s'élance plutôt sur les traces d'une ancienne maîtresse, Madou (Marie-Dominique), pour tenter de lui porter secours. Il ne s'agit en vérité que d'un prétexte pour se rendre, encore une fois ici, en Argentine. Un matin, alors que Jean-Marie Castel répond à une jeune femme venue frapper à sa porte pour lui demander de la poser nue, il est victime d'un coup de lapin qui le fait chuter et perdre connaissance. L'obturateur de son appareil-photo devient en quelque sorte la métaphore d'un désir – celui de *saisir* l'autre – afin d'en faire une véritable copie. Paradoxalement, c'est ce désir d'aller vers la lumière – donc vers le feu – qui fait sombrer le photographe dans le noir. Puis, à son réveil, sa vision est assombrie par une hémorragie qui ne semble guère s'estomper, lui faisant craindre qu'il pourrait être « victime d'un décollement de rétine[18] » qui le rendrait aveugle. Le feu qui sommeille en Jean-Marie s'amortit donc rapidement. À cela s'ajoute le fait que le vol de son passeport contribue, à bien des égards, à le maintenir dans l'ombre d'un pays (le Canada) qui ne le reconnaît plus, faute d'avoir perdu les pièces matérielles attestant son identité canadienne. Ainsi est-ce ironiquement dans le pays du soleil doré (*sol del Mayo*) que le sujet finit par sombrer dans les ténèbres et, du coup, par perdre de vue l'objet de son désir.

Bien que Jean-Marie Castel fasse un certain nombre de rencontres furtives au gré de ses pérégrinations en territoire sud-américain, celles-ci ne mènent nulle part. Certes, le voyageur réussit à séduire plusieurs femmes, mais en réalité ce sont elles qui prennent le contrôle du feu qui l'anime et qui finissent par le consumer en le dépouillant de tous ses repères identitaires. Tel est le cas de la jeune femme que le narrateur croise à plusieurs reprises sur son parcours – est-ce là le fruit du hasard ? – sans qu'il l'eût vraiment cherché. Un soir alors qu'il se trouve dans un bar de Punta del Este en Uruguay – où il s'est rendu grâce à quelques frauduleuses manigances –, il s'éprend de nouveau d'elle, tente de l'embrasser, monte à sa chambre récupérer ses affaires et finit par être abandonné sur la grève comme un feu de détresse qu'on aurait ignoré. Bref, que ce soit Madou (Marie-Dominique), Emily (ou Verónica?), Nadie, doña Saliha, Rita Ricci, Amalita Hernández, Ana Pizarro, ou Elvira, toutes ces femmes demeurent à bien des égards étrangères, voire énigmatiques, pour le personnage principal, puisqu'il ne parvient jamais véritablement à entrer en contact avec elles. Ces femmes font leur entrée et leur sortie dans la vie de Castel, mais aussitôt qu'il s'en approche et qu'il s'efforce de les *re-connaître*, elles disparaissent sans laisser de trace. C'est peut-être ce qui expliquerait, au demeurant, pourquoi les femmes consument davantage le désir charnel du protagoniste qu'elles ne le consomment. Bien que Castel revendique le rôle d'un don Juan « du Nord avec un objectif à la main » (*SOM*, 156) parce qu'il multiplie les « conquêtes », ce sont, en revanche, les femmes qui le

---

[18] Daniel Castillo Durante, *Le silence obscène des miroirs*, Montréal, Lévesque éditeur, coll. « Réverbération », 2011, p. 15. Désormais *SOM*, suivi du folio.

séduisent et qui finissent, en définitive, par le laisser tomber avant qu'il ait pu mordre le fruit défendu.

    La quête de Jean-Marie Castel est également motivée par un feu qui, telle une torche allumée, éclaire les savoirs sur l'identité du sujet. Il tente de faire la lumière – donc de voir clair, malgré un risque de cécité engendré par le coup de lapin qu'il a reçu – sur le vol de ses pièces d'identité dans sa *patrie* natale. Ainsi est-ce dans le *pays du père* que le fils *perd* son identité. En fait, c'est comme si l'Argentine avait consumé le fils en le dépouillant de son passeport canadien. Dans ce contexte, on pourrait dire que le père brûle son fils. Plutôt que de lui céder le flambeau, de faire de lui un passeur à l'image de Prométhée, le pays du *pater* lui dérobe ce qu'il possède de plus cher au monde : sa liberté et son identité. L'Argentine est donc pour Jean-Marie Castel un *foyer* qui le réduit en cendres. D'un point de vue métaphorique, le pays du père met en place des stratégies ne visant ni plus ni moins que l'incinération du fils. L'Argentine devient alors un véritable lieu de crémation dont il n'existe aucune véritable issue.

La chute ou Les feux de l'*infernum*

De manière générale, les personnages romanesques de Daniel Castillo Durante sont attirés, que ce soit physiquement ou métaphoriquement, vers le bas, car ils finissent tous par se laisser choir ou par laisser tomber des êtres qui leur sont chers. D'où le lien pouvant être établi entre l'exil et l'enfer où se consume le sujet. En effet, dans les romans de l'écrivain d'origine argentine – donc du pays d'en bas si l'on ne tient compte que de sa situation géographique en fonction de la représentation traditionnelle des cartes –, la chute est un passage obligé vers le lieu du feu dans la mesure où elle est étroitement liée à l'*infernum*, ce lieu « du bas » où le sujet assouvit et libère tout à la fois ses pulsions – sa lave en quelque sorte –, c'est-à-dire cette force brute par laquelle il s'est égaré à la surface, comme s'il avait besoin de (re)chuter pour s'enflammer. Plusieurs des personnages exilés du romancier sont d'ailleurs condamnés à l'enfer. Si, dans les romans étudiés, l'exil peut être considéré comme une métaphore de la prison, car il prive le sujet de sa liberté, de son identité et de son rapport à l'altérité[19], le rapport à l'exil revêt une dimension particulière, car il est, à bien des égards, associé à l'Enfer – notamment celui de Dante – comme lieu d'aboutissement de la chute. Bien que les concepts d'exil – du latin *exilium* qui signifie « sortir hors de » – et d'enfer – du latin *infernus* ou *infernum* qui signifie « enfermé » – semblent, d'un point de vue étymologique, s'opposer en ce que le premier renvoie au « dehors » et le second, au « huis clos », ils ont tous deux, dans l'histoire, constitué des formes distinctes de châtiments. Si l'exil a longtemps constitué la punition par excellence imposée pour la plupart des crimes et des délits commis[20], l'enfer a désigné – et désigne toujours du reste –, dans le vocabulaire chrétien, le séjour des damnés où ils subissent l'éternel châtiment. Ainsi les notions d'exil et d'enfer sont-elles sous-tendues par une fonction punitive. D'où le rapport pouvant être établi entre l'exil vécu par les personnages des romans de Castillo Durante et l'enfer auquel ils sont, à leur corps défendant, assujettis. Quoi qu'ils disent et quoi qu'ils fassent, ces *exilés* sont contraints à chuter puis à être *enfer-més* dans un lieu où ils ne peuvent que mettre le feu à leur propre dépouille[21].

Dans *La passion des nomades*, les trois personnages principaux (Ana Stein, Juan Carlos Olmos et Gabriel Olmos) sont, chacun à leur manière, contraints à faire l'expérience d'une chute physique qui, à certains égards, peut se lire comme un signe avant-coureur de leur déchéance personnelle et sociale. De fait, la première fois qu'Ana Stein se rend à l'ambassade argentine pour y rencontrer Juan Carlos Olmos, elle chute :

> Je me rappelle le jour de notre première rencontre, une tempête de neige avait rendu la veille les trottoirs d'Ottawa impraticables. Pressée d'arriver à l'heure, deux fois j'ai fait une chute. Plus tard, tu me dirais qu'à l'étranger on ne pouvait que tomber. (*PN*, 35-36)

---

[19] Julie Delorme, « Exil, errance et emprisonnement dans les littératures migrantes au Québec et en Ontario français », dans Jimmy Thibeault (dir.), *Franchir les frontières de l'exiguïté*, Moncton, Éd. Perce-Neige (sous presse).
[20] Voir Michel Foucault, *Surveiller et punir. Naissance de la prison*, Paris, Gallimard, 1975.
[21] Voir Daniel Castillo Durante, *Les dépouilles de l'altérité*, Montréal, XYZ, coll. « Documents », 2004.

Le récit de Flora Balzano, *Soigne ta chute*[22], rend, au demeurant, bien compte de ce rapport entre l'expérience de l'émigration / immigration et la menace de la chute qui, comme le postule Daniel Castillo Durante dans l'un de ses essais, plane sur le sujet migrant comme une épée de Damoclès :

> [Tel Sisyphe,] [l]'étranger devra toujours gravir sa pente sans filet de sécurité. Saltimbanque sur la corde de ses propres dépouilles, il ne peut être qu'un contorsionniste dans un monde où l'acrobatie majeure est de demeurer en vie. Le regard qu'il pose sur sa terre d'adoption, aussi ferme soit-elle, est forcément teinté et conditionné par le déracinement et la perte. Rien n'exige davantage d'effort et de courage que la réparation d'une perte. S'il s'agit d'un lieu (pays, ville, maison, personne), la parole de l'étranger fera de l'absence la matière première de son entreprise. Ce faisant, acrobate de lui-même, l'étranger bâtit de nouvelles passerelles sur le néant qui l'entoure[23].

Au moindre faux pas, l'étranger se précipite dans le vide. C'est d'ailleurs ce qui arrive à Ana Stein. Quoiqu'elle n'ait pas de difficulté particulière à s'intégrer à son pays d'accueil, cette immigrante voit rompre son équilibre précaire, ce qui lui fait perdre pied dans les deux sens du terme. Les deux chutes physiques qu'elle fait sur le trottoir de la capitale canadienne en se rendant à son premier rendez-vous avec le consul argentin peuvent, dans ce contexte, être interprétées comme des présages de sa chute existentielle, mais aussi comme des signes avant-coureurs des deux meurtres qu'elle commettra et qui engendreront les chutes physiques de Juan Carlos Olmos et de son fils :

> [...] *tout à coup, devant la porte principale, il tourna les talons, accusant l'impact de trois détonations dans le dos. [...] le diplomate marcha en titubant jusqu'à une balustrade en bois, et, tout comme un pantin qui cherche en vain à s'approprier les fils qui l'animent, il se précipita dans le vide.* (*PN*, 10)[24]

---

[22] Flora Balzano, *Soigne ta chute*, Montréal, Lanctôt éditeur, 1991.
[23] Daniel Castillo Durante, *Les dépouilles de l'altérité*, *op. cit.*, p. 198.
[24] C'est l'auteur qui souligne.

Le scénario de la mort du fils est identique à celui du père :

> [...] tout à coup, devant la porte principale, il tourna les talons, accusant l'impact de trois détonations dans le dos. Puis Gabriel marcha en titubant jusqu'à une balustrade en bois, et, tout comme un pantin qui cherche en vain à s'approprier les fils qui l'animent, il se précipita dans le vide. (*PN*, 227)

C'est comme si Ana Stein était à ce point attirée par le vide qu'avant même de s'y précipiter, elle met en place des stratégies pour y faire sombrer ses amants. Elle sent qu'elle a le « devoir » de tuer celui (ou plutôt ceux) qu'elle aime : « Il va falloir alors que je te tue, Gabriel, pour que tu te réveilles » (*PN*, 220). En ce sens, le personnage d'Ana Stein s'apparente, à certains égards, à Lucifer (le porteur de lumière) qui, comme dans la tradition chrétienne, incarne la figure de l'archange déchu qui entraîne les autres anges rebelles dans sa propre chute : « À deux pas de ta mort, le vide dans lequel tu as basculé m'attend pour compléter le tableau de notre impossible mariage. Une immigrée comme moi ne peut que chuter, comme tu l'as si bien dit. » (*PN*, 41) D'origine argentine, donc issue de « l'enfer[25] » comme Juan Carlos et Gabriel Olmos, du reste, Ana Stein explore les avenues de l'*infernum* en donnant la mort. Gabriel Olmos – dont le prénom n'est pas sans faire référence à la figure biblique du messager chargé d'annoncer à Marie la venue du Messie – serait, en ce sens, à l'image du personnage mythique d'Icare, dans la mesure où le destin fatal du fils de Dédale (architecte athénien) et de Naupacte (esclave crétoise) est imputable au fait d'avoir transgressé l'interdit proféré par son père en volant si près du Soleil que la cire reliant les ailes à ses épaules en fond, ce qui le fait sombrer dans la mer. Or, la chute d'Icare, comme celle de Gabriel, est tributaire du fait que le fils se soit approché trop près de la source de chaleur en tentant de s'enfuir. Si Icare tente de s'évader du Labyrinthe de Minos, Gabriel s'efforce, quant à lui, de fuir (avec le feu) une patrie et un père qui, même en dehors des frontières de l'Argentine, continuent d'imposer leur autorité.

---

[25] « En Argentine, c'est l'espagnol, sauf quand vous rêvez d'un autre pays, alors viennent l'anglais ou le français pour vous faire oublier que vous êtes en enfer. » (*PN*, 85)

Ana Stein n'est cependant pas la seule, dans ce roman, à basculer vers le lieu d'en bas. Gabriel Olmos, par la relation qu'il entretient avec cette femme-torche, se précipite dans les limbes. Son alliance avec le feu, avec la maîtresse du lieu d'en bas, est, à certains égards, responsable de sa chute comme de celle de son défunt père. À force de vouloir échapper à l'*imago* paternelle[26], le fils finit, à son corps défendant, par marcher dans les pas du père, et ce, jusque dans la mort. Contrairement au protagoniste du *Silence obscène des miroirs*, le voyageur mis en scène dans *La passion des nomades* finit par se faire prendre au piège par une femme originaire de son pays natal (l'Argentine), mais dans un pays hôte (le Canada). Autrement dit, c'est comme si, dans ce deuxième roman de Daniel Castillo Durante, l'Argentine ne poursuivait le sujet jusqu'à l'étranger que pour mieux le consumer. Gabriel Olmos ne parvient donc pas à éteindre les feux du lieu d'en bas, car il se fait littéralement prendre dans les filets de sa maîtresse venue (comme lui) du Sud en faisant corps avec le désir du père, ce qui n'est pas sans le préoccuper :

> Étalée à ses côtés, absorbée dans l'extrémité de son corps enfin généreux, Ana répétait probablement des gestes qu'elle avait faits ailleurs. *Dis-moi, Ana, c'est comme ça que tu faisais avec lui ? À force de tout mettre dans tes mains, avais-tu réussi à réinventer le corps de papa ?* Son corps d'homme fatigué par la frivolité d'un métier qu'il n'avait probablement jamais aimé. Il savait que son père était un pur produit de Buenos Aires, un Portègne que l'exil avait sans doute rendu mélancolique. Alors, les mains d'Ana Stein dans tout ça ? La promesse d'un nouvel exil ? Mais, en la sentant si près de lui, il se garda bien de lui poser des questions. Surpris par des caresses qui dépassaient ses attentes, il la laissa faire. (*PN*, 158)[27]

À force de vouloir éviter la voie du père, le fils finit par y laisser sa vie en chutant au même endroit que lui. Le Canada retient ainsi captif le sujet migrant, mais c'est l'Argentine, comme dans *Le silence obscène des miroirs*, qui l'altère au point de le rendre méconnaissable à sa première identité.

---

[26] Carl Gustav Jung, *Métamorphoses et symboles de la libido*, trad. par L. De Vos, introduction de Yves Le Lay, Paris, Éd. Montaigne, 1927.

[27] C'est l'auteur qui souligne.

Dans *Ce feu si lent de l'exil*, le narrateur, Frédéric Vidal-Roy, ne connaît toutefois pas le même destin, car il ne trouve pas la mort après avoir connu l'amour ; mais il est, lui aussi, comme Jean-Marie Castel dans *Le silence obscène des miroirs*, abandonné par celle qu'il aime. Après avoir appris par son cousin Victor que Catherine Melançon avait soi-disant été hospitalisée à Montréal, Frédéric décide de rentrer au Canada pour la retrouver, mais, une fois sur place, il découvre qu'elle est devenue (sous le pseudonyme de Liliana) une prostituée au *Blue Velvet Confidential Escorts* :

> C'était peut-être ça l'amour pour elle à présent, changer de nom, usurper une identité, et laisser les hommes, tous les hommes, comme les vagues d'une mer dont on ignore les frontières, l'entraîner dans un va-et-vient continu, cru et obscène à la fois. Sa manière à elle, sans doute, de s'accrocher à la vie, de ne pas sombrer corps et biens dans ce feu si lent de l'exil. (*FLE*, 244)

En définitive, c'est Catherine qui laisse tomber Frédéric après avoir compris qu'il l'avait trompée avec Laura Gaubeka ; une chute dont il ne se remettra probablement jamais. Comme dans *La passion des nomades*, c'est l'infidélité conjugale qui est à l'origine de la chute et de la brûlure du protagoniste. Si la double chute de Juan Carlos Olmos est causée par son infidélité envers Ana, celle de Frédéric Vidal-Roy est aussi tributaire du fait qu'il n'a pu s'empêcher d'assouvir ses pulsions avec d'autres femmes.

En outre, la quête du père est également ce qui conduit Paul Escalante-Lambert, le protagoniste d'*Un café dans le Sud*, vers une chute physique et métaphorique tout à la fois, car c'est en tentant de s'approprier l'héritage de son père dans une «*Argent-Inn*[28]» désargentée qu'il laisse tomber tout ce qui le rattache au Nord. Ainsi, Paul est-il prisonnier d'un «Sud volcanique, indéchiffrable et barbare» (*CS*, 106) dans lequel il s'aventure sans boussole ni point de repère. Bien qu'il ait tout fait pour résoudre l'énigme du testament de son père, il finit, comme Jean-Marie Castel dans *Le silence obscène des miroirs*, par se faire prendre par le Sud. Dans le

---

[28] Daniel Castillo Durante, *Ernesto Sábato. La littérature et les abattoirs de la modernité*, Francfort/Madrid, Vervuert/Iberoamericana, coll. «Théorie et critique de la Culture et de la Littérature», 1995, p. 65 ; *Les dépouilles de l'altérité, op. cit.*, p. 120.

geste d'abandon du cellulaire, s'opère une rupture entre le passé et le présent, entre le Nord et le Sud, mais aussi entre le père et la mère. En tentant de récupérer les «dépouilles[29]» paternelles, Paul Escalante-Lambert a, en quelque sorte, perdu sa mère. Quoique celle-ci fût déjà morte, le fils perd sa mère dans la mesure où il se déprend du dernier avatar de ce qui le rattache à sa terre natale: le Canada. Ne plus pouvoir entrer directement en contact avec le Nord signifie, dans cette perspective, rompre avec sa langue maternelle (le français), mais aussi avec tout ce que sa mère lui a transmis, ne gardant que le nom (Lambert) comme seul et unique vestige de son rapport au Québec.

Dans *Le silence obscène des miroirs*, le narrateur est confronté, comme les personnages de *La passion des nomades*, à subir les conséquences d'une chute physique qui s'avère, elle aussi, annonciatrice de la déchéance sociale et identitaire du sujet. Lorsque le photographe recouvre ses esprits, il constate que son appareil-photo est toujours là, mais que son passeport a disparu. Dépouillé du signe archétypal de son identité canadienne, Jean-Marie Castel est fait *prisonnier* par le lieu d'en bas, car l'Argentine ne lui rend jamais ce qu'elle lui a *pris* sans permission, contribuant à l'altération du sujet migrant. En fait, c'est comme si les flammes de l'enfer (le soleil du Sud) l'avaient consumé au point de l'empêcher de remonter à la surface (au Nord). Une fois qu'il remet les pieds sur cette terre brûlante, il ne peut plus repartir. Là opère le pouvoir d'altération du pays natal sur celui qui a vainement tenté de s'en détacher. Pour les personnages romanesques de Daniel Castillo Durante, l'enfer, ce n'est pas les autres comme le postule la pensée sartrienne[30], c'est le Même (l'Argentine) qui brûle le sujet afin de l'empêcher de fuir.

Conclusion

En représentant le feu par le feu, la parole littéraire de Daniel Castillo Durante semblerait donc relever de quelque chose qui

---

[29] Pour Daniel Castillo Durante, «[l]e temps de la mort (le seul temps sans doute «réel») éclaire notre perte à partir de quelques lambeaux d'images que l'alchimie bricoleuse des paroles artistiques transforme en débris. Dans ce cadre d'altérité, la littérature et les arts visuels sont toujours condamnés à ne représenter que des dépouilles.» *Ibid.*, p. 17.

[30] Jean-Paul Sartre, *Huis clos*, Paris, Gallimard, coll. «Folio», 1947, p. 93.

est de l'ordre d'une *pyrographie*, et même d'une *pyrotopologie*. *La passion des nomades*, *Un café dans le Sud*, *Ce feu si lent de l'exil* et *Le silence obscène des miroirs* mettent en scène des personnages nomades – c'est-à-dire qui n'ont, comme le veut l'expression consacrée, ni feu ni lieu – pour qui le feu constitue avant tout une porte entre deux frontières. Si le feu a tendance à devenir métastatique en ce qu'il ne se contente rarement que d'un seul foyer, il en est de même de Juan Carlos Olmos, Gabriel Olmos, Ana Stein, Catherine Melançon, Frédéric Vidal-Roy, Paul Escalante-Lambert et Jean-Marie Castel, car leur existence ressemble à une véritable course à relais. Pour ces personnages en perpétuel déplacement, l'amour, la mort et l'exil (en tant qu'aboutissement de la chute) sont autant de lieux qui les brûlent et qui les ravivent tout à la fois. Si certains d'entre eux sont à l'image des héros mythologiques jouant de près ou de loin avec le feu (Lucifer, Icare, Héphaïstos), tous marchent néanmoins sur des tisons ardents, car ils sont habités par un feu qui ne sait les fixer : le feu si lent de l'exil. Tout en m'inspirant du titre du recueil de nouvelles de Daniel Castillo Durante paru en 2014, je dirais que ses personnages romanesques « fuient avec le feu », puisque, au fond, ils sont le feu. Ils émergent ainsi de quelque chose qui est de l'ordre d'une autocombustion, car, à force de vouloir échapper au feu, ils finissent par s'y brûler et, conséquemment, par en être altérés. Quoique le feu apparaisse dans tous les romans étudiés comme une promesse de retour (au pays natal notamment), il opère la transformation des sujets au point où ces derniers ne se reconnaissent plus eux-mêmes. Dans cette perspective, on pourrait dire que la parole romanesque de Daniel Castillo Durante relève, à bien des égards, d'une esthétique de la combustion, c'est-à-dire d'une écriture qui brûle et qui transforme tout à la fois ce qu'elle touche. Écrire pour brûler, tel semblerait être le projet de l'écrivain exilé.

REPRÉSENTATION DYSTOPIQUE DE L'ESPACE FRANCO-ONTARIEN DANS *ROSE AMER* DE MARTINE DELVAUX

Lucie Hotte
Chaire de recherche sur les cultures et les littératures francophones du Canada
Université d'Ottawa

Depuis quelques années, je m'intéresse à la représentation de l'espace dans la littérature franco-ontarienne, non pas pour en vérifier le coefficient de réalisme, comme c'est souvent le cas lorsqu'on étudie des « petites littératures » qui sont, selon François Paré, obsédées par l'espace, le leur, ou plutôt celui qu'elles n'ont pas[1], mais plutôt en tant qu'« élément constitutif du [texte littéraire] au même titre que les personnages, l'intrigue ou le temps[2] ». En effet, le texte littéraire opère une « transformation romanesque du lieu en élément de signification[3] ». Que signifie donc l'espace littéraire franco-ontarien dans les textes des auteurs qui en sont originaires ? Quelles valeurs lui accorde-t-on ? Ce sont les questions qui guident mes recherches sur la spatialité dans ce corpus littéraire car, comme le dit si bien Henri Mitterand, « c'est le lieu qui

---

[1] François Paré, *Les littératures de l'exiguïté*, Ottawa, Le Nordir, coll. « Essai », 1992, p. 70.
[2] Roland Bourneuf, « L'organisation de l'espace dans le roman », *Études littéraires*, vol. 3, n° 1, avril 1970, p. 78.
[3] Michel Crouzet, *Espaces romanesques*, Paris, Presses universitaires de France, 1982, p. 100.

fonde le récit, parce que l'événement a besoin d'un *ubi* autant que d'un *quid* ou d'un *quando*; c'est le lieu qui donne à la fiction l'apparence de la vérité[4] ». Dès lors, l'espace littéraire devient signifiant parce que « les structures sociales, idéologiques, axiologiques, symboliques et mythiques s'y projettent et deviennent lisibles[5] ». Son appréhension passe par des oppositions fondamentales, telles que l'ici et l'ailleurs, la ville et la campagne, l'ouvert et le fermé, le permis et l'interdit[6], mais aussi par un va-et-vient interprétatif entre notre connaissance de l'espace réel et l'espace créé par le texte qui est, lui, investi de diverses valeurs.

L'espace franco-ontarien adopte maintes formes dans les textes, mais il est le plus souvent représenté comme un lieu d'appartenance, un chez-soi, où il fait rarement bon vivre, car le « pays » est partagé avec un autre, majoritaire et envahissant. Aussi l'espace franco-ontarien littéraire est-il souvent marqué par l'oppression, l'aliénation et la pauvreté culturelle. Il s'agit d'un espace à soi symbolique, construit par la littérature, qui vise à suppléer l'espace réel[7]. Dans les œuvres des années 1970 et 1980, l'espace franco-ontarien s'avère un lieu de souffrances dans maints textes à cause de la cohabitation difficile avec l'anglophone majoritaire. Depuis les années 1990, après la parution des romans *Visions de Jude* (1990), réédité sous le titre *La Côte de sable* (2000) et *L'écureuil noir* (1994) de Daniel Poliquin, le recueil de nouvelles *Les crus de l'Esplanade* (1998) de Marguerite Andersen et le roman *Toronto, je t'aime* (2000) de Didier Leclair, l'espace urbain d'Ottawa[8] et de

---

[4] Henri Mitterand, « Le lieu et le sens: l'espace parisien dans *Ferragus*, de Balzac », *Le discours du roman*, Paris, Presses universitaires de France, coll. « Écriture », 1980, p. 194.

[5] Florence Paravy, *L'espace dans le roman africain contemporain: 1970-1990*, Paris, L'Harmattan, 1999, p. 7.

[6] Pour une analyse plus détaillée de ces oppositions, voir Florence Paravy, *op. cit.*

[7] Ceci est particulièrement vrai dans *Lavalléville* d'André Paiement et des premiers recueils de Robert Dickson, notamment dans le poème « C'était un drôle d'hiver ». Voir mon article, « Un pays à soi. Construction d'un territoire franco-ontarien », dans Jaap Lintvelt et François Paré (dir.), *Frontières flottantes. Lieu et espace dans les cultures francophones du Canada*, Amsterdam, Rodopi, 2001, p. 217-228.

[8] Pour une étude d'Ottawa dans les textes littéraires, voir Ariane Brun del Re, « Portrait de villes littéraires: Moncton et Ottawa », mémoire de M.A., Montréal, Université McGill, 2012; Ariane Brun del Re, « À la croisée de *La Côte de Sable* et de *King Edward*: Ottawa, capitale littéraire de l'Ontario français », *Francophonies d'Amérique*, n° 34, 2012, p. 105-135.

Toronto[9] transforme l'image essentiellement négative de l'espace franco-ontarien, jusqu'alors associé à l'espace nordique comme lieu privilégié de la communauté, mais aussi comme lieu de désolation[10]. L'Ontario et les villes d'Ottawa, de Toronto et même de Sudbury apparaissent alors comme des espaces de vie française, parfois sans tenir compte de la réalité qui est moins rose. Un espace reste cependant quasi absent du portrait littéraire franco-ontarien, soit celui de la banlieue. Pourtant de nombreux Franco-Ontariens habitent dans la banlieue d'Ottawa, dans des municipalités et des villages où ils sont ou ont été longtemps majoritaires[11].

Dans ce paysage littéraire, le roman *Rose amer*[12] de Martine Delvaux est un phénomène singulier. D'abord, l'histoire se déroule essentiellement dans la banlieue d'Ottawa, doublement représentée par un petit village de l'Est ontarien, ville-dortoir où habitent les fonctionnaires fédéraux franco-ontariens qui font la navette matin et soir entre leur résidence et Ottawa et par la banlieue plus rapprochée de Gloucester, aujourd'hui fusionnée à la capitale fédérale.

---

[9] Voir Paul-François Sylvestre, *Toronto s'écrit : la Ville Reine dans notre littérature*, Toronto, Éd. du Gref, coll. « Lieux dits », 2007.

[10] Les premières œuvres de Michel Ouellette, dont *Corbeaux en exil* et *French Town*, les pièces nordiques de Jean Marc Dalpé, particulièrement *Le chien*, et la poésie de Patrice Desbiens en témoignent. À ce sujet, voir mes articles « En quête d'espace : les figures de l'enfermement dans *Lavalléville, Le chien* et *French Town* », dans Lucie Hotte et Johanne Melançon (dir.), *Thèmes et variations : regards sur la littérature franco-ontarienne*, Sudbury, Éd. Prise de parole, 2005, p. 41-57 ; « S'éloigner, s'exiler, fuir, la migration comme mise à distance chez Michel Ouellette », dans Lucie Hotte et Guy Poirier (dir.), *Habiter la distance. Études en marges de* La distance habitée, Sudbury, Éd. Prise de parole, coll. « Agora », 2009, p. 123-145 et « Exil, migrance et nostalgie dans l'œuvre de Patrice Desbiens », dans Michael Brophy, Mary Gallagher, Emer O'Beirne et Douglas Smith (dir.), *La migration à l'œuvre : repérages esthétiques, éthiques et politiques*, Frankfort, Peter Lang, 2011, p. 36-52.

[11] Quelques romans grand public, de genre historique, situés dans l'Est ontarien, sont parus au cours des ans, mais on en compte peu parmi les œuvres plus littéraires. Les romans *La voie de Laum* (Ottawa, Éd. du Vermillon, 1997) et *Il faut crier l'injure* (Ottawa, Le Nordir, 1998) de Pierre Raphaël Pelletier sont l'exception qui confirme la règle. Dans le premier, le personnage principal, Laum, parcourt une piste cyclable dans la région d'Embrun (Ambre, dans le roman), alors que dans le second, le même personnage, résidant toujours à Ambre, sillonne, en voiture, les routes de l'Est ontarien après une rupture amoureuse. De même, dans *L'historien de rien* de Daniel Poliquin, le personnage principal habite un certain temps dans la banlieue d'Orléans. Les propos de Poliquin sur cette ancienne ville aujourd'hui fusionnée à Ottawa sont très négatifs. Voir Ariane Brun del Re, « Des histoires de frontières : *L'historien de rien* de Daniel Poliquin », *Voix plurielles*, vol. 11, n° 2, 2014, p. 64-81 ; [en ligne] http://brock.scholarsportal.info/journals/voixplurielles/article/view/1102/1057, consulté le 12 mai 2015.

[12] Martine Delvaux, *Rose amer*, Montréal, Héliotrope, 2009. Désormais *RA*, suivi du folio.

Ensuite, le roman peint un portrait peu reluisant de ce milieu de vie, à l'image de la représentation propre aux banlieues en littérature, tant en France, aux États-Unis, en Australie qu'au Québec. Enfin, les affects liés à l'espace franco-ontarien se distinguent fortement du sentiment d'appartenance à la communauté franco-ontarienne qui pallie, dans de nombreuses œuvres, les difficultés propres à la vie des minoritaires. Après une brève présentation de l'auteure et du roman, j'analyserai les diverses spatialités mises en scène afin de dégager l'axiologie qui fonde les affects liés à l'espace franco-ontarien.

Martine Delvaux : une écrivaine franco-ontarienne singulière

Née à Québec, Martine Delvaux a grandi dans le village de Limoges dans l'Est ontarien jusqu'à l'adolescence. Elle déménage ensuite avec sa famille à Gloucester, une banlieue d'Ottawa. Après des études à l'École secondaire De La Salle, elle fréquente l'Université d'Ottawa où elle obtient un diplôme de premier cycle, puis une maîtrise en 1992. Elle quitte alors Ottawa pour poursuivre ses études doctorales à Ann Arbor dans le Michigan. Son diplôme en poche, elle part enseigner en Angleterre, puis s'établit à Montréal où elle est professeure en études féministes à l'Université du Québec à Montréal. Très connue comme féministe engagée, on sait moins qu'elle a aussi milité pendant son adolescence pour la cause franco-ontarienne. En effet, dans une entrevue qu'elle a accordée à Ceri Morgan, elle lui confie :

> *Even though I was brought up by Québécois parents, I am in fact a Franco-Ontarian. As a teenager, I fought for Franco-Ontarian rights. I was very sensitive to this minority position in the Canadian landscape. It was very moving to see Francophones, who spoke a form of French that would easily have been frowned upon by French and Québécois alike, fight to protect their language and culture, access to services in French, respect of Canadian bilingualism laws*[13].

---

[13] « Dreaming the suburbs : Martine Delvaux on *Bitter Rose* – part 1 » ; [en ligne] http://www.lindaleith.com/posts/view/345, consulté le 22 avril 2015.

Sentiment d'allégeance fragile cependant puisqu'elle soutient, dans la même entrevue : « *I often feel like I have no roots – I moved around quite a bit before I settled down in Montréal. But I am not from here, and I arrived here as a sort of immigrant. I chose it as my home, in some sense*[14]. »

Martine Delvaux est l'auteure d'un ouvrage épistolaire, avec Catherine Mavrikakis, intitulé *Ventriloquies* (Léméac, 2003), d'un récit d'inspiration biographique, *Échographies* (Vent d'Ouest, 2007) et de quatre romans publiés chez Héliotrope, *C'est quand le bonheur* (2007), *Rose amer* (2009), *Les cascadeurs de l'amour n'ont pas droit au doublage* (2012) et *Blanc dehors* (2015). Elle y explore les complexités des relations humaines et les émotions qu'elles suscitent, que ce soit l'amour dans *Les cascadeurs*, l'amitié dans *C'est quand le bonheur* et *Rose amer* ou encore l'amour parental ou filial dans *Échographies* et *Rose amer*. Dans tous les cas, Delvaux soutient s'inspirer de sa propre vie. Elle affirme : « Je ne sais, au fond, qu'écrire sur ce qui m'est proche, intime. Je dis souvent que je n'ai pas d'imagination et que mon seul matériel, c'est (malheureusement!) moi[15]. » *Rose amer*, par exemple, est, selon elle, « *80 % memoir*[16] ».

L'Ontario français : un milieu de vie « rose amer »

Rose amer est un roman d'apprentissage autofictionnel, bien que Delvaux n'aime pas ce terme, qui raconte de façon rétrospective le passage de la narratrice de l'enfance à l'âge adulte, ainsi que son cheminement de la campagne à la ville. Son titre est particulièrement révélateur de l'histoire racontée et surtout de l'espace qui y est mis en scène. Rose désigne, sans aucun doute, le monde des petites filles dont il est question dans ce roman, mais ce monde rose n'est pas celui idyllique souvent associé à l'enfance ; il est

---

[14] « Dreaming the suburbs : Martine Delvaux on *Bitter Rose* – part 2 » ; [en ligne] http://www.lindaleith.com/posts/view/346, consulté le 22 avril 2015.

[15] « Entrevue avec Martine Delvaux », *Le pigeon décoiffé* ; [en ligne] http://www.lepigeondecoiffe.com/#!entrevues/cxy1/post/8632235334061293948, consulté le 22 avril 2015.

[16] Ian McGillis, « Martine Delvaux's Hidden Agenda », *Montreal Gazette*, 28 mars 2015 ; [en ligne] http://www.pressreader.com/canada/montreal-gazette/20150328/282913793992062/TextView, consulté le 22 avril 2015.

plutôt amer puisque empreint de sentiments ambivalents, le plus souvent négatifs, à l'égard de l'espace franco-ontarien.

Le roman est divisé en trois parties précédées de deux chapitres sans titre qui portent sur les circonstances entourant la naissance de la narratrice en 1968. La première partie, intitulée « Le village », est de loin la plus longue et la plus importante. Elle compte vingt chapitres. Cette partie commence six ans après la naissance de la narratrice, lorsque la mère épouse « un autre homme » qui « est venu annuler le mauvais sort [...] lancé six ans plus tôt » (*RA*, 21) par le père, qui s'était enfui à la nouvelle de la grossesse inattendue. La deuxième partie, qui comporte huit chapitres, porte le titre « La banlieue ». Après un séjour de six années[17] dans le petit village franco-ontarien d'Anjou[18], la famille de la narratrice se rapproche d'Ottawa lorsqu'elle emménage à Chichester[19], une banlieue de la capitale fédérale. La troisième et dernière partie, « La ville », est la plus courte avec ses quatre chapitres, si l'on considère le dernier, qui revient sur le parcours de la narratrice, comme un épilogue faisant pendant aux deux chapitres d'introduction. Cette section s'ouvre sur le déménagement de la narratrice au centre-ville d'Ottawa, pendant ses études universitaires, et se termine sur le récit d'un court voyage à New York, la ville par excellence pour les villageois d'Anjou, qui marque la fin du deuil du village de l'enfance. Trois espaces sont ainsi mis en scène dans le roman : la ville, la

---

[17] « On était arrivé au village six ans plus tôt, le jour de la fête du travail. On le quittait six ans plus tard, au milieu de l'été, pour un nouveau départ. » (*RA*, 100) La chronologie n'est pas toujours exacte dans le roman. Si on en croit les deux mentions relatives aux déménagements, l'arrivée au village aurait lieu en septembre 1974 et celle à Chichester à l'été 1980. La narratrice aurait douze ans lorsqu'elle quitte le village. Cependant, le roman dit clairement que, au moment où elle part pour Chichester, elle vient de terminer l'école primaire, qui compte huit années plus la maternelle et le jardin en Ontario. Les élèves ont habituellement cinq ou six ans en 1re année et treize ou quatorze ans en 8e année. La narratrice aurait pu terminer les classes primaires durant les six années passées à Anjou à la seule condition de sauter des classes, ce qui est possible, quoique non mentionné dans le roman. En outre, elle dit plus loin : « On venait de déménager quand 1984 est arrivé » (*RA*, 109), ce qui laisse entendre que le déménagement a eu lieu en 1983 et non pas en 1980. Aurait-elle passé huit ans au village ?

[18] Il s'agit d'un nom fictif, mais les autres toponymes étant réels, il est facile d'associer Anjou à Limoges, le village où a grandi Delvaux.

[19] Ce nom, également fictif, renvoie à la municipalité de Gloucester, aujourd'hui annexée à Ottawa. Les noms des rues et des commerces mentionnés dans le roman permettent de situer la maison de la narratrice adolescente dans ce quartier, près de Beacon Heights.

banlieue et le village, lui-même une sorte de banlieue plus éloignée. La ville cependant ne constitue que la destination finale; elle occupe donc une place très peu importante dans l'économie du récit. La narratrice résume d'ailleurs ce déplacement final en quelques phrases:

> [J]'ai fini par quitter l'appartement, puis la ville, puis j'ai déserté le pays. Je me suis éloignée du village en traçant des cercles concentriques de plus en plus grands. Je me suis retrouvée dans un appartement tout blanc à Ann Arbor Michigan, dans un deux pièces hors de prix au fond de Southampton England. J'ai fini par atterrir à Montréal des années plus tard. (*RA*, 132)

Ces trois espaces reproduisent l'opposition traditionnelle dans les littératures francophones du Canada entre la ville et la campagne, mais en y ajoutant l'espace intermédiaire de la banlieue. En effet, bien que les valeurs associées à l'espace urbain et au monde rural se soient inversées au fil des ans, ces deux milieux demeurent antithétiques. Dans les œuvres de la fin du XIXe siècle et des premières décennies du XXe, alors que la ville était peinte comme un lieu de perdition pour ceux qui quittait la campagne et la «terre paternelle» – les fils étaient voués à travailler à la sueur de leur front dans les usines sans jamais sortir de la pauvreté, tandis que les filles perdaient leur vertu dans la prostitution, si ce n'est leur vie –, la campagne, par son isolement et son attachement aux traditions, apparaissait aux idéologues de l'agriculturisme comme le lieu privilégié pour assurer la survivance de la «race». La nature sauvage, pour sa part, n'avait pas meilleure réputation que la ville: sa faune, sa flore, son étendue constituaient autant de dangers à surmonter pour ceux qui osaient s'y aventurer[20]. En revanche, dans les œuvres de la fin du XXe et du début du XXIe siècle, la ville est évoquée de façon positive puisqu'elle est perçue comme un espace cosmopolite, ouvert sur le monde et empreint de culture, tandis

---

[20] C'est le cas dans *Maria Chapdelaine* et *Menaud, maître-draveur*, par exemple. Dans le premier roman, François Paradis meurt en forêt durant une tempête de neige, alors que dans le second, Joson, le fils de Menaud, se noie dans la rivière alors qu'il travaillait à la drave. Voir aussi Margaret Laurence, *Essai sur la littérature canadienne*, trad. de Hélène Filion, Montréal, Boréal, 1987. Le titre original de ce livre, *Survival*, exprime bien la thématique de l'ouvrage qui explore l'effet de la nature sauvage canadienne sur l'imaginaire littéraire canadien-anglais.

que le monde rural devient un lieu patrimonial, traditionnel, kitsch et désuet et que la nature représente un lieu de quête personnelle, de salubrité et de sérénité.

C'est aussi à cette époque qu'apparaît la banlieue en littérature[21]. Cet espace interstitiel, à mi-chemin entre la campagne et la ville, ne connaît en littérature qu'une représentation négative[22], principalement véhiculée par les intellectuels, dont les écrivains. La banlieue est donnée comme « [t]rop américaine dans les formes, trop restrictive dans son potentiel créatif, trop fonctionnelle dans son habitabilité, trop univoque dans sa teneur politique[23] ». Cette « *tradition of anti-surbanism*[24] » prégnante dans les œuvres littéraires, tant en Australie, en Angleterre, en France, qu'aux États-Unis, est également omniprésente dans les littératures québécoise et franco-canadiennes. Dominic Head utilise des termes similaires à ceux de Daniel Laforest pour décrire la banlieue dans la littérature britannique : « *deadening, unimaginative, [and] representative of a low or restricted common denominator*[25] ». Pour Susan Brook, la banlieue, tant en Angleterre qu'aux États-Unis, représente :

> [...] *the often demonized other of city life: safe where the city is dangerous; conformist where the city is heterogeneous; monotonous and enervating where the city is diverse and stimulating; the site of heterosexual*

---

[21] Selon Daniel Laforest, « [o]n a vu se multiplier au Québec les romans ou récits représentant la banlieue d'après-guerre durant les quinze dernières années » (« Dire la banlieue en littérature québécoise. *La sœur de Judith* de Lise Tremblay et *Le ciel de Bay City* de Catherine Mavrikakis », *Globe : revue internationale d'études québécoises*, vol. 13, n° 1, 2010, p. 149). Voir aussi Daniel Laforest, « Qui a peur de la banlieue en littérature ? », *Québec français*, n° 169, 2013, p. 54-55.

[22] Nathanael O'Reilly signale que des romans australiens plus récents peignent un portrait moins dysphorique de la banlieue. *Exploring Suburbia. The Suburbs in the Contemporary Australian Novel*, Amherst, New York, Teneo Press, 2012, p. xxviii-xxx.

[23] Daniel Laforest, « La banlieue dans l'imaginaire québécois. Problèmes originels et avenir critique », *temps zéro*, n° 6, 2013 ; [en ligne] http://tempszero.contemporain.info/document945, consulté le 17 avril 2015.

[24] Nathanael O'Reilly, *op. cit.*, p. xi.

[25] Dominic Head, *The Cambridge Introduction to Modern British Fiction, 1950-2000*, Cambridge, Cambridge University Press, 2002, p. 218. Cité dans Nathanael O'Reilly, *op. cit.*, p. xiv.

family life where the city opens up the potential for sexual experimentation and possibility[26].

Dans le roman de Delvaux, la banlieue éloignée représentée par le village et celle plus rapprochée de Chichester sont investies de ces valeurs : conformiste, ennuyante, petite-bourgeoise, factice, « quétaine », à l'opposé de la ville dont elles sont pourtant à petite distance d'un point de vue géographique. L'éloignement est donc plus psychologique que physique. La narratrice note d'ailleurs qu'« entre la vie au village et le travail à la grande ville, il y avait quelque chose comme un décalage horaire » (*RA*, 40). D'entrée de jeu, le village est d'ailleurs présenté comme un lieu éloigné de Montréal, « la grande ville au bout de l'autoroute, à deux heures du village » (*RA*, 77), et surtout comme un lieu qui ne tiendrait pas ses promesses :

> On a quitté le petit appartement de Rapunzel perché en haut d'une tour. On a laissé derrière nous le royaume urbain pour s'installer là où on se disait que l'air était plus frais, la vie meilleure et le bonheur dans les prés. [...] Après quelques heures cahin-caha sur l'autoroute en crachotant une fumée sombre, on s'est retrouvé en plein milieu d'un champ qui s'étendait à perte de vue, plongé dans une lourde odeur de fumier. (*RA*, 21-22)

Le vocabulaire utilisé dans ce passage est révélateur de l'axiologie propre à l'espace dans le roman : la ville tout juste quittée est présentée comme un « royaume », même si l'appartement, dont la famille aurait été libérée par le « prince charmant à la mode du temps, qui portait une moustache et un complet lavande » (*RA*, 21), était petit et associé à la prison de Rapunzel, alors que les promesses de vie meilleure, de bonheur et d'air frais cèdent la place à un lieu vide, sans fin, qui pue. La description qui suit est sans complaisance pour le « village maudit » (*RA*, 70 et 97), comme l'appellent la mère et la narratrice :

---

[26] Susan Brook, « Hedgemony ? Suburban Space in *The Buddha of Suburbia* », dans Nick Bentley (dir.), *British Fiction of the 1990s*, London, Routledge, 2005, p. 209. Citée dans Nathanael O'Reilly, *op. cit.*, p. xiv.

> Anjou, Ontario. C'était le nom du village, un petit village perdu entre le maïs et la forêt, où on baragouinait des restes de français dans un décor de banlieue. Quelque chose comme une banlieue trop éloignée de la grande ville pour être une vraie banlieue, et trop laide pour être considérée comme un vrai village. C'était un village nouveau, comme on dit des excroissances métropolitaines qu'elles sont des villes nouvelles, un village sans domaines centenaires. C'était un territoire sans lacs et sans rivières, sans arbres. Un univers de tôle rouillée, d'aluminium tordu, de béton fissuré, de *plywood*, de prélart, de polyester et de tapis *shaggy*. (*RA*, 22)

La description a une valeur plus symbolique que réaliste. Les arbres, par exemple, ne sont pas absents du village fictif – ni du village réel de Limoges où a grandi Martine Delvaux – puisque la narratrice parle ailleurs des « grands ormes plantés au bord de la route » (*RA*, 33) qui traverse le village ou encore de la forêt Larose (*RA*, 36) « qui s'étendait » derrière la maison avec ses « pistes de lièvres et de motoneige sous les sapins » (*RA*, 31). Réserve faunique et lieux de loisirs, cette forêt de plus de 18 millions d'arbres, située entre les villages de Bourget, Casselman et Limoges, entièrement plantée afin de contrer l'érosion des sols[27], est trop imposante pour être oubliée. De même, le terrain de camping Kittawa (*RA*, 35), dont parle la narratrice, est certes connu pour sa piscine, mais on y trouve aussi un petit lac. La dernière phrase de cette description rend le caractère dystopique d'Anjou, Ontario, un « village qu'il valait mieux oublier » (*RA*, 35), un « village de la malédiction » (*RA*, 88), d'où « rien de bon ne pouvait sortir » (*RA*, 87), bref, « un trou » (*RA*, 103). La façon de désigner cet espace est d'ailleurs révélatrice du rapport que les personnages de la mère et de la fille entretiennent avec lui. La narratrice spécifie les raisons pour lesquelles on l'appelle « la campagne » :

> On disait la campagne pour faire court. On disait la campagne pour ne pas dire banal. On disait la campagne pour ne pas dire minable. On disait la campagne pour ne pas dire l'ennui. On disait la cam-

---

[27] [En ligne] http://www.prescott-russell.on.ca/fr/foret-larose/historique, consulté le 12 mai 2015.

pagne pour ne pas dire les pervers et les fous dans les champs le long de l'autoroute. (*RA*, 22)

Le village est également caractérisé par son côté kitsch propre à toutes les banlieues romanesques. La description de la vie des voisins, qui habitent « un superbe *split-level*, immense garage accessible directement de la cuisine, salles de bains complètes, chambres à coucher douillettes, salon, cuisine, salle à manger [...] » (*RA*, 31), en fait foi :

> Quand les filles étaient à l'école, Mom [la mère des petites voisines] profitait du calme de l'après-midi pour s'allonger au salon sur le divan ocre couvert d'immenses fleurs brunes et violettes, posé sur des pieds sculptés en pattes de lion. Au-dessus d'elle, accroché au mur, un portrait d'Elvis peint sur velours noir quand il était jeune et beau, encadré d'une fausse dorure baroque. Protégée par le roi du rock and roll, elle s'allongeait avec des photos-romans qu'elle lisait en buvant des litres de Cool-Aid ou de *rhum and coke*. C'était son jardin secret. (*RA*, 45)

Ainsi, la maison des voisins, où se fait garder la narratrice avant et après l'école, est l'antre du kitsch et du faux avec son « lustre de faux cristal suspendu au-dessus de la table en faux bois foncé » et son « sous-sol fini en contre-plaqué » (*RA*, 31). On y mange du « Jell-O » (*RA*, 48) et des « sandwichs au Paris Pâté » sans croûte (*RA*, 49), « des tartes de garniture aux cerises au goût de *jelly beans* » (*RA*, 45), « du macaroni Kraft orange fluo avec du concombre pelé coupé en rondelles de hockey et couronné d'une cuillère de Cheez Whiz » (*RA*, 46). L'autre maison voisine abrite une famille plus démunie encore et surtout plus vulgaire. La mère, une « danseuse sexy dans un *truck stop* sur la 417 », et le père, un « livreur de papier de toilette », revêtent, pour leur sortie de fin de semaine, des « vestons de satin rouge et noir dignes d'une équipe de bowling ou des choristes de Donny and Marie » (*RA*, 60-61). Lorsqu'elle appelle ses enfants pour souper, cette voisine hurle : « Mes ostis d'tabarnak de criss venez manger avant que j'vous attrape par le colet [*sic*] pis que j'vous étrippe [*sic*] ! » (*RA*, 60). Pour sa part, la mère de la narratrice se distingue des mères de ses petites amies par son désir d'être «bien» (*RA*, 62-63). C'est d'ailleurs ce côté kitsch du village que la narratrice affirme laisser derrière elle lorsque sa famille déménage à Chichester :

> On a abandonné le prélart de la cuisine aux teintes de jaune sale, le papier peint blanc du salon sur lequel étaient dessinées les ombres noires de longs troncs d'arbres morts, et le contre-plaqué fixé sur le mur de ma chambre pour que je puisse coller et arracher des affiches de stars en toute liberté. On a tourné le dos à l'église et à la fête paroissiale, aux tables de poker, à sa grande roue, et à ses pommes à aller chercher la tête dans l'eau sans se noyer. On a fait une croix sur les lave-autos organisés dans l'entrée de garage de la caserne des pompiers, et les danse-o-thon dans la grande salle communautaire avec des haut-parleurs jusqu'au plafond. (*RA*, 100)

L'énumération de choses laissées derrière se poursuit sur plus d'une autre page et touche à tout : les activités, l'ameublement, le décor, la nourriture. La narratrice présente ce départ comme une libération : « On est parti et on n'est jamais revenu, sauf une ou deux fois parce qu'on avait rien d'autre à faire que revoir le passé et se péter les bretelles d'y avoir échappé » (*RA*, 102).

L'arrivée à « Chichester, en banlieue de la capitale fédérale », « ni trop près ni trop loin de la grande ville » (*RA*, 104), n'est cependant pas réjouissante. En effet, la banlieue rapprochée ne trouve pas grâce non plus aux yeux de la narratrice. Il s'agit d'un autre espace du conformisme que la narratrice décrit en ces termes :

> C'était une banlieue dans une banlieue, entre l'arbre du village et l'écorce de la ville, un espace de transition. On savait tout des voisins. Les stores verticaux ouverts dans la grande fenêtre du salon révélaient le décor, le choix des couleurs, des matières, des objets. Au regard, rien n'échappait. Tous les intérieurs se ressemblaient malgré la présence de différents modèles parsemés sur l'ensemble du complexe d'habitations. Et partout, des murs si minces que la vie des voisins était tout près, les pas dans l'escalier, les rires, les bruits dans le noir. (*RA*, 106)

Bien qu'« [o]n disait être sans crainte dans le quartier des maisons collées, jamais rien ne se passait, un endroit idéal où habiter, sans souci, *no worry*» (*RA*, 105-106), la narratrice vit le déménagement comme un traumatisme. Au cours des semaines qui suivent, «dans [s]a nouvelle chambre et [s]on nouveau lit placé contre le nouveau papier peint à petites fleurs rose tendre», l'enfant «fréquent[e] les monstres de l'insomnie» (*RA*, 104). Elle craint «de ne pas retrouver [s]on chemin» dans cette «jungle» qui s'étale «devant le McDonald, au carrefour de la rue Ogilvy et du chemin Montréal» (*RA*, 105). S'il s'agit pour les autres habitants d'«un monde où on avait l'impression d'être protégé, les petites filles toutes à leurs pâtés dans le carré de sable, insouciantes, leurs robes relevées sur une culotte bleue, rose, blanche», rien ne rassure la narratrice-enfant :

> De ma chambre le soir, j'écoutais longtemps leurs voix [celles des petites filles], l'été le soleil se couche tard, je me demandais quand le silence enfin tomberait sur elles comme une pluie qui les forcerait à rentrer, les parents qui appellent, «Vite, tu vas être trempée.» Quand je ne les entendais plus, ma peur s'accentuait, celle qui me plongeait dans l'attente d'un bruit. (*RA*, 105)

Comme le village, la banlieue est un lieu communautaire qui favorise l'entraide et l'amitié ; des valeurs, sans doute factices, qui n'ont que des connotations négatives pour la narratrice :

> Ici, tous les élans sont freinés. On vit au ralenti, dans le respect et l'entraide, la bonne entente et l'harmonie. Le soir, en rentrant du travail par les transports en commun qui nous laissent presque à la porte au coin des deux avenues principales, on se retrouve chez les uns ou chez les autres pour prendre un verre, trempettes et olives, à la bonne franquette. Les jours de vacances, Action de grâce, Noël, été, on organise des potlachs [*sic*] à l'amérindienne, et parfois même, plus loin dans la ville, de mystérieuses chasses au trésor. (*RA*, 107)

Aussi, «cette banlieue [est, elle aussi,] maudite», elle «ne [vaut] pas mieux que le village» (*RA*, 118). Pour la narratrice, cette «antichambre de la ville serait l'antichambre de la vie adulte, l'adolescence était un cercle de l'enfer et la banlieue aussi» (*RA*, 110). Si «[l]e village était une souffrance, la banlieue [sera] l'absence, l'absence de lieu, le bannissement» (*RA*, 119).

La banlieue et le village, tels que représentés dans *Rose amer*, partagent plusieurs caractéristiques, dont le conformisme, le traditionalisme, la facticité et la présence d'«un sentiment d'identité collective qui repose sur l'appartenance à la même classe sociale[28] ». Cet univers en principe rassurant, à cause de sa grande homogénéité sociale[29], ne l'est cependant pas chez Delvaux, car la narratrice s'y sent toujours étrangère.

« Icitte c'est [pas] chez nous »

Les œuvres franco-ontariennes valorisent en général le sentiment d'appartenance au territoire et à la communauté[30]. Le poème « Les murs de nos villages » de Jean Marc Dalpé en est l'exemple par excellence. Ce poème, entièrement fondé sur l'anaphore, met l'accent sur l'inscription de la mémoire de la communauté franco-ontarienne dans les lieux mêmes qu'elle habite ou qu'elle a habités :

> Les murs de nos villages se souviennent
> Les murs de nos villages se rappellent
> et ils nous chuchotent parfois à l'oreille des drôles d'histoires[31]

Sur les murs des villages, ceux des « Main Street », des églises, des écoles, des maisons, des cimetières et mêmes des usines, « qui ne sont jamais les nôtres », précise Dalpé, l'histoire de la communauté est gravée :

> Sur les murs de nos villages
> dans notre langue couleur terre
> couleur misère

---

[28] Christina Horvath, « Écrire la banlieue : réalité et représentations de l'espace périurbain en Europe et au Canada », *Études canadiennes/Canadian Studies*, n° 60, 2006, p. 26. La narratrice affirme d'ailleurs : « Mon village était un village où on était fier de dire que tout le monde connaissait tout le monde. C'était un village comme tous les villages, comme tous les quartiers où vivent des gens qui se surveillent et disent s'aimer. C'était comme ça, et parfois c'était pire. Il fallait travailler fort pour protéger un secret. Il fallait être adroit, mesquin, il y avait de quoi s'occuper. » (*RA*, 35)

[29] Christina Horvath, *op. cit.*, p. 25.

[30] Voir mon article « La mémoire des lieux et l'identité collective en littérature franco-ontarienne », dans Anne Gilbert, Michel Bock et Joseph-Yvon Thériault (dir.), *Entre lieux et mémoire. L'inscription de la francophonie canadienne dans la durée*, Ottawa, Presses de l'Université d'Ottawa, coll. « Amérique française », 2009, p. 337-367.

[31] Jean Marc Dalpé, « Les murs de nos villages », *Les murs de nos villages*, Sudbury, Éd. Prise de parole, coll. « Perce-neige, 3 », 1980, p. 9. Désormais *LMV*, suivi du folio.

> Nous avons inscrit nos vies et nos hivers
> de père en fils, de mère en fille.
>
> Sur tous les murs de nos villages
> dans notre langue couleur terre
>   couleur misère
> Nous avons égratigné à même les ongles
> de nos mains sales de travailleurs
> les lettres et les visages de notre Histoire (*LMV*, 11-12)

Le passé est garant de l'appartenance de la communauté à la terre qu'elle habite. La dernière partie du poème est, à cet égard, explicite :

> Les murs de nos villages
> nous hurlent comme des chiens enragés
> Prenez-le, Prenez-le, Prenez-le
> Prenez-le le pays
> Prenez-le dans vos bras
>   dans vos ventres
>   dans vos cœurs
> Dansez avec le pays.
>
> Les violons de nos villages
> nous hurlent des gigues assoiffées de Liberté
> et qui ne veulent dire qu'une chose :
> Icitte c'est chez nous. (*LMV*, 42)

Cependant, pour la narratrice de Delvaux, «Icitte c'est [pas] chez nous» puisqu'elle ne se reconnaît pas dans la communauté d'Anjou, ni plus tard dans celle de Chichester. Elle n'a pas le sentiment que «les autres» l'acceptent comme l'une des leurs. Elle affirme : «Pour elles [les filles des voisins], je serais toujours d'ailleurs. Je n'étais pas née ici, elles m'avaient vue arriver de loin sans que je n'aie été invitée et c'était déjà trop tard, je ne ferais jamais partie du clan.» (*RA*, 32) Elle essaie pourtant de se fondre dans le groupe, d'être comme les autres petites filles. Aussi en veut-elle à sa mère lorsque celle-ci ne l'encourage pas à prêter foi aux photos prétendument signées par les stars d'Hollywood que ses copines commandent dans les revues à potins :

> À la vue des photos, ma mère a eu ce sourire en coin qui en disait trop long. Je lui en voulais de ne pas avoir chéri l'espoir et d'avoir eu raison. Je lui en voulais de ne pas avoir eu la foi, comme je lui en voulais, le dimanche, de me laisser aller à l'église en solitaire pour ne pas avoir honte quand lundi matin arriverait et que la maîtresse demanderait : « Qui n'est pas allé à l'église hier? » (*RA*, 30)

De même, elle fait partie des Jeannettes, puisque « [t]outes les petites filles du village en âge d'y être inscrites l'étaient » (*RA*, 66), même si elle n'a aucun intérêt pour ce genre d'activités, au point que son « exemplaire du petit livre de la forêt bleue, le précieux carnet de route de la Jeannette avertie, prières, chansons, fables et page blanche où inscrire les félicitations » (*RA*, 66), est toujours vierge d'annotations des mois après son inscription. Elle anticipe d'ailleurs

> avec horreur le séjour au lac Vert en plein été, le sommeil en commun et les douches partagées, les clairières quelque part au milieu de la forêt, les feux de camp où il fallait accepter de se faire dire nos quatre vérités par les responsables qui profitaient de l'occasion pour nous faire pleurer (*RA*, 67).

Les sentiments évoqués par la narratrice sont néanmoins ambivalents:

> Je me débattais entre la crainte et l'ennui, le désir d'être seule et la peur de l'isolement. Rentrer à la maison était un soulagement, l'impression, une fois par semaine, d'avoir gagné mon ciel en ayant fait une bonne action, c'est-à-dire rien qui me plaisait. (*RA*, 67-68)

Peu après son déménagement à Anjou, la famille entière tente de s'intégrer et décide donc d'élever des lapins, puisque tous

> les villageois s'occupaient religieusement de leurs petits élevages. C'était une obligation, la façon de signer son appartenance campagnarde comme on se rassure sur son identité en lisant l'horoscope à la fin du journal. (*RA*, 38)

Mais l'intégration ne se fait pas facilement: les lapins se multiplient si rapidement que la mère doit se résoudre, à l'insu de sa fille, à les faire tuer par un voisin. Celle-ci voit d'ailleurs, dans le sort des lapins, son propre sort : « Entre mon corps et ceux des petits morts, ce n'était pas un grillage mais un miroir qu'il y avait. » (*RA*, 40)

Solitaire, sensible et intelligente, la narratrice-enfant se sent définitivement différente des autres petites filles qui sont téméraires, vulgaires, voire carrément méchantes. Pourtant, elle se lie d'amitié avec certaines d'entre elles, mais sans jamais avoir le sentiment d'être comme elles. La première est la fille des voisins chez qui elle se fait garder, avant et après l'école, jusqu'à l'âge de huit ans, Manon-juste-Manon, dont « on disait : "C'est pas une fille, c'est un garçon" » (*RA*, 47). Celle-ci, comme ses sœurs, possède des attributs qui font défaut à la narratrice. Ainsi, lorsqu'un train bloquait le chemin des fillettes en route vers l'école, les petites voisines « se glissaient comme des anguilles sous le wagon pour pouvoir continuer leur chemin », alors que la narratrice « craintive » « attendai[t] qu'il redémarre de peur qu'une roue ne vienne à [l]'écraser » (*RA*, 32). Elle était alors la proie des « moqueries impitoyables des filles des voisins » (*RA*, 32). Manon-juste-Manon domine clairement la narratrice, qui subit parfois sa hargne :

> Si Manon-juste-Manon en avait assez de moi, elle me criait un chapelet de bêtises, n'importe quoi pourvu que la flèche arrive pile au cœur de la pomme en équilibre. Fière de son coup, elle faisait le chemin vers chez elle comme libérée d'un poids, quelques pas de danse, les ailes d'un ange, et les pieds qui frappent dans la nouvelle asphalte. Le voisinage, c'était ça. Le lendemain, elle revenait comme s'il ne s'était rien passé. (*RA*, 52)

L'autre voisine, qui s'appelle BB, nom qu'elle doit « à Brigitte Bardot, l'idole de sa mère » (*RA*, 60), appartient à une classe sociale différente de la narratrice. Vulgaire et négligée par ses parents, elle initie la narratrice à la sexualité en lui lisant un passage d'un livre érotique que sa tante lui a donné. De même, BB lui raconte des histoires dont la narratrice ne sait trop si elles sont vraies ou inventées, comme celle « d'une petite fille qui, avec un économe rouillé pris dans un tiroir de la cuisine sans que sa mère ne le sache, avait percé la porte qui fermait le corps des filles » (*RA*, 65). Seule Valence Berri, son amie pendant deux ans, aura des affinités avec la narratrice, car elle est « arrivée de la grande ville avec ses parents » (*RA*, 70). Cette amitié prend fin lorsque Valence délaisse son amie pour fréquenter « le beau Philippe », « le caïd du village » (*RA*, 71). La narratrice vit alors une véritable peine d'amitié :

> Pendant des semaines, toutes les nuits, je me suis endormie au bout de mes larmes, repassant dans mon esprit la seule chose que j'avais pu garder d'elle, le souvenir de son visage comme un portrait-robot agrafé sur un poteau de bois. (*RA*, 72)

La narratrice n'éprouve donc pas, surtout pendant son enfance au village, mais aussi son adolescence, de sentiment d'appartenance à son milieu de vie. Elle vit cette non-adéquation avec l'ici et les autres qui l'entourent comme un manque (elle aimerait avoir des amies, elle aimerait faire partie du groupe), tout en étant consciente (du moins dans la version qu'en donne la narratrice-adulte lorsqu'elle raconte l'histoire) de ne rien avoir en commun avec les autres petites filles du village. Cette ambivalence apparaît clairement lorsque la narratrice souhaite oublier où elle est :

> Je ne venais pas du village, je ne venais pas d'ailleurs non plus, mais j'avais fini par prendre racine dans les champs de maïs et de fraises sauvages. Assise sur la balançoire blanche accrochée au module en métal bleu que mes parents avaient installé dans la cour arrière, je rêvais d'un grand amour et de dévotions religieuses, je m'étourdissais à tourner sur moi-même, enroulant et déroulant les lourdes chaînes rouillées jusqu'à la nausée. Peut-être qu'un jour je décollerai à force de tourner, ou je perdrai la tête, juste assez pour ne plus savoir exactement où je suis. (*RA*, 99)

Ce sentiment d'étrangeté et de non-appartenance trouve un écho dans les multiples disparations de jeunes filles qui ponctuent le livre. Dès son arrivée à Anjou, la narratrice est confrontée à cette triste réalité puisque les voisins, chez qui elle se fait garder,

> laissaient traîner le *Allô Police* sur la table de la cuisine, les pages ouvertes sur des photos de victimes [...]. Ils relevaient quotidiennement les annonces de filles disparues [...] [J]e me disais qu'un jour

l'une de ces filles viendrait cogner à la maison après avoir longtemps couru dehors dans le noir (*RA*, 24-25).

Puis, une des fillettes de son école disparaît vraiment :

> Un jour, à l'école du village, c'était à la veille des vacances d'été, le directeur, debout sur l'estrade dans le gymnase devant tous les enfants, a annoncé que la petite fille qui vivait au fond du champ derrière chez nous avec son oncle et sa tante, tout près de la grosse butte de gravier qui avait été laissée là on ne savait pas pourquoi, avait disparu. (*RA*, 84)

C'est d'ailleurs peu après la disparition de Doris que la mère décide de « quitter ce village maudit » (*RA*, 97). Pourtant, Chichester n'est pas épargné par ce fléau puisqu'une autre voisine, Christine Blondin, y disparaît (*RA*, 114). Alors que la narratrice et la communauté n'ont jamais su ce qu'il était advenu de Doris, Christine, elle, a fort probablement été assassinée, car,

> [d]es années plus tard, un sac rempli d'ossements humains a été trouvé au fond de la rivière. Les enquêteurs ont cherché à savoir de qui il s'agissait, laquelle des trois femmes, grandes, brunes, teint mat, disparues les unes après les autres en quelques semaines seulement, aux alentours des maisons en rangées (*RA*, 115).

Il n'est dès lors pas étonnant que la narratrice ait, tout au long de son enfance et de son adolescence, voulu fuir ce milieu où elle se sent étrangère, tout en craignant de ne jamais trouver « sa place dans le monde ». La veille du déménagement d'Anjou à Chichester, la petite narratrice joue à construire un modèle réduit de voiture, une Lotus Esprit, comme celle de James Bond. Pour elle,

> [c]'était la voiture des héros. Elle pouvait rouler à toute vitesse sur les routes de campagne et les grandes avenues bétonnées, dans les dunes de sable et à flanc de montagne. Elle était submersible et, du fond de l'eau, elle pouvait tirer des missiles. (*RA*, 144)

L'angoisse que ressent la petite fille à l'idée de quitter le village est palpable. Pourtant, elle partira sans regarder derrière elle :

> Le jour du départ, je me suis installée sur le siège arrière de la Cortina rouge. La voiture a descendu Boundary Road jusqu'à la rampe de l'autoroute, laissant couler de plus en plus d'espace entre nous et le village minable. Pas une seule fois je n'ai regardé derrière moi pendant qu'on s'éloignait. (*RA*, 144)

Bien que le roman se termine sur ses phrases, le fait qu'elle ait écrit ce roman témoigne malgré tout de l'importance qu'ont eu sur l'imaginaire de Delvaux les années passées dans ce « village minable ».

Conclusion

Rose amer définit un mode d'être franco-ontarien qui se distingue de celui privilégié par les écrivains des années 1970 et 1980, voire des années 1990. Il n'est pas question ici de solidarité comme chez Dalpé, d'amitié comme chez Dickson et, si la pauvreté culturelle ou linguistique est convoquée comme chez Desbiens, ce n'est pas pour représenter une réalité que la narratrice partagerait avec les autres membres de *sa* communauté. Il n'est pas question non plus, comme chez Poliquin, de personnages qui habitent Ottawa, ou ailleurs en Ontario, en maître, avec l'assurance d'être chez eux. L'espace franco-ontarien, dans ce roman, n'est pas celui de communalité, il n'est pas non plus celui de l'amitié, il est plutôt un lieu doté des mêmes valeurs que toutes les banlieues du monde occidental : ennuyant, ordinaire, prévisible, si ce n'est mesquin, vulgaire et ridicule. Il est certainement l'endroit par excellence pour explorer le lien entre l'individu et la communauté. Or, Martine Delvaux soutient, dans l'entrevue accordée à Ceri Morgan, que ce qui l'intéresse le plus est justement la relation entre le singulier et le collectif[32]. C'est effectivement ce rapport qu'elle décortique dans *Rose amer*, tout en mettant l'accent sur le singulier en optant pour un roman d'apprentissage.

Pour la narratrice-adulte, celle qui raconte l'histoire de son enfance, les sentiments qu'éveille la remémoration de son passé

---

[32] Elle dit : « *I am interested in the relationship between the singular and the collective.* » « Dreaming the suburbs : Martine Delvaux on *Bitter Rose* – part 2 » ; [en ligne] http://www.lindaleith.com/posts/view/346, consulté le 22 avril 2015.

franco-ontarien sont ambivalents, sévères, sans concession, mais aussi empreints de nostalgie. En effet, si Anjou et Chichester sont décrits comme des endroits sans personnalité où le conformisme et le kitsch règnent, si leurs habitants sont souvent ridicules, peu instruits, voire vulgaires, la narratrice ne ressent pourtant pas que du dédain pour eux. Certes, elle ne s'identifie ni à ces endroits ni à leurs habitants, mais elle se rappelle qu'elle aurait aimé, à une époque, être admise dans le cercle des initiés, elle aurait voulu avoir de vraies amies et être comme les autres. Ce désir d'appartenance particulièrement prégnant durant l'enfance n'existe plus au moment où elle raconte cette période de sa vie. Toutefois, l'importance donnée à cette étape, qui occupe près de la moitié du roman, est représentative de son influence sur la vie de la narratrice. C'est à Anjou, plus encore qu'à Chichester ou à la ville à peine présente dans le livre, que la petite fille a appris à accepter sa différence et à compter sur elle-même. Si l'insomnie qui illustre son hypersensibilité persiste à Chichester, si la peur la hante toujours à l'adolescence, le récit de cette époque de sa vie montre qu'elle peut à présent « regarder derrière [elle] » et faire le point sur son enfance et le milieu qui l'a formée, bien qu'elle ne s'y soit jamais identifiée. Martine Delvaux présente ainsi une image sans complaisance de la vie dans la banlieue franco-ontarienne qui, si on en juge par la représentation des banlieues dans les autres littératures, n'est pas bien différente de celles des banlieues américaines ou australiennes. C'est, à mon avis, cette absence de complaisance qui fait la force de ce roman, car il me paraît important que la littérature franco-ontarienne sorte de la représentation idéalisée de l'Ontario français qu'elle a longtemps véhiculée.

NOTICES DES AUTEURS

Louis Bélanger est professeur de littératures d'expression française à l'Université du Nouveau-Brunswick à Saint-Jean depuis 1990. Il est l'auteur de nombreux articles sur Daniel Poliquin, Patrice Desbiens, Jean Marc Dalpé, Stefan Psenak, Michel Tremblay, Michel Marc Bouchard, notamment. Il a fait paraître, en 2012, « Une symphonie concertante : la jeune poésie franco-ontarienne (1970-2000) » (*Nouveaux territoires de la poésie francophone au Canada 1970-2000*, sous la direction de Jacques Paquin aux Presses de l'Université d'Ottawa). Il a collaboré au collectif *Littératures québécoise et acadienne contemporaines. Au prisme de la ville*, publié aux Presses universitaires de Rennes, en 2014, avec une étude sur le Montréal de Jean-Simon Desrochers.

Isabelle Dakin, doctorante à l'UQAC, rédige actuellement une thèse sur la transmission intergénérationnelle de la toute-impuissance féminine dans l'œuvre de Jean Marc Dalpé sous la direction de François Ouellet. Ses travaux de recherche se sont d'abord orientés autour de l'articulation de la figure féminine et de son pouvoir de subversion dans la littérature française du XIXe siècle. Sa thèse l'amène à requestionner le féminin et son rapport à la maternité dans une perspective psychanalytique.

Julie Delorme est chercheure postdoctorale au Département de littérature comparée de l'Université de Montréal et professeure à temps partiel au Département de français de l'Université d'Ottawa. Auteure de nombreux articles sur les littératures française, québécoise et franco-ontarienne contemporaines, elle s'intéresse particulièrement à la problématique du stéréotype, à la phénoménologie, à l'épistémologie de la littérature et aux enjeux liés à la représentation de l'espace dans le cadre des paroles carcérales, concentrationnaires et migrantes. Son projet de recherche en cours, subventionné par le CRSH, porte sur le phénomène de l'exil comme espace paradoxal dans le contexte de la littérature migrante en Ontario français.

Lucie Hotte est professeure titulaire au Département de français de l'Université d'Ottawa, où elle est aussi titulaire de la Chaire de recherche sur les cultures et les littératures francophones du Canada. Ses recherches portent sur ses trois principaux champs d'intérêt: les théories de la lecture, les littératures minoritaires et l'écriture des femmes. Elle s'intéresse aussi à la réception critique des œuvres d'écrivains marginaux. Elle a beaucoup publié sur les littératures franco-canadiennes et les enjeux institutionnels propres aux littératures minoritaires. Son plus récent ouvrage, *René Dionne et Gabrielle Poulin : œuvres et vies croisées* (Éditions David), paru en décembre 2014, a reçu le Prix du meilleur livre de l'APFUCC. Elle travaille présentement à un projet de recherche subventionné par le CRSH portant sur les réseaux littéraires franco-canadiens entre 1970 et 2010.

Élise Lepage est professeure adjointe en littérature québécoise à l'Université de Waterloo. Ses travaux portent sur l'imaginaire géographique et le paysage en littérature québécoise contemporaine, notamment en poésie et dans les arts visuels. Elle a publié une douzaine d'articles ou de chapitres de collectifs et édité trois numéros spéciaux de revue, dont le plus récent est «Cadrages contemporains sur les paysages des littératures francophones du Canada» (*Temps zéro*, automne 2015).

Johanne Melançon est professeure agrégée au département d'études françaises de l'Université Laurentienne où elle enseigne la littérature et la chanson franco-ontariennes, de même que la chanson et la littérature québécoises. Ses publications et ses recherches portent sur l'œuvre de poètes, romanciers et dramaturges franco-ontariens, sur l'institution littéraire en Ontario français, ainsi que sur la chanson québécoise et la chanson franco-ontarienne. Chercheure associée à la Chaire de recherche sur les cultures et les littératures francophones du Canada, elle a co-dirigé avec Lucie Hotte une *Introduction à la littérature franco-ontarienne* (Prise de parole, 2010), ouvrage qui a reçu une mention honorable au Prix Champlain en 2011. Elle a également dirigé la publication *Écrire au féminin au Canada français* (Prise de parole, 2013).

Nicole Nolette est boursière post-doctorale (CRSH 2014-2016) associée à l'Université Harvard et détient un doctorat en langue et littérature françaises de l'Université McGill. Son livre, *Jouer la traduction. Théâtre et hétérolinguisme au Canada francophone*, est paru aux Presses de l'Université d'Ottawa en mai 2015.

François Ouellet est professeur titulaire de littérature à l'Université du Québec à Chicoutimi, spécialiste du roman français de l'entre-deux-guerres, québécois et franco-ontarien. Publications récentes: *Jean Prévost le multiple* (co-direction avec Emmanuel Bluteau, Presses Universitaires de Rennes, 2015), *Contre l'oubli. Vingt écrivains français du XXe siècle à redécouvrir* (direction, Nota bene, 2015), *Grandeurs et misères de l'écrivain national. Victor-Lévy Beaulieu et Jacques Ferron* (Nota bene, 2014), *Romans exhumés (1910-1960). Contribution à l'histoire littéraire du vingtième siècle* (co-direction avec Bruno Curatolo et Paul Renard,

Éditions Universitaires de Dijon, 2014), *Journalisme et littérature dans la gauche des années 1930* (co-direction avec Anne Mathieu, Presses Universitaires de Rennes, 2014).

Joëlle Papillon est professeure adjointe à l'Université McMaster, où elle enseigne les littératures franco-canadiennes. Elle a dirigé le numéro de la revue *temps zéro* portant sur les « Imaginaires autochtones contemporains » et s'intéresse entre autres à l'œuvre de Naomi Fontaine, France Daigle et Georgette LeBlanc. Ses publications précédentes portaient majoritairement sur la littérature contemporaine des femmes, notamment sur Nelly Arcan, Marie Nimier, Camille Laurens et Régine Robin.

Jacques Paquin est professeur titulaire à l'Université du Québec à Trois-Rivières. Il est responsable de la section « Poésie » du projet de *Dictionnaire des œuvres littéraires du Québec* (1991-1995). Il a publié deux ouvrages collectifs (avec Hélène Marcotte, *À nous demain. Pratiques éditoriales et poétiques d'auteurs aux Écrits des Forges – 1971-2011*, Nota bene, 2016 ; *Nouveaux territoires de la poésie francophone au Canada 1970-2000*, Presses de l'Université d'Ottawa, 2012) et une anthologie (*Science et poésie*, Écrits des Forges, 2014). Il est responsable de la section « Poésie » du projet de *Dictionnaire des œuvres littéraires du Québec (1991-1995)*, directeur de la collection « Prégnance » au Crilcq et chroniqueur de poésie à *Lettres québécoises*.

François Paré est professeur titulaire et *University Research Professor* au Département d'études françaises de l'Université de Waterloo (Ontario). Il est également membre de la Société Royale du Canada. En 1993, *Les littératures de l'exiguïté* lui a valu le Prix du Gouverneur général du Canada. Il est aussi l'auteur de *Théories de la fragilité* (Le Nordir, 1994), puis en collaboration avec François Ouellet, de *Traversées* (Le Nordir, 2000) et de *Louis Hamelin et ses doubles* (Nota bene, 2008). Son ouvrage, *La distance habitée* (Le Nordir, 2003) s'est mérité les Prix Trillium et Victor-Barbeau. Avec Tara Collington, il a publié *Diasporiques : mémoire, diasporas et formes du roman francophone contemporain* (David, 2013). François Paré travaille actuellement sur un ouvrage s'intitulant *L'empreinte de la première langue* sur les représentations de la langue maternelle au sein des cultures minoritaires en Amérique.

Mathieu Simard est doctorant à l'Université d'Ottawa. Il a complété un baccalauréat en études littéraires à l'Université Laval et a obtenu une maîtrise en langue et littérature françaises de l'Université McGill pour un mémoire intitulé « La poétique bilingue de Patrice Desbiens ». On peut lire ses travaux sur Desbiens dans *@nalyses*, *Continents manuscrits*, *Fabula LHT* et *La Revue Frontenac*. Il a également publié des comptes rendus dans *Canadian Literature* et *Liaison*, de même que des textes de création littéraire dans *Le Crachoir de Flaubert* et d'autres revues. Détenteur d'une bourse de doctorat du CRSH, il rédige une thèse dans laquelle il développe une nouvelle approche du genre discursif à partir de l'étude des littératures franco-canadiennes contemporaines.

TABLE DES MATIÈRES

Introduction 5
    Lucie Hotte et François Ouellet

Poétiques 21

Évelyne Voldeng ou Les métaphores d'un nouveau discours identitaire 23
    François Ouellet

L'accueil, la confiance dans l'œuvre d'Andrée Lacelle 39
    Élise Lepage

Femmes sauvages : la vision écopoétique d'Andrée Christensen 63
    Joëlle Papillon

Mysticisme du paysage et conceptions du sujet dans l'œuvre poétique
    de Gilles Lacombe 83
    François Paré

Écritures 105

Une esthétique du décalage en poésie franco-ontarienne contemporaine 107
    Louis Bélanger

La poésie de Margaret Michèle Cook. De l'autoportrait au contrepoint 129
    Jacques Paquin

L'effet autobiographique dans *Blanchie* de Brigitte Haentjens 153
    Mathieu Simard

Dialogues recherchés et interrompus. La « crise de l'adresse »
    chez Louis Patrick Leroux 173
    Nicole Nolette

THÉMATIQUES 195
EXORCISER LE PÈRE DANS L'ŒUVRE DE CLAUDE GUILMAIN 197
    Isabelle Dakin

LES MOTIFS DE L'ALTÉRITÉ DANS L'ŒUVRE POÉTIQUE DE MICHEL DALLAIRE 215
    Johanne Melançon

LES LIEUX DU FEU DANS L'ŒUVRE ROMANESQUE DE DANIEL CASTILLO DURANTE 235
    Julie Delorme

REPRÉSENTATION DYSTOPIQUE DE L'ESPACE FRANCO-ONTARIEN
    DANS *ROSE AMER* DE MARTINE DELVAUX 255
    Lucie Hotte

NOTICES DES AUTEURS 277